KB149542

# 교사 번아웃
## 탈출 매뉴얼

# 교사 번아웃 탈출 매뉴얼

소진에서 벗어나 평화롭고 성공적인 교직에 이르는 길

초판 1쇄 펴낸날 | 2019년 12월 30일

지은이 | 제니 랜킨
옮긴이 | 임효진 · 황매향 · 하혜숙
펴낸이 | 류수노
펴낸곳 | (사)한국방송통신대학교출판문화원
　　　　03088 서울시 종로구 이화장길 54
　　　　전화  1644-1232
　　　　팩스  02-741-4570
　　　　홈페이지  http://press.knou.ac.kr
　　　　출판등록  1982년 6월 7일 제1-491호

출판위원장 | 백삼균
편집 | 박혜원 · 신경진 · 이강용
본문 디자인 | 티디디자인
표지 디자인 | 김민정

© Jenny Grant Rankin, 2017

ISBN  978-89-20-03600-2  03370
값  15,000원

▪ 잘못 만들어진 책은 바꾸어 드립니다.

▪ 이 책의 한국어판 저작권은 EYA(Eric Yang Agency)를 통해 Tayor & Francis Group LLC 사와 독점계약한
　(사)한국방송통신대학교출판문화원에 있습니다.

▪ 저작권법에 따라 한국 내에서 보호를 받는 저작물이므로 무단전재와 복제를 금합니다.

이 도서의 국립중앙도서관 출판예정도서목록(CIP)은 서지정보유통지원시스템 홈페이지(http://seoji.nl.go.kr)와
국가자료종합목록 구축시스템(http://www.nl.go.kr/kolisnet)에서 이용하실 수 있습니다.(CIP제어번호: CIP2019051359)

# 교사 번아웃 탈출 매뉴얼

## 탈출 매뉴얼

소진에서 벗어나 평화롭고 성공적인 교직에 이르는 길

제니 랜킨 지음 | 임효진·황매향·하혜숙 옮김

지식의날개

FIRST AID FOR TEACHER BURNOUT

Copyright © 2017 by Jenny Grant Rankin

All rights reserved.
Authorised translation from the English language edition published by Routledge,
a member of the Taylor & Francis Group LLC

Korean translation copyright © 2019 Korea National Open University Press
Korean translation rights arranged with Taylor & Francis Group LLC
through EYA(Eric Yang Agency).

이 책은 교사와 예비 교사 모두를 위한 것이다. 특히 교사로서 겪을 수 있는 '소진' 문제를 해결하거나 예방하고 싶어 하되, 교직에서 지속 가능한 성공 또한 추구하는 이들이라면 더욱 적절한 독자가 될 것이다. 미국 전체 교사의 55% 정도가 사기가 매우 낮은 상태라고 보고된 바 있고, 그 정도는 날로 심해지고 있다(National Union of Teachers, 2013). 40%에서 50%의 신임 교사들은 발령 후 5년 이내에 이직하는 경향이 있으며, 아예 퇴직하는 비율 또한 점점 높아지고 있다(Ingersoll, 2012). 또한 매년 50만 명에 가까운 교사들이 일을 그만둔다(Seidel, 2014). 좀 더 자세한 통계적 수치는 앞으로 다룰 장에서 소개하겠지만, 웹스터 사전에서조차 '소진(burnout)'이라는 단어의 예시 문장에 '교사'라는 단어를 사용할 만큼 교사들의 소진은 전 세계적으로 만연한 현상이다.

교사라는 직업을 제대로 수행하면서 동시에 어떻게 하면 소진을 예방하거나 극복할 수 있는지를 다룬 책은 놀랍게도 이 책 이외에는 찾을 수 없다. 대개는 긍정적인 태도인 마인드셋에만 초점을 맞추거나, 구체적인 전략 없이 사례만을 다루고 있다. 어떤 책들은 소진을 이야기하지만, 특별히 교사만이 아니라 교사를 포함한 다양한 전문직업군에서 나타나는 소진 현상을 다루고 있다.

그러나 이 책의 내용은 교사 직종에 특별히 초점을 맞추고 있으며, 교직의 특수한 상황에서 만날 수 있는, 소진을 유발하는 구체적인 문제를 다루고 있다. 물론 교사의 태도 역시 중요하다고 이야기할 테지만, 이 책의 대부분을 차지하는 내용은 그 밖의 요인에 대한 것이다. 예를 들면 이 책에서는 효율적인 채점 방식, 시간을 절약해 주는 IT 기술 사용 등 업무량을 손쉽게 줄이는 방법을 제시해 소진을 유발하는 스트레스를 줄일 수 있게 한다.

이 책에는 방대한 연구 결과, 우수 교사상을 수상한 교사들의 경험, 성공적인 교사들의 사례와 팁들, '지금 바로 시작해 보기', 특별히 약간의 유머까지 적절히 곁들이고 있다. 유머는 소진에서 드러나는 심각한 주제를 결코 사소하게 만들고자 의도한 것이 아니라, 독자에게 이미 그들이 겪은 힘든 나날에 대해 소소한 위로를 선사하고자 한 것이다. 이 책은 교사들이 소진을 유발하는 문제를 해결하고 직업에서 지속 가능한 성공을 찾기 위한 구체적이고 현실적인 전략을 자세히 다루고 있다.

### 이 책의 대상

이 책은 각국의 유치원과 초·중·고등학교 교사들을 위해 만들어졌다.

- 현직 교사(대부분 교사들은 일정 수준의 소진을 경험하고 있으며 나머지 교사들은 소진이 일어나지 않게 예방할 필요가 있다.)
- 예비 교사(현재 가르치고 있는 것은 아니지만 교사가 되기 위해 준비하고 있는 이들로 소진에 대비할 필요가 있다.)

유치원, 초·중등교사를 가르치는 대학교수 역시 이 책에서 다루는 내용을 수업이나 과제에서 사용할 수 있다. 학교 관리자나 지역 교육청의 장학사 역시 교사를 돕는 방법을 개발하기 위해 이 책의 내용을 활용할 수 있다.

### 이 책의 목적과 활용법

이 책은 교사들을 소진에서 벗어나게 하고 직업적으로 지속 가능한 성공을 추구할 수 있도록 돕기 위해 쓰였다. 또한 개인적으로 읽을 수도 있고, 대학이나 대학원에서 함께 읽을 수도 있으며 학교나 교육청에서도 활용 가능하다. 각 장의 끝에 제시된 '지금 바로 시작해 보기'는 이처럼 다양한 형식(수업, 연수, 학습공동체)으로 사용하기 수월하게 만들어졌다.

또한 전반적으로 내용이 딱딱하지 않고 읽기 쉽게 쓰였기 때문에 교원 연수과정에서도 요긴하게 사용될 수 있다. 연수과정에서는 각 장 마지막에 제시된 문제를 통해 참여자들에게 그들이 겪은 어려움을 책에서 배운 방식과 연결시켜서 생각해 보게 하고, 이에 대한 피드백을 동료 참여자들과 나누는 토론활동을 계획할 수 있다.

### 이 책의 형식

이 책의 장들은 마인드셋, 환경, 과잉자극, 평가, 업무량, 과잉충성, 협력, 지루함, 수업 자료, IT 기술, 행동, 학교 관리자, 지역공동체에 대한 내용을 포함하고 있다. 또한 장들은 단계 설정하기, 불필요한 것 제거하기, 유용한 도구와 과정, 그리고 다른 사람과의 관계 등과 관련된 다양한 주제로 나뉘어 있다.

체크리스트 방식으로 제시된 이 책의 형식은 구체적인 전략을 실제 상황에서 바로 사용할 수 있게 고안되었고, 각 장의 말미에 제시된 '지금 바로 시작해 보기'는 이를 돕기 위해 만들어졌으며, 때로는 집단 토론 활동에도 활용될 수 있다. 아울러 유머와 영감을 주는 인용구는 바쁜 교사들이라도 이 책을 쉽게 놓지 못하는 이유가 될 것이다. 혼자서 책을 펼쳐 든 사람 또한 각자가 처한 문제에 따라 필요한 장(각 장은 한 주제의 문제를 다룬다)을 선택해서 읽을 수 있다.

이 책은 또한 독자들에게 다이어그램, 표, 체크리스트, 웹사이트 링크, 다양한 교사들의 고백(자신의 이야기를 들려준 교사, 교장들의 이름은 사생활을 존중하기 위해 가명을 사용했다), 영감을 주는 인용구, 재미난 유머, 짧은 상식 등을 제공하고 있다. 보충 자료는 루틀리지(Routledge) 출판사에 연결된 링크를 통해 온라인으로도 이용 가능하다.

## 감사의 글

 내가 거쳤던 모든 직업 가운데 교사라는 직업보다 더 자랑스러운 직업은 없었다. 가르치는 것에 관해 내가 배운 많은 것은 내가 교직에 있을 때 나와 함께했던 모든 동료들에게서 배운 것이다. 나는 부에나 파크 중학교의 전체 교직원들에게 깊은 감사를 전한다. 동료로서 같이 일할 수 있는 사람들로서 감히 이들보다 더 소중한 이들을 상상할 수 없기 때문이다. 나는 오렌지 뷰 중학교, 새들백 밸리 교육청, 일루미네이트 에듀케이션에서 행정일을 하는 동안 많은 교사들과 함께 일하면서 기적을 일으키는 수많은 분들을 만났다. 이 책에 담은 많은 팁들은 그 지역의 교사들과 일루미네이트 에듀케이션 제품을 사용하는 교육청에서 알려 준 전문적인 지식에서 비롯된 것이다. 나는 또한 익명의 교사, 교장들에게서 각 장의 앞에 실린 '교사의 고백'을 받은 것에 감사드린다. 그들의 솔직한 이야기는 때로는 최고의 전문가조차도 어려움을 겪고 있다는 점을 상기시켜 준다. 나는 훌륭한 베테랑 교사인 매리 배머, 지넷 드레이어, 줄리 더드리지, 크리스틴 프리드리히와 로리 스모크 선생님에게도 감사를 드린다. 이분들은 팁이나 전략과 같은 형태로 이 책에 주옥같은 지혜를 빌려주셨다. 또한 책을 검토해 주시고 지원을 아끼지 않으신 교육계의 명사들에게 감사드린다. 게일 톰슨 박사님과 루퍼스 톰슨의 멘토링에 감사를 드리고, 마지 존슨 박사님의 지속적인 격려와 전문적인 파트너십에 깊은 감사를 드린다. 또한 나는 언제나 친절하게 나의 사진을 찍어 주는 마이클 워커와, 교사 홍보에 관해 아이디어와 자료를 제공해 주신 릴리 마셜 선생님께 감사드린다. 그리고 남편인 레인 레인킨도 빼놓을 수 없다. 캘리포니아주 올해의 교사상을 수상한 레인은 자신의 모든 커리어를 학생들을 돕는 데 헌신했다. 여기에 남편으로서의 역할에 대해서도 감사한다. 덧붙여 내 아이들인 클라이드, 잭, 타일러, 파이퍼에게 늘 고마움을 느낀다. 아이들은 언제나 열렬한 지지자가 되어 주었으며, 나의 노력을 의심하지 않았다. 한편 그럼에도 나의 어머니 낸시 그랜트의 도움이 없었다면 이러한 노력도 무용지물이었을 것이다. 내게 어머니만큼 큰 축복은 상상할 수 없다. 일루미네이트 에듀케이션 팀에게 받은 격려와 후원에 대해 큰 감사를 드립니다. 또한 루틀리지/테일러-프랜시스 출판사의 훌륭한 편집자인 헤더 재로우에게 감사한다. 지금까지 언급한 모든 분들께 내가 그분들의 도움에 대해 얼마나 큰 감사를 드리고 있는지 꼭 말씀드리고 싶다.

이 책의 본문 옆에 있는 의 아이콘은 해당 내용과 관련된 온라인 자료가 있다는 뜻이다. 온라인 자료는 여러분이 개인적으로 사용할 수 있도록 다운로드, 출력, 복사하기/붙여넣기가 가능하다. 다음의 QR코드를 통해 접속한 다음 'eResource' 탭을 클릭하면 전체 혹은 개별 파일을 내려받을 수 있다.

1부

# 서론

## 1 장

# 도움이 필요한
# 교사들

딸과 함께 비행기를 탈 때마다 승무원의 안내방송에서는 비상상황이 발생할 경우 내가 먼저 산소마스크를 쓴 다음 딸을 도와야 한다고 말한다. 물에 빠진 경우에도 마찬가지로 먼저 나 자신을 수습한 다음 딸을 구해야 한다. 이렇게 해야 딸의 안전을 최우선으로 하면서도 나의 능력을 온전히 발휘할 수 있고, 그렇게 해야 모두의 안전을 지킬 수 있다.

교사로서 나는 1,000명이 넘는 학생들을 만났고, 그들을 자식처럼 여겼다. 그러나 단 한 번도 "선생님 스스로를 먼저 돌보세요. 그렇지 않으면 여러분의 학생들은 선생님께 받아야 하는 도움을 받지 못하게 될 것입니다"라고 말해 주는 승무원과 같은 사람을 만난 적이 없다. 이 조언은 교사에게도 적용되어야 마땅하다. 소진을 경험하는 사람들은 시간이 지남에 따라 능력을 제대로 발휘하지 못하고 교직에 제대로 기여할 능력을 잃게 된다(Schaufeli, Leiter, & Maslach, 2009). 여러분은 여러분 자신을 위해서뿐만 아니라 여러분의 학생들을 위해서 스스로를 먼저 돌보아야 한다.

소진의 정의

웹스터 사전 (2015)에서는 소진을 다음과 같이 정의한다.
- "어려운 일을 오랫동안 한 뒤에 오는 육체적·정서적으로 매우 지친 상태"

그리고 이 용어의 예시는 다음과 같다.
- "가르치는 일은 매우 스트레스를 받는 일이며, 많은 교사들이 결국 소진을 겪는다."
- "교사들의 소진 비율"

사전을 보아도 누구보다 교사들이 소진을 많이 경험하는 것을 알 수 있다.

## 혼자가 아님을 알기

대부분의 교사들은 어느 순간이 오면 일을 그만두어야겠다고 느낀다(Rauhala, 2015). 여러분이 예비 교사라면 나중에 소진되지 않기 위해 미리 이 책을 읽어 두는 것이 현명할 것이다. 여러분이 현직 교사이고 지금 과중한 업무에 지쳐 있다면, 여러분은 혼자가 아니다. 다음에 제시한 교사들의 소진에 대한 통계치를 보면, 교사의 소진은 확실히 전 세계적으로 나타나는 현상으로 볼 수 있다.

미국과 전 세계 교사들의 소진 현상에 대한 통계

- 미국 전체 교사의 39%만이 직업에 매우 만족한다고 응답했고(최소 25년 내에), 48%는 주기적으로 큰 스트레스에 시달린다고 응답했다(Metropolitan Life Insurance Company, 2013).

- 3만 명 이상의 교사들을 상대로 한 미국교사연합(American Federation of Teachers, 2015)의 설문조사에서는 처음 커리어를 시작할 때 직업에 열정적인 정도에 대해 100%가 "그렇다" 혹은 "매우 그렇다"라고 대답한 반면, 설문 시점에서는 53%만이 "그렇다"라고 대답했으며, "매우 그렇다"라고 대답한 교사들은 89%에서 15%로 떨어졌다. 또한 73%의 교사들이 '자주' 스트레스를 경험한다고 보고했다.

- 미국 전체 교사의 55%는 사기가 '낮음'이나 혹은 '매우 낮음'으로, 69%는 사기가 점점 떨어지고 있다고 응답했다(National Union of Teachers, 2013).

- 교사들은 제한된 시간 내에 할 일이 지나치게 많다(Staff and Wire Services Report, 2013).

- 영국의 교육자 건강 조사(Education Staff Health Survey)에 따르면 교사의 91%가 지난 2년 동안 스트레스에 시달렸고, 74%는 불안을 경험했다. 또한 이 중 91%는 과도한 업무량이 주요한 원인이라고 응답했다. 이는 지난 6년간 14% 증가한 결과이다(Stanley, 2014).

- 교사의 41% 이상이 교직을 시작한 뒤 5년 내에 그만두고, 이직률은 지난 20년간 41%가 넘게 높아졌다(Ingersoll, Merrill, & Stuckey, 2014). 이는 잉거솔(Ingersoll, 2012)이 말한, "교사의 40~50%가 처음 발령 후 5년 이내에 그만둔다"는 주장과 일맥상통한다.

- 미국 교사 중 15%(약 50만 명)가 매년 교직을 그만두며, 또한 경제적으로 부족한 지역의 학교에 근무하는 교사들이 풍족한 지역의 학교에 근무하는 교사보다 50%나 높게 그만둔다(Seidel, 2014).

- 초임 교사들이 그만두는 것으로 인해 미국에서 연간 22억 달러의 손실을 입고 있다(Haynes, 2014).

- 소진은 전 세계적으로 일어나고 있는 현상이다. 아프리카, 오스트레일리아, 캐나다, 유럽, 중동, 뉴질랜드, 남아메리카, 미국 등에서 이와 관련된 연구들이 이루어지고 있다. 각 지역의 연구자들은 소진 문제에 매우 주목하고 있다. 예를 들어, 인도에서는 절반에 가까운 교사들이 소진에 시달리고 있으며(Shuka &

Trivedi, 2008), 남요르단의 남녀 교사들은 소진과 관련된 정서적 고갈을 겪고 있다(Alkhateeb, Kraishan, & Salah, 2015).

- 미국 교사들 중에서 10만 명 이상을 대상으로 한 설문에서 약 66%가 넘는 교사들은 다른 국가에 비해 적어도 30% 이상 더 많이 가난한 지역의 학생들을 가르치고 있다. 미국 교사들은 다른 나라보다 과밀한 학급에서 더 오랜 시간 수업을 하며, 계획이나 협력에 필요한 시간은 부족하다(Darling-Hammond, 2014).

- 일을 매우 잘하고 있는 교사조차도 종종 일을 계속 하기에 불가능한 조건에서 근무한다(예: 1주일에 60시간 근무, 과중한 스트레스, 부족한 자원, 시간·지원의 부족 등, Herman, 2014).

- 환경이 좋지 못한 학교의 교사들에게 요구되는 일이나 업무의 강도는 2, 3년 이상을 버티기에 현실적으로 불가능한 수준이다(Riggs, 2013).

- 미국의 비영리교사단체인 TNTP[1]는 66% 이상의 최우수 교사들이 교직을 떠나 다른 곳으로 이직한다고 보고했다(Chartock & Weiner, 2014).

- 교사들이 열정적이라고 해도 매우 힘든 환경에서 일하는 것은 정신적·육체적으로 이겨 낼 수 없는 피로를 유발하고, 이러한 피로는 교사들의 태도에 영향을 미칠 뿐만 아니라 온종일 학생들을 상대하기 어렵게 만든다(Neufeldnov, 2014).

- 우리 사회에서 효율적인 교사가 되는 것은 가장 힘든 일 가운데 하나이다 (Glasser, 1992).

많은 사람들은 소진이 열심히 가르치고 잘 가르치기 위해서는 피할 수 없는 결과라고 생각한다. 예를 들면 이상에 불타고 에너지가 넘치는 교사

Q: 전구 하나를 갈아 끼우려면 몇 명의 교사가 필요할까요?
A: 한 명이죠. 전구가 나가기 전에 그 교사가 먼저 나가떨어지지 않는다면요.

---

1 (옮긴이 주) 미국의 비영리교사단체인 The New Teacher Project의 약자 (http://tntp.org).

들이 문제 학생들을 가르치기 위해 일과 외 시간에도 일하는 것을 당연하게 여기는 학교에서는 교사들이 대체로 몇 년 안에 직장을 그만두게 된다(Neufeldnov, 2014). 이 책에서는 이런 문제에 대안을 제시할 것이다.

## 소진 예방하기

교사에게 소진을 일으키는 요소는 매우 다양하지만 대체로 공통된 문제가 가로놓여 있다. 운 좋게도 여러분이 예비 교사이건 현직 교사이건 소진을 예방하고 소진을 극복할 수 있는 많은 방법이 있다.[2]

이 책은 교직에서 스트레스를 유발할 수 있는 주요 영역을 장별로 소개하고, 여러분에게 그 스트레스를 완화시키는 데 필요한 명확하고 실제적인 방법을 제공한다. 이런 전략은 교사들의 다양한 경험 혹은 이전의 수많은 연구 결과에 근거하고 있다. 스트레스를 받게 하는 요인이 긴 근무 시간과 같이 여러분이 통제할 수 없는 것일 경우에는, 적어도 그 상황을 변화시키기 위해 필요한 방법을 주변에 요구할 수 있을 것이다.

여러분이 현재 교직에 있거나 앞으로 교직을 희망하거나에 관계없이 이 책은 여러분이 소진을 극복할 수 있도록 도와줄 것이다.

---

2 (옮긴이 주) 국내의 교사 소진 척도는 다음 연구를 참고하기 바람. 이봉주·유정이(2017). 〈교사 소진 척도(TBS) 타당화 연구〉. 역량개발학습연구, 12(3), 89~115. 김연옥·천성문(2012). 〈유아교사 소진 척도 개발 및 타당화〉. 열린유아교육연구, 17(4), 273~298.

그러나 단순한 경험만을 제공하는 것은 교직이라는 어려운 직업을 선택하고 귀중한 삶을 변화시킬 수 있는 길을 택한 여러분과 같은 사람에게는 부족하다. 따라서 이 책의 목적은 여러분이 다음과 같이 될 수 있도록 보다 적극적으로 여러분을 돕는 것이라 할 수 있다.

- 여러분이 매일 즐겁게 등교할 수 있다.
- 여러분의 동료 교사들과 동지애를 느끼고 지원을 받을 수 있다.
- 학생들이 성장하는 모습을 보면서 여러분이 세상을 바꾸고 있다는 것을 알 수 있다.

노스웨스트 평가 연합(The Northwest Evalution Association, 2014)에서 보고한 바로는 학생들 90%는 선생님이 자신들의 공부를 걱정하고 있다는 것을 안다고 한다. 빌 앤 멜린다 게이츠 재단

> "링 위에서든 아래에서든 쓰러지는 것은 잘못이 아니다. 쓰러진 채 그대로 있는 것이 잘못된 것이다."
> – 무하마드 알리

(Bill & Melinda Gates Foundation, 2014)에서 조사한 바로는 85%의 교사들이 학생들의 삶을 변화시키기 위해서 교직을 선택했다고 한다. 여러분은 이렇듯 직업 속에서 소진되지 않는 한 세상을 변화시킬 수 있다. 이 책에서 제시한 전략을 따라하도록 노력해 보기 바란다. 그렇게 하면 여러분을 기다리고 있는 경험을 제대로 즐길 수 있을 것이다.

2부

소진을
예방하는
기초 마련하기

## 2장

마인드셋

## "마음가짐이 전부는 아니죠. 그렇지만 중요해요"

**교사의 고백:** "나는 종종 교사 휴게실에서 점심을 먹곤 했지만 이제는 아니에요. 거기선 너무 힘들어요. 나도 숨 쉴 틈이 필요하거든요. 휴게실에 있는 누구도 내게 도움이 되질 않아요. 거기서는 '우리 학교 학생들 형편이 너무 안 좋기 때문이야'라거나, '이 애들은 누가 와도 가르칠 수가 없어'라든지, '애들이 스마트폰을 너무 많이 써서 집중을 못 해' 혹은 '부모도 집에서 애들을 잡지 못하는데, 학교에서 선생이 어떻게 애들을 다루어?'라는 말을 너무 많이 들었습니다. 할 일이 많다든지, 가르치는 일이 힘들다든지, 스마트폰 중독이나 집중 못하는 아이들, 부모의 잘못된 양육 때문에 힘든 아이들을 예상하지 못했을 만큼 내가 바보는 아닙니다. 물론 다른 교사들 불평도 충분히 이해합니다. 그러나 나는 이런 어려움을 이겨 내고 싶지 어려움에 짓눌린 채로 불평만 하고 싶진 않습니다."

— 교사 A

**교사의 고백:** "언젠가 내 마음이 '난 이 아이가 정말 싫어'라고 말하

고 있는 것을 들었습니다. 단지 어린 학생일 뿐인데 미워하고 있었지요. 그 순간만큼 나 자신을 부끄럽게 여긴 적이 없습니다. 내가 어떻게 그렇게 냉정할 수 있을까요? 나는 모든 학생들을 사랑하고 싶은데 말이죠."

– 교사 B

교사들의 소진을 연구한 결과, 나는 그들이 소진을 겪고 안 겪고는 결국 교사들의 마음가짐에 달려 있는 것이 결코 아니라는 사실을 알게 되었다. 이 장은 여러분이 각 장에서 추천하고 있는 방법을 실행할 수 있도록 돕기 위한 적극적인 마인드셋 전략을 다루고 있다. 그러나 이에 앞서 단지 좋은 태도나 마음가짐만으로는 소진을 이겨 낼 수 없다는 점을 분명히 하고 싶다.

소진은 종종 혼자서 일하는 사람보다는 조직 내에서 일하는 사람에게서 많이 발생한다(Skovholt & Trotter-Mathison, 2011). 여러분을 둘러싸고 있는 무질서와 압박을 '웃으며 참아 내라'라고 요구하는 것은 장기적인 전략이라기엔 비인간적이고 비효율적이다. 따라서 이 장에서는 소진을 조장하는 문제를 적극적으로 해결할 수 있도록 돕고자 한다. 이 장을 읽으면서 다음 사항을 기억하기 바란다.

> "행복하지 않은 순간 따위에는 1분이라도 허비하지 말라. 창문이 열리지 않으면 부숴 버리거나 다른 창문을 열어야 한다."
> – 브룩 실즈

- 태도는 오직 해결책의 일부분일 뿐이다.
- 나머지 여러분을 둘러싼 환경에서 도움을 구할 수 있다.

교사들은 자신의 직업에 대해 불평할 수 있는 정당한 이유가 허다하다. 이 사실을 두고 왈가왈부할 의도는 없다. 그러나 수많은 교사들이 자신의 직업을 정말로 사랑하고 있으며, 교사로서 일을 사랑하고 매일매일 평화롭게 성공을 경험할 수 있는 것도 여러분의 능력 안에 있다는 사실을 명심하기 바란다. 첫 번째 단계는 여러분의 마인드셋이, 필요한 변화를 위해 준비되어 있는지를 확실히 하는 것이다. 마음가짐이 모든 것을 결정하지는 않지만, 분명히 많은 것을 바꿀 수 있다.

## 독이 묻은 덫 피해 가기

"눈먼 사람들 때문에 여러분의 빛나는 모습을 애써 가릴 필요는 없습니다. 그들에게 선글라스를 쓰라고 말하세요."

— 레이디 가가

소진을 나타나게 하는 위험에는 부정적 태도를 가진 학교 관리자나 부장교사 같은 동료들이 있다. 이러한 사람들이 의사결정자일 때, 그들이 퍼트리는 회의주의나 부정적 태도는 마치 전염병처럼 번져 간다(Skovholt & Trotter-Mathison, 2011). 앞서 교사의 고백에서, 교사 A는 교사 휴게실에서 이러한 부정적 태도와 마주쳤고, 교사 B 또한 자신 안에 있는 부정적 태도와 싸우고 있음을 알 수 있다.

부정적 태도를 가진 사람들이 여러분의 친한 친구일수도 있다. 다음의 전략은 이들을 만났을 때 독과 같은 해로운 대화를 피할 수 있는 방법이다. 여러분이 처한 환경에 맞게 이러한 전략을 적절하게 활용해 보기 바란다.

- 불평쟁이 피하기 부정적 태도에 맞서서 낙관적 태도를 유지하려고 애쓰는 것은 힘들기도 하지만 시간 낭비일 수 있다. 교육자이자 작가인 아네트 브로(Annette Breaux, 2015)는 부정적인 동료들이 여러분을 구석으로 데리고 가려 할 때 화장실을 가는 척하면서 피하라고 충고한다.

  다음과 같은 사람들은 아예 피해 다니거나 어쩔 수 없이 대화를 나눠야 할 때면 가능한 한 이야기 주제를 바꾸는 것이 좋다.

  - 교실에서 일어난 일에 대해 학교 관리자, 학부모, 학생들의 탓이라고 자주 말하는 사람
  - 교직을 보람 있는 일로 만드는 것을 포기한 사람
  - 상황을 볼 때 긍정적인 면을 보기보다는(혹은 찾기보다는) 부정적인 면을 먼저 보는 비관적인 사람
  - 화를 못 참는 사람
  - 해결책을 찾기보다는 불평을 하는 데 시간을 많이 쏟는 사람

- 부정적인 대화가 자주 이루어지는 장소 피하기 예를 들어, 교사 휴게실에서 쉬는 시간을 보내는 것은 득보다는 실을 초래할 수 있다. 그렇다고 스스로를 격리시키기보다는 여러분에게 긍정적인 영향을 준다고 생각하는 소수의 교사들과 주기적으로 만남을 가지는 것이 좋다.

- 해결책 제안하기 동료 교사가 여러분에게 불평을 할 때, 먼저 불평을 지지해 주고(예: "그건 정말 힘들었겠어요. 저도 이전에 그런 걸 겪은 적이 있거든요"), 이어 건설적인 생각을 하도록 도와주는 것

이 좋다(예: "그럴 때 저는 이런 것이 도움이 되었어요" 혹은 "이렇게 해 보면 어떨까요?" 혹은 "이런 사람과 이야기해 보는 것도 좋을 것 같아요"). 학교의 모든 교사들은 각자가 학교 문화를 형성하는 데 기여하고 있다. 따라서 여러분 역시 학교 문화, 스스로의 마인드셋, 동료들이 해결책을 찾는 데 기여할 수 있다.

• 자신의 소진 경험 나누기 부정적인 동료들이 혹시 여러분이 친하게 지내고 싶은 사람이라면, 그들에게 여러분이 소진을 이기려고 어떤 노력을 했는지 이야기해 보자. 여러분이 긍정적인 생각의 힘에서 배웠던 것을 나누고, 여러분과 나누는 대화를 통해 그들에게 긍정적인 태도를 주입해 주는 것도 좋은 방법이다.

• 부정적인 대화들이 협력을 방해한다면 관리자에게 말하기 예를 들어, 회의 시간이 점점 푸념하는 시간으로 바뀐다면, 학교 관리자에게 여러분이 이러한 것에 실망을 느낀다는 사실을 솔직히 말해 보자. 학년 회의나 부서 회의가 불평으로 가득 찬 잡담 시간으로 변한다면, 부장 교사에게 이 사실이 여러분을 실망시킨다는 점을 말하도록 한다.

• 소진 유발요인 확인하기 예를 들어, 여러분이 점심시간이 지났을 뿐인데 지쳐 버린다면 시간 보내는 방법을 다시 생각할 필요가 있다. 6교시가 가장 힘들고 지친다면, 이 책에서 제안하는 시간표 운영에 대한 팁을 활용해 소진을 막는 것이 좋다. 교장에게 말하는 것이 더욱 문제를 심각하게 만든다면, 다음에 교장을 만날 때까지는 이 책에서 말하는 방법을 잠시 잊고 있는 것이 좋

다. 소진을 촉발하는 방아쇠가 당겨지면 우리는 생존 모드에 돌입해서 비효율적으로 행동하지만, 이러한 방아쇠를 확인하는 작업은 소진에 저항할 수 있도록 돕는다(Schwartz, 2010).

## 부정적 생각 바꾸기

많은 연구들은 여러분이 지닌 관점이 여러분의 행동과 성취의 결과에 막대한 영향을 미치고 있음을 보여 준다(Dweck, 2007). 예를 들어, 긍정적인 생각을 가지고 부정적인 생각을 멀리하는 간호사는 소진을 잘 예방하고 완화하는 것으로 나타났다(Expeland, 2006). 다른 사람을 돌보는 일을 하고 있는 교사들의 경우에도 이는 마찬가지이다. 많은 장애물에도 불구하고 자신의 직업을 끝까지 유지하는 교사들의 한 가지 공통점은 그들이 사회, 공동체, 학생들의 삶에 대해 희망을 놓지 않고 있다는 것이다(Nieto, 2015).

다음의 전략은 부정적인 사고를 피할 수 있도록 도와준다. 여러분이 처한 환경에 맞게 이러한 전략을 사용해 보라.

• 통제할 수 없는 일을 인식하기 예를 들어, 이 장의 앞에서 언급한 교사 A는 학생들이 집에서 TV, 컴퓨터, 스마트폰을 사용하는 것이 집중력에 방해가 된다는 사실을 인지하고 있다. 교사로서 여러분은 학생들이 집에서 TV를 시청하는 시간을 직접적으로 통제할 수는 없다. 따라서 이 문제에 집착하는 것은 결국 여러분의 시간과 에너지를 낭비하는 일이다. 그 생각에 골몰하느니 학생들의 참여를 높이는 수업 방식이나 보다 재미있는 수업방식을 고안하는 것이 좀 더 실질적인 도움이 된다.

• 성장형 마인드셋 배우기 스탠퍼드 대학의 심리학자인 드웩(C. Dweck)의 연구나 책을 읽어 보자. 성장형 마인드셋은 여러분이 어려움을 극복하고 좀 더 성공할 수 있도록 도와준다. 교사들이 성장형 마인드셋을 가지는 것은 교사 자신뿐만 아니라 교사의 말과 행동을 통해 학생들도 성장형 마인드셋을 기를 수 있도록 모델링할 수 있다. 성장형 마인드셋을 가진 학생은 학습 동기가 높으며, 학업에서 성공을 거두고, 시험에서 높은 점수를 받는다 (Dweck, 2007).

---

**성장형 마인드셋의 정의**

성장형 마인드셋은 지능이나 능력이 고정된 것이 아니라 개발될 수 있다고 이해하는 것이다. 성장형 마인드셋이 학교에서 성공을 이끌고 있음이 많은 연구에서 반복적으로 나타나고 있다.

---

• 숨 돌릴 틈을 만들어 놓기 숨을 돌릴 수 있는 통로를 만들어 놓는 것은 소진을 막는 데 도움이 된다(Skovholt & Trotter-Mathison, 2011). 여러분이 겪은 어려움이나 좌절을 친한 동료와 나누는 것은 여러분을 고립되지 않게 해 줄 뿐만 아니라 특히 심하게 힘든 날에도 위로가 될 수 있다(Rauhala, 2015). 여러분과 공감해 줄 뿐 아니라 장애물을 극복하는 용기를 줄 수 있는 사람에게 여러분의 좌절을 이야기해 보자. 여러분의 감정, 경험을 털어놓는 것은 단지 부정적 감정에 빠져들거나 혹은 바뀔 수 있는 방법을 무시하는 것과는 다르다.

- 좌절에 대해 글로 써 보기 스코프홀트와 트로터-매티슨(Skovholt & Trotter-Mathison, 2011)은 부정적인 감정을 써 보는 것이 소진을 막는 방법이 될 수 있다고 한다. 글을 쓰는 것은 해결책을 생각하기에는 너무 지쳤을 때 잠시 휴식을 취하는 방법이 될 수 있다. 또한 이후 문제를 해결하는 것이 덜 힘들어지고 조금이나마 힘이 생기는 느낌이 들 때, 여러분이 쓴 글을 다시 살펴볼 수 있게 하는 장점이 있다.

- 부정적 생각 바꾸기 인간은 누구나 부정적인 생각을 할 수 있다. 중요한 것은 그런 생각에 지나치게 빠져들지 않아야 한다는 것이다. 고등학교 미술교사인 크리스틴 프레드릭은 자신이 어떤 부정적인 생각을 하고 있다는 것을 발견하면, 이를 잠시 멈추고 두 가지 긍정적인 생각을 하려고 한다. 부정적인 생각에 빠져들려는 자신을 발견한다면 보다 건설적인 생각으로 이를 바꾸어 보라(표 2.1 참고).

- 웃을 수 있는 기회 찾기 수업에서 적절한 유머를 구사하되 긍정적이고 되도록 비꼬는 내용이 아닌 유머를 사용해 본다. 오늘의 유머와 같은 사이트[1]를 쉬는 시간에 방문하는 것도 좋다(초·중·고 교사연합회). 보건의료직에서 일하는 근무자의 경우 유머를 활용하는 것이 소진의 예방과 완화에 도움이 된다는 사실이 밝혀진 바 있다(Demir, Ulusoy, & Ulusoy, 2003; Puig et al., 2012).

---

1 www.teachhub.com/teacher-joke-day

표 2.1_ 생각 바꾸기의 예

| 비건설적인 생각 | 건설적인 생각 |
|---|---|
| 내 학생들은 뭔가를 배우거나 성장하지 못한다. | 모든 학생들은 배우고 성장할 수 있다. |
| 학부모들은 자기 자녀들에 관심도 없고 교육에도 신경 쓰지 않는다. | 학부모는 대체로 자식을 걱정하고 자식이 성공하기를 바란다. |
| 나는 훌륭한 교사가 될 수 없다. | 나는 훌륭한 교사가 될 수 있다. |
| 내 학생은(혹은 나는) 성공하기에는 너무 장애물이 많다. | 모든 장애물은 극복할 수 있다. |

## 건강한 습관 형성하기

"나는 짐(gym, 체력단련장)과 친해지기 위해 일부러 제임스(James)라고 부른다."
– 치 맥브라이드

여러분의 몸과 마음은 분명 모든 일과 관련이 있다. 다음의 전략은 여러분의 건강과 마인드셋에 긍정적인 영향을 줄 수 있다. 상황에 맞게 적절하게 활용해 보기 바란다.

• 운동하기 운동은 다음과 같은 것을 가능하게 한다.
  – 실행 기능(전략 수립, 집중, 과제 운영과 대안 제시 등)의 향상(Guiney & Machado, 2013)

"두통이 있다면, 아스피린 통에 있는 지시를 따르세요. 아스피린 두 알을 먹고 아이들이 가까이 오지 못하게 하십시오."
– 로시엔 바

  – 장기간에 걸친 불안 감소(Smith, 2013)
  – 우울증 감소(때로는 치료나 항우울제만큼 효과가 있음. Cooney et al., 2013)
  – 스트레스에 저항하는 방식으로 뇌를

재구조화(Schoenfeld, Rada, Pieruzzini, Hsueh, & Gould, 2013)

어떤 교사들은 점심시간 후에 집단으로 파워 워킹을 하면서 재충전을 하기도 한다.

- 건전한 일과 형성하기 건전한 일과는 의식(ritual)처럼 같은 방법으로 일상적으로 수행될 때 더 효과가 좋다. 한번 의식이 만들어지면, 시간이 지남에 따라 훨씬 에너지와 노력이 덜 들 것이다(Schwartz, 2010). 이미 일어난 사건에 대처하거나 닥쳐올 일을 준비하는 것을 돕는 의식을 찾아보자. 예를 들어, 매일 아침 교실문의 손잡이를 잡을 때, 심호흡과 함께 왜 가르치는지, 그리고 완벽한 것보다는 발전하는 것이 더 중요하다는 사실을 상기하는 것은 많은 도움이 된다.

수많은 연구에서 감사의 힘에 대해 반복적으로 이야기하고 있다. 그러므로 매일의 일에 대해 여러분이 감사해야 할 일을 되새기도록 하자. 지금 여러분이 지쳐 있다면, 지금 긍정적인 단계를 밟아가고 있기 때문에 좀 더 좋은 날이 반드시 올 것이다.

- 충분한 수면 수면은 어떤 활동보다도 효율성에 영향을 미치며, 적절한 수면은 우리를 건강하고 행복하게 만든다(Schwartz, 2010). 최상으로 활동할 수 있도록 적어도 7~9시간의 수면을 취하도록 정해 놓자. 잠드는 데 1시간이 걸린다면, 수면 시간을 확보하기 위해 1시간 먼저 잠자리에 든다.

> "여러분이 가진 것에 감사하세요. 그러면 감사할 일이 더욱 더 많이 생기게 됩니다."
> – 오프라 윈프리

- 손 씻기와 외출하기 육체적으로 쇠약해지면 소진을 더욱 피할 수 없게 된다. 어린아이들이 성인보다 덜 위생적이기 때문에 학교 환경에서는 세균에 더 노출될 수밖에 없다. 코네티컷 대학에서 11년 동안 연구한 결과에 따르면 교사들은 전염병 노출, 공기오염, 낡은 건물에서 나오는 납이나 석면 때문에 다른 직업에 종사하는 사람보다 자가면역질환으로 인한 사망률이 2배나 더 높다(Delisio, 2015).
  야외에서 점심을 먹을 기회를 찾아보자. 교실 창문은 따뜻한 날이라면 가급적 열어 놓는다. 날씨가 좋으면 학생들을 데리고 실외에서 수업을 할 수 있다. 손 세정제로 손을 씻는 것을 습관화하라. 병에 걸린다면… 병가를 내라.

- 건강한 보상으로 폭식 방지하기 건강하지 못한 식사는 사람을 늘어지게 만들고 자존감을 떨어뜨린다. 많은 교사들이 자신을 돌보거나 대접한다고 하면서 과식 혹은 몸에 좋지 않은 음식을 먹는 습관에 빠져 있다. 여러분이 직업에 모든 노력을 걸고, 모든 것을 쏟아붓고 있는데 그만큼 돌려받지 못한다고 느낀다면, 폭식을 하거나 인스턴트 식품을 먹고 싶은 욕구가 커질 수밖에 없다.
  정기적으로 보다 나은 결과물로 자신에게 보상을 주기 바란다. 예를 들어, 하루를 마칠 때 자신이 간절히 원하는 뭔가를 사거나, 매일 집에서 직접 우려낸 좋은 차를 마시며 아침을 시작하거나, 통근 시간에 자신만이 좋아하는

> "나의 상담자는 한번 시작한 것을 끝내는 것이 진정한 내면의 평화를 얻는 방법이라고 말했다. 현재 나는 M&M 초콜릿 두 봉지와 초콜릿 케이크를 끝냈다. 나는 이미 기분이 좋다."
> – 데이브 배리

오디오북을 들으며 출근할 수 있다. 몸에 좋은 채소와 단백질로 하루를 시작하고 쉽게 피로를 부르는 설탕을 멀리 한다. 다이어트가 여러분의 가장 큰 숙제 중에 하나라면, 관련 프로그램에 등록하거나 같이 도움을 받을 수 있는 동료들을 찾아보자.

나와 함께 일했던 교사들은 한때 〈도전! FAT 제로〉(Biggest Loser)라는 동명의 TV 프로그램에서 따온 경연대회를 한 적이 있다. 대회에 참가한 교사들은 매주 체중검사를 하고 판정단 역할을 하는 우리에게 개별적으로 보고를 하면, 우리는 매주 그 주의 우승자를 상품(그 주 혹은 다음 주의 방과후 업무를 대신해 주기 등)과 함께 공개했다. 학년말에 가장 많이 체중을 감량한 교사는 다른 참가자들이 냈던 참가비(1인당 25달러)를 모두 받게 되었다. 그러나 교사들이 건강과 서로의 힘든 일을 도와주는 데 관심을 가지게 된 결과가 이 대회에서의 진정한 승리라고 할 수 있다.

• 자신을 위한 선곡 리스트 만들기 연구자들에 따르면 고무적인 음악은 기분을 좋게 만들고, 동기를 높이며, 통찰력을 높이고 자성예언(自成豫言)을 만들어 내기 위한 다양한 신경생리학적 체계를 자극할 수 있다고 한다(Bergland, 2012). 휴대용 기기나 자신의 선곡 리스트에 그런 음악을 담아서 주기적으로 들어라. 이 책의 eResource에는 다양한 장르의 음악 목록이 제시되어 있다.

다음 문제에 개별적으로 응답하거나 소집단으로 토의해 보세요. 여러분이 예비 교사라면 eResource에서 여러분에게 맞는 버전을 찾을 수 있습니다.

1. 여러분의 동료 중 가장 부정적인 태도를 가진 사람은 누구인가요? 부정적 태도를 없애거나 (혹은 줄일 수 있는) 전략을 써 보세요.

_____

_____

_____

2. 여러분에게 소진을 일으키는 방아쇠가 될 수 있는 것은 무엇인가요? 이를 막기 위해 여러분이 이미 쓰고 있던 방법은 무엇입니까? 이 책의 나머지 부분을 읽고 나서 추가적인 전략을 다시 써 보세요.

_____

_____

_____

3. 여러분이 하는 부정적인 생각은 무엇이며, 긍정적인 생각으로 바꾼다면 어떤 것이 될까요?

_____  →  _____

_____  →  _____

4. 여러분이 숨을 돌릴 수 있는 출구로는 어떤 것이 있습니까? 어디서 누구와 함께할 수 있는지 써 보세요.

_____

_____

_____


5. 여러분이 지닌 건강하지 못한 습관은 무엇이며, 바꿀 수 있는 건강한 습관이나 의식을 생각해 보세요.

_____ → _____

_____ → _____

_____ → _____

## 3장

환경
# "우리 교실은
어질러진 방 같아요"

**교사의 고백:** "사람들이 어질러진 우리 교실에 오면 나는 '뭔가 방법이 있을 거야'라고 말하지만, 사실은 교실 안에 물건이 너무 많아 통제 불능입니다. 고작해야 교재 놓을 자리를 마련하기 위해 쌓여 있는 다른 교재들을 치우기에 바쁘고, 매번 필요한 물건을 제때 찾기가 어렵습니다. 물건을 정리해야 한다는 것을 알고는 있지만, 그걸 생각하는 것만으로도 부담이 됩니다."

– 교사 C

**교사의 고백:** "나는 교실을 늘 정돈되게 유지합니다. 그렇지만 교실 안에 별로 불편한 물건이 없는데도, 나나 학생들은 결코 편하게 느끼지 못하고 있습니다."

– 교사 D

교사 C나 교사 D의 교실은 교사가 편하게 느낄 수 없는 공간이다. 여러분의 교실은 다음 중 어디에 해당되는지 살펴보자.

- 더럽거나 어수선함
- 포스터나 게시물이 너무 유치하거나 오래됨
- 공간을 우울하게 만드는 물건이 있음
- 원하는 물건을 찾을 수 없거나 찾는 데 오래 걸림
- 벽에 걸린 그림이나 장식물이 오래됨
- 물건의 순서가 수업 활동이나 과정에 맞지 않음
- 전체적으로 학생들의 학업 및 행동 발달을 촉진하지 못함

이들 중에 어느 하나라도 해당된다면, 지금이 바로 교실 환경을 바꿀 때이다.

여러분의 환경을 풍요롭게 꾸미는 것으로 두뇌 활동을 25% 정도 성장시킬 수 있다(OWP/P Cannon Design & Mau, 2010). 공간을 꾸미는 일은 여러분뿐만 아니라 학생들에게도 도움이 된다. 영국에서 3,766명 학생들을 대상으로 실시한 연구에서는 단순히 교실 환경을 바꾸는 것이 학생들의 학업 성장을 16%나 증진시켰다고 보고했다(Barrett, Zhang, Davies, & Barrett, 2015).

일에서 받는 스트레스를 생각해 볼 때, 여러분을 기분 좋게 하거나 일을 수월하게 만드는 것은 무엇이든 고려할 필요가 있다. 교실을 여러분과 학생들의 요구에 맞게 정돈하고, 새롭게 만들어 놓은 환경을 유지하기 쉽도록 체계화하는 것이 해결책이 될 수 있다.

## 정돈을 가능하게 만들기

교실을 정돈하고 꾸미려면 교사들이 대부분 부족하다고 여기고 있는 '시간'이 필요하다. 다음과 같은 전략은 정돈 프로젝트를 쉽게

> "위대한 것을 성취하기 위해서는 두 가지가 필요하다. 계획과 조금 부족한 시간."
>
> – 레너드 번스타인

관리하도록 도울 수 있다. 각자 환경에 맞게 이러한 전략을 사용해 보자.

• **시간 확보하기** 먼저 덜어 낼 수 있는 일거리 하나를 찾아내거나(예: 아마도 어떤 숙제는 굳이 점수를 매기지 않아도 될 것이다), 계획을 변경(예: 동료 교사와 밖에 나가서 잡담을 했다면, 교실로 그 교사를 불러 잡담을 하면서 청소를 할 수 있다)하는 것으로 시작하면 정리 정돈에 걸리는 시간을 확보하는 일이 큰 부담이 되지는 않을 것이다.

• **도움 요청하기** 외부 도움을 받아 시간과 노력을 얼마든지 줄일 수 있으므로, 수업 시간 외에 도와줄 수 있는 학생을 찾는다. 많은 학생들이 교실을 꾸미는 것을 좋아하며, 여러분은 그들의 노력을 칭찬해 주는 것으로 보답할 수 있다. 학생들은 모두 새롭게 꾸며진 교실에서 기분이 좋아질 것이다.

학교에서 일하는 분들은 여러분이 충분히 감사를 표시한다면 종종 무거운 물건을 옮기거나 큰 액자 또는 거울을 벽에 거는 일을 도와줄 수 있다. 동료 교사들도 여러분을 도울 수 있겠지만, 되도록 교사보다는 소진을 덜 겪을 것 같은 사람들에게 도움을 요청하는 것이 좋다.

• **미리 준비해 놓기** 계획을 잘 세우면 장기적으로 시간을 절약할 수 있다. 교실 정돈 프로젝트를 시작할 때는 필요한 물건(사다리, 줄자, 압정, 스테이플러, 테이프, 큰 쓰레기통, 재활용 쓰레기통)을 미리 준비해 놓도록 하자.

또한 교실에서 배치를 바꾸면 어떻게 달라질까 습관적으로 상상해 보도록 한다(예: "교탁을 가운데 배치하면 학생들이 나와서 발표할 때 동선이 어떻게 달라질까?"). 상상에 따라 계획을 실행해 보는 것도 도움이 된다.

## 환경 정돈하기

환경이 눈에 띄게 어수선하다면 통제력을 상실하기 쉽다. 또한 온종일 힘든 일에 지쳐 있을 때, 그러한 상태를 상쇄시킬 수 있는 지점을 찾지 못한다면 지친 기분에 계속 압도당할 수

> "나는 정돈된 것을 좋아한다. 그래야만 내 머릿속이 복잡해도 견딜 수 있기 때문이다."
>
> – 드와이트 요아캄

밖에 없다. 다음의 전략은 주변을 조용하고 적극적으로 생각할 수 있는 공간으로 만드는 데 도움이 된다. 여러분의 상황에 맞게 활용해 보자.

- 청소하고 버리기 프린스턴 대학의 연구자들은 작업 공간이 물리적으로 어지럽다면 정보를 집중하여 처리하는 능력을 제한하고, 생산성이 떨어질 뿐만 아니라 짜증을 유발할 수 있다고 보고하였다(McMains & Kastner, 2011). 쓸데없는 물건을 치우고 정돈하는 것으로 학생들의 성적이 향상되고 제때 과제를 제출하게 되었다는 보고도 있다(Morrison, 2015).
교실 안의 물건 중 학생들에게 도움이 되지 않는 것은 검토한 후 미련 없이 버린다. 더 이상 사용하지 않는 쓸모 있는 소모품이나 게시물 등은 신임 교사에게 물려준다. 나 역시 처음 교직

을 시작했을 때 이와 같은 방법으로 필요한 물건을 모두 물려받았다.

- 환기시키기 게시판에 새로운 내용을 게시하고, 책상을 재배치하고, 공기 청정제를 뿌리거나 화분이나 쿠션 등으로 포인트를 주는 방식으로 꾸미기를 계획해 본다.

- 대체수업 준비하기 열심히 노력했는데도 제시간에 수업을 마치지 못할 때도 있을 것이다. 이로 인한 스트레스나 패닉을 방지하기 위해, 마무리 짓지 못한 내용을 보완할 만한 의미 있는 대체수업이나 활동을 준비해 놓으면 유용하게 사용할 수 있다.

- 밝게 유지하기 자연적인 교실의 느낌(예: 자연채광, 통풍, 시원한 온도)은 좋은 교실 환경을 만드는 데 큰 도움이 된다고 알려져 있다(Barrett, Zhang, Davies, & Barrett, 2015). 무언가를 전시하기 위해 또는 학생들의 주의가 산만해지는 것을 막기 위해 창문을 가려 놓은 게시물이나 종이는 제거한다. 또한 창에 블라인드나 커튼이 있는 경우는 항상 열어 두도록 한다.

> 교사: "여러분에게 가르칠 수업 계획서를 책상 어딘가에 두고 잃어버린 것 같아요."
> 학생: "무슨 수업이었는데요?"
> 교사: "어떻게 하면 정리 정돈을 잘할 수 있는가 하는 내용이에요."

- 좋은 말 붙여 놓기 긍정적인 말이나 용기를 주는 문구 등을 자주 보는 곳에 붙여 놓는다. 또는 그런 문구 등을 비밀번호로 사용하는 것도 좋다. 인터넷에서 '성장형 마인드셋'을 검색하면 나오

는 문구 등을 사용해도 좋지만, 별로 마음에 들지 않는다면 다른 교사들이 감명을 받은 격언이나 문구들이 이 책의 eResources에 제시되어 있으니 참고한다. 미국 성인 1,000명을 대상으로 한 《허핑턴 포스트》의 설문조사에서 52% 정도의 일반 대중은 교사가 과소평가되고 있다고 느낀다(YouGov, 2015).

---

### 비밀번호에도 의미를!

컴퓨터에 로그인하기 위해 매번 비밀번호를 입력해야 한다면, 영감을 주는 격언이나 문구를 사용해서 만드는 것이 좋다. 좋은 격언, 문구를 되새기는 것이 일상이 될 수 있기 때문이다. 어떤 교사들은 매일 좋은 격언을 상기하기 위해 다음과 같은 비밀번호를 사용하고 있다.

| | | |
|---|---|---|
| ÷&Conquer | ignoreH8hrs | =Time4me |
| Iofthet!ger | >obstacle | lr0ck |
| ⟨IMdoing | Iwillsur5 | +Mindset |
| justsAn0 | 1day@aTime | kRPDM |
| 4getH8rs | never2L8 | 6cess! |
| noMtn2Hi or noValE2Lo | ask4help | progre7ergy |
| cirQl8 | serN!T | cre8peace |
| skip1thing | D5lim8s | st8rue2self |
| deleg8 | techENtra9 | ElimN8 |
| U=OvrCmr | grati2d | UcanDo!t |

숫자, 특수문자를 포함하고 있기 때문에 보안 유지에도 유리하다. 어떤 경우에는 글자 수나 영문 대·소문자에 제한이 있기 때문에 이를 고려해서 만들어 보자.

**격언의 의미:** divide and conquer(나누고 해치우기), ignore haters(미워하는 사람 무시하기), equal time for me(나에게도 시간을 주기), eye of the tiger(사자의 눈), greater than obstacle(역경보다 큰), I rock(나는 멋지다), less than I am doing(하는 일을 줄이기), I will survive(나는 살아남으리), positive or growth mindset(긍정 마인드), just say no(아니요라고 대답하기) one day at a time(하루에 한 가지), carpe diem(지금 이 순간에 충실하라), forget haters(미워하는 사람들 잊어버리기), never too late(결코 늦지 않았다), success!(성공), no mountain too high or no valley too low(어떤 산도 넘을 수 있다/ 어떤 계곡도 건널 수 있다), ask for help(도움 요청), progressive energy(전진하는 힘), circulate(순환), serenity(고요함), create peace(평화 만들기), skip one thing(한 가지 빼놓기), defy limits(한계를 부정하기), stay true to yourself(당신에게 충실하기), delegate(위임하기), techie in training(기술 배우기), eliminate(제거하기), you are overcomer(당신은 승리자), gratitude(감사), you can do it(너는 할 수 있어)

- 색깔 사용하기 여러 연구 결과는 특정 색상이 교실 활동에 영향을 주는 것으로 나타났다. 예를 들어, 잔잔한 노란색은 학습에 도움을 주고 파란색은 협력을 장려할 수 있다(Morrison, 2015). 이 책의 eResources에서 제공하는 색상표와 가이드를 사용하여 교실 안의 색깔을 바꾸어 보자.

- 여러분의 영향력을 확인할 수 있는 것으로 꾸미기 나는 내 책상 옆의 게시판을 '사랑의 게시판'이라고 불렀다. 이 게시판은 학생들이 나에게 선물한 그림이나 감사 편지, 카드 등으로 꾸며져 있으며, 학생과 내가 나누었던 모든 친밀했던 관계를 생각나게 하는 좋은 계기가 되었다. 모금 활동에서 여러분의 학급이 거둔

가장 좋은 성과를 나타내는 그래프, 학생들이 경진 대회에서 상을 탄 기록 등을 잘 보이는 곳에 게시해 두자. 여러분이 학생들을 삶을 바꾸었던 결과를 차곡차곡 모아 두면 이후의 소진을 막는 데 도움이 될 것이다(Skovholt & Trotter-Mathison, 2011).

## 학습 효율을 높이도록 배치하기

교사마다 특별하게 선호하는 배치가 다양할 수 있어서 교실의 배치도는 교사 각자에 따라 다르게 나타난다. 여러분에게 가장 알맞게 배치하는 것이 스트레스를 완화하고 일을 더 쉽게 하도록 돕는다. 다음의 전략은 여러분과 학생들을 위해 어떤 배치를 해야 하는지 도움을 줄 수 있다. 여러분의 상황에 맞게 활용해 보기 바란다.

• 협동학습 촉진하기 교실 배치가 잘 되어 있지 않으면 협동학습을 하기에 매우 힘든 상황이 된다. 전통적인 책상 배열은 학생들에게 "이 수업은 지루할 것이다"라고 예고하는 것과 같다. 학생들이 서로 이야기하고 상호작용하기에 쉽도록 교실을 배치하자. 내가 교사로서 내린 최고의 결정 중 하나는 방을 거대한 'U'자 모양으로 정렬하는 것이었다(그림 3.1, eResources에서 색깔 참고). 학생들은 서로 옆에 앉아 쉽게 함께 모둠활동을 하거나 각자 활동할 수 있었고, 교실 가운데는 '게임 또는 놀이 공간'으로 비워 두었다. 나는 이 배치를 다음에 설명할 스티커를 활용한 모둠활동 전략과 함께 사용했다.

그림 3.1_ 스티커를 활용하기 위한 교실 배치의 예

- 개별화 수업 촉진하기 많은 교사들이 개별화 수업을 어려워한다. 그러나 모둠에 따라 책상 배치를 효율적으로 해 놓는다면 개별화 수업을 보다 쉽게 할 수 있으며, 더 좋은 것은 스티커 활용을 더 쉽게 할 수 있다는 점이다. 다음의 예를 보고 모둠활동에서 스티커 사용을 적절하게 사용한 결과를 살펴보기 바란다.

## 책상 배치와 스티커 사용

[그림 3.1]의 교실 배치의 예를 보면 음영(eRsources에는 색이 나타나 있음)과 화살표가 보인다. 이는 학생들의 책상에 붙인 스티커를 나타낸다. 이 스티커 사용법은 어느 교실에서나 활용할 수 있다([그림 3.1]의 U 자 모양 배치가 아닌 다른 배치를 사용한 교실에서도 가능하다). 단, 책상 스티커는 언제나 짝꿍의 책상을 향하도록 붙여야 한다. 다음은 배치를 하는 세 단계이다.

❶ eRsources에서 책상 라벨에 따른 색을 확인한다. 장당 원이 10개 들어가는 라벨지를 사용하여 컬러 프린터로 출력한다(라벨지는 많이 필요하지 않기 때문에 새로 살 필요 없이 주변에 요청하여 몇 장만 가져다 써도 된다).

❷ 배치도에 따라 다른 스티커를 책상에 붙인다. 부착된 스티커는 짝꿍의 책상을 향하도록 한다.

❸ 학생 특성이나 성적 등에 맞게 배치한다(예: 성적 상위권인 학생이 하위권인 학생을 도울 수 있도록 옆자리에 배치 등). 옵션 A에서 옵션 B로 혹은 B에서 A로 바꿀 수 있으며, 최근 성적을 반영하여 자주 바꾸도록 한다. 이는 학생들이 특정 색깔이나 번호가 어느 정도의 수행 수준을 의미하는지 알지 못하게 하는 데 도움이 된다.

옵션 A

| 스티커 | 학생 |
|---|---|
| 짝수 번호 | 상위권 학생 |
| 홀수 번호 | 하위권 학생 |

옵션 B

| 스티커 | 학생 |
|---|---|
| 짝수 번호 | 하위권 학생 |
| 홀수 번호 | 상위권 학생 |

수업 중에는 언제나 게임, 활동, 숙제 등을 위해 쉽게 모둠을 만들 수 있다. 다음 〈표 3.1〉은 특정 과제를 위해 모둠을 형성하는 예를 보여 준다(필요에 따라 다른 활동을 위해 표에서 다른 줄에 해당하는 모둠을 사용할 수 있다).

**예시:** 8개 활동을 위해 각 활동별로 학생을 4명씩 배치한 모둠을 만들고자 한다. 각 활동의 내용은 다르지만, 활동 내에서는 비슷한 수준의 학생들로 구성하고 싶다면 〈표 3.1〉 밑에서 세 번째 줄의 구성 방법을 사용한다.

〈표 3.1〉은 32명의 학생들로 구성된 경우를 보여 주고 있다. 하지만 스티커는 40개 사용도 가능하며 필요에 따라 더 만들 수 있고, 학급 인원수에 맞게 조정하여 사용할 수 있다. 여러분은 학생들의 선호도나 흥미 등에 따라 자료를 선택할 수 있고, 특정 활동을 위해 자리를 바꿀 수도 있다. 이러한 스티커 사용법은 모둠을 만들 때 쉽게 활용할 수 있을 것이다.

- 유동성 중시하기 어떤 배치를 사용하든지 책상을 고정해 놓고 사용해서는 안 된다. 차시 또는 활동 내용에 따라 책상을 옮길 수도 있고, 책상 자체에 바퀴가 달려 있거나 다른 책상에 연결될 수 있도록 제작된 책상도 있기 때문이다. 배치된 책상에서 수업이 잘 진행되지 않거나 학생들이 불편을 느끼면 즉시 옮겨서 변화를 주어 본다.

- 학교 관리자에게 요구하기 동료 교사나 학교 관리자와 함께 여러분이 이미 가지고 있는 물건과 필요한 물건에 대해 이야기한다. 예를 들어, 큰 모둠 책상이 필요 없는 교사는 개인 책상을 가지고 있는 다른 교사와 이야기해서 책상을 교환해서 쓸 수 있다. 마찬가지로 너무 교실이 큰 교사는 자신이 원하는 교실 배치를 하기에 교실 공간이 너무 작다고 느끼는 교사와 서로 교실을 바꿀 수 있다.

표 3.1_ 스티커에 따른 모둠 구성 방법

| 특성 | 모둠 | 스티커 | 교사 지시의 예 |
|---|---|---|---|
| 학생이 다른 학생을 도울 수 있도록 수준을 섞어서 배치 | 2명씩 16쌍 | 화살표 (→ ←) | "화살표가 가리키는 짝과 마주 보세요" |
| 모둠이 다른 모둠과 동등하게 경쟁할 수 있도록 동일한 역할로 구성된 모둠을 만들 것(예: 모든 모둠이 같은 프로젝트를 하는 경우이지만, 모든 팀에는 같은 역할을 하는 사람이 같은 인원수만큼 배치됨) | 4명씩 8모둠 | 숫자 배치(1~4) | "1번부터 4번까지는 1모둠입니다. 5번부터 8번까지는 2모둠입니다…" |
| | 8명씩 4모둠 | 색깔 배치 | "핑크색은 1모둠입니다, 초록색은 2모둠입니다. 파란색은…" |
| | 16명씩 2모둠 | 숫자 배치(1~16) | "1번부터 16번까지는 1모둠입니다. 17번부터 32번까지는 2모둠입니다" |
| 각 모둠에 비슷한 수준의 학생들을 배치하고 모둠마다 다른 활동을 할 경우(예: 모둠별로 수준이 다른 과제를 줄 수 있음). 모둠 내에서는 비슷한 과제, 활동, 숙제를 제시함 | 2명씩 16쌍 | 한 숫자씩 건너뛰어 배치 | "1번과 3번이 짝이고, 2번과 4번이 짝입니다…" |
| | 4명씩 8모둠 | 색깔+홀/짝수 배치 | "핑크색 짝수 학생들은 1모둠입니다. 핑크색 홀수 학생들은 2모둠입니다…" |
| | 8명씩 4모둠 | 색깔+홀/짝수 배치(1~16) | "이쪽에 앉은 학생 중에 핑크색 짝수 학생은 1모둠입니다. 핑크색 홀수 학생은 2모둠입니다…" |
| | 16명씩 2모둠 | 홀/짝수 배치 | "짝수 번호는 1모둠입니다. 홀수 번호는 2모둠입니다" |

또한 학교 관리자가 교실 집기나 가구 교체에 얼마간의 재정을 배정했다면, 시범적으로 여러분의 교실에서 새 물건을 사용해 보고 싶다고 알릴 필요가 있다. 교실을 잘 꾸미기 위해 필요한 싸고 좋은 물품은 중고 거래 사이트를 살펴보도록 하자.

## 도구 만들기

효과적인 도구는 교실을 깨끗하게 유지하는 동시에 여러분과 학생들이 보다 효과적으로 도움을 받을 수 있도록 도와준다. 이와 관련하여 다음 전략이 도움이 될 수 있다. 자신의 상황에 맞게 이 전략을 적용해 보자.

• 정리 규칙 세우기 중요한 물건은 지정된 장소에 두고 모든 물건에 라벨을 붙인다. 색인 카드를 테이프로 붙여 놓고 마커를 사용해 위에 이름을 써 놓는 것만으로도 훌륭한 라벨이 될 수 있다. 적당한 상자를 사용하면 뭔가 쌓이는 것을 막을 수 있다. 구두 상자는 종이를 담기에 좋은 사이즈이고 돈이 들지 않으며, 학생들은 점심시간에 상자 꾸미기를 할 수도 있다. 이렇게 그때 그때 정리하는 것은 그대로 내버려 두는 것만큼 쉬운 일이다.

• 깨끗한 교실을 유지하기 위한 시스템 학생들과 그들의 일과를 함께 고민해 보고, 어떤 집기나 배치가 일과를 도울 수 있는지 생각해 보자. 예를 들어, 차시별로 학생들에게 글쓰기를 시킬 경우, 쓰기 공책에는 학생들의 이름표를 붙이고 차시별로 박스를 만들어 일렬로 늘어놓게 한다. 아침에 학교에 일찍 나온 학생에게는

그 차시에 해당하는 박스에서 공책을 꺼내 학생들 책상에 가져
다 두게 한다.

- 학생들에게 정리 정돈을 훈련시키기 교실문 밖으로 나가는 길에
  쓰레기를 한 개씩 주워서 버리고 나가도록 규칙을 정한다. 아이
  들이 휴지 조각 하나를 줍겠다고 서로 덤벼들지도 모르지만 적
  어도 깨끗한 교실을 유지하는 일에 어느 정도 책임감을 가질 수
  있다. 물론 휴지를 버리지 못한 학생도 교실을 나갈 수 있게 하
  되, 휴지를 버린 학생 다음에 나가게 한다.

- 부분적으로 종이를 줄이기 쌓여 가는 종이가 주기적으로 늘어나
  는 경우 교실 안에서 종이를 줄일 수 있는 방법을 모색해 본다.
  11장 'IT 기술'을 참고해 보자.

- 정돈을 미루지 않기 학생들에게 여러분이 교실을 정돈하는 모습
  을 보여 주는 것 자체가 도움이 된다. 여러분이 학생들을 돕기
  위해 교실 안을 돌아다니는 중간중간 물건을 제자리에 두는 것
  을 습관화한다. 정리 정돈을 위한 시간을 따로 확보해 놓을 필
  요 없이, 일과 중에 물건을 그때그때 정리해 두고 나중에 필요
  한 물건만 옮기면 편리하다.

다음 문제에 각자 응답하거나 소집단으로 토의해 보세요.

1. 여러분의 교실에서 어떤 물건(게시물 등)이 학습활동에 가장 유용하게 쓰이는지 써 보세요.

_____

_____

_____

_____

_____

_____

_____

2. 여러분의 교실을 좀 더 새롭고 효율적인 공간으로 만들기 위해서 어떤 것이 필요할지 써 보세요.

_____

_____

_____

_____

_____

_____

_____

3. 여러분이 가르치고 있는 수업 내용(협동학습, 개별화 학습 등)에
따라 교실 배치를 한다면 어떻게 될까요? 다음에 그려 보세요.

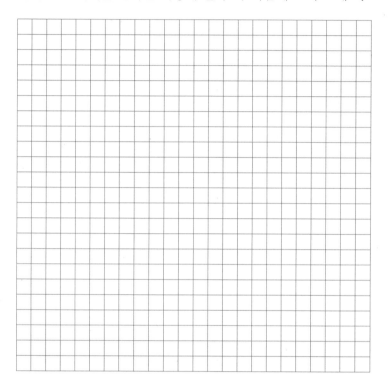

4. 여러분에게 도움이 되는 격언이나 문구는 무엇이며, 주로 어디
에 붙여 놓는지 써 보세요.

_____

_____

_____

5. 여러분이 학생에게 영향력을 주고 있다고 느낄 수 있도록 교실에 배치하는 것은 무엇인가요?

_____

_____

_____

_____

6. 교실을 깨끗하고 잘 정돈된 상태로 유지하기 위해 사용하는 방법을 세 가지 써 보세요.

❶ _____

_____

❷ _____

_____

❸ _____

_____

7. 구하기 어렵지만 교실에 도움이 되는 물건은 무엇인가요? 그 물건은 어떻게 얻을 수 있을까요? 혹은 그 물건이 없이도 학교생활은 문제가 없나요?

_____

_____

_____

## 4장

## 과잉자극
# "내 머리는
# 쉴 틈이 필요해요"

**E 교사의 고백:** "항상 '켜짐' 상태입니다. 학교에 도착하면 벌써 학생들이 문 앞에서 나를 기다리고 있습니다. 어른이나 아이 할 것 없이 모두 온종일 나에게 이런저런 맹공격을 퍼붓습니다. 점심시간까지 받은 편지함은 넘쳐 나서 1시간 동안 부모님과 다른 교사들에게 답장 메일을 쓰기는 하지만 더 많은 이메일이 계속해서 날아듭니다. 그런 와중에 전화는 쉴 새 없이 울리고 앱에서는 알림 메시지가 뜹니다. 집에 있을 때도 계속해서 아이들이나 아내가 저를 불러대고, 도무지 마음이 편치 않습니다. 당연히 잠도 잘 못 잡니다."

– 교사 E

교사 E가 말한 '맹공격'은 교사들이 계속되는 다양한 요구에 치여 정신 상태가 한계까지 치닫고 있는 상황을 적절하게 표현하고 있다. 이러한 맹공격은 테크놀로지가 발전하면서 더욱 복잡해지며, 편의성을 높여 줄지는 몰라도 과도한 자극으로 발생하는 위험성은 점점 더 커지고 있다.

그러나 두뇌는 휴식이 필요하다. 자신의 관심을 끄는 정보에 우선순위를 두지 않으면 인지능력과 효율성이 떨어진다(Schwartz, 2010). 간단히 말하면 과잉자극은 쾌감을 주는 것이 결코 아니며, 소진을 촉진시키기 때문에 적절한 노력을 통해 피하는 것이 좋다.

### 다른 사람들을 위한 경계 설정하기

다른 사람들이 여러분에게 도움을 청할 수 있는 시간과 장소에 제한을 두지 않으면, 결국 여러분 자신을 제외한 다른 모든 사람에게 봉사하는 것이 되고 만다. 다음 전략은 여러분과 여러분의 두뇌에 안식을 주는 올바른 경계를 설정하는 데 도움이 될 수 있다. 상황에 맞게 적절히 사용해 보기 바란다.

• 점심시간 활용하기 나는 점심시간에 학생들의 숙제를 돕거나 같이 놀곤 했다. 학생들에게는 무척 도움이 되었고 나 또한 그 시간을 즐겼지만, 장기간 지속되다 보니 내 업무량이나 스트레스에 미치는 영향이 막대하다는 것을 깨달았다. 나만을 위한 점심시간을 되찾고서야 다시 웃을 수 있었고, 동료 교사들과 함께 그날의 어려운 문제를 토로함으로써 힘든 일을 더 잘 견딜 수 있었다.

교사는 자신을 위한 시간이 거의 없기 때문에 주어진 모든 시간을 소중하게 인식할 필요가 있다. 용건이 있는 학생들이 아침 등교지도 시간에 찾아오도록 한다면, 점심시간에 학생들이 여

> "때때로 휴대폰을 내려놓고 사람들의 얼굴을 쳐다보라. 그들의 얼굴이 놀라운 것들을 이야기해 줄 것이다."
>
> – 에이미 폴러

러분을 찾지는 않을 것이다. 이게 불가능하다면 점심시간이 끝나기 5분 전에 교실에서 만나자고 약속을 조율한다. 약속한 시간에 찾아온 학생들의 질문에 빠르게 답하고 추가적인 도움을 원하는 학생에게는 방과후 수업 등 적절한 방법을 추천해 준다.

• 이메일 줄이기 이메일로 농담이나 불필요한 공지사항이 전체 메일로 오는 경우와 같이 학교 이메일에 문제가 있는 경우 학교 관리자에게 전체 직원용 이메일을 보내기 전에 관리자의 동의를 얻게 하는 방침을 요청하는 것이 좋다.

일부 교육청에서는 모든 직원용 이메일 바로가기를 만들 수 있다(예: 'AllTeachers@…'로 보내는 이메일은 모든 교사에게 전달된다). 단, 모든 직원용 이메일 바로가기는 관리자만 사용할 수 있으므로 남용될 가능성이 적다. 만일 이런 바로가기를 모든 사람이 사용하고 있다면, 사용을 제한하도록 여러분이 제안해야 한다. 혹시 관리자가 도움을 줄 수 없는 경우에는 전자메일 필터를 만들어 혼란을 줄일 수 있다. 예를 들어 여러분이 수신 참조(CC)로 되어 있는 이메일은 받은 편지함이 아니라 다른 곳에 자동 저장되도록 설정하면 편지함에 메일이 쌓이는 것을 막을 수 있다.

## 자신을 위한 경계 설정하기

자신을 위해 경계를 설정하는 것은 다른 사람을 위한 경계를 설정하는 것보다 훨씬 힘들다. 결국 그 경계를 침범하는 것은 자신뿐이기 때문이다. 따라서 이 전략은 특별히 더 많은 노력이 필요하다. 배우자나 아이들에게 지켜 주었으면 하는 경계에 대해 말하거

> "일이 전부인 사람은 일에서 일류가 될 수 없다."
>
> – 안나 퀸들렌

나 그들의 협조하에 경계를 설정하는 것은 여러분을 지키는 데 도움이 될 수 있다. 다음의 전략은 여러분이 스스로를 위해 올바른 경계를 설정하여 두뇌를 쉬게 하는 데 도움이 될 수 있다. 각자 상황에 맞게 적절하게 활용해 보기 바란다.

* 스마트폰 내려놓기 여러분이 어렸을 때도 손에 전자 기기를 달고 살았는지 생각해 보자. 휴대폰, 태블릿PC 또는 기타 장치에서 들리는 벨소리, 진동, 알람 소리는 정신적으로 건강에 좋지 않다. 여러분의 뇌는 생각하고, 방황하고, 상상하고, 휴식하는 시간을 필요로 한다.

  어떤 기기가 여러분을 노예 상태로 만들고 있는지 확인하고, 이 기기의 사용 방법에 대한 확고한 경계를 정하자. 남편과 내게 이것은 휴대폰이었다. 따라서 우리는 저녁에 집에 도착하자마자 즉시 휴대폰을 부엌 서랍에 넣어 두었다. 이 방법을 사용하면 휴대폰을 확인하는 것을 참기 위해 따로 많은 의지력이 필요없으며, 만일 비상사태가 발생할 경우에는 전화가 계속 울리기 때문에 적어도 들을 수는 있다. 가족이 모이는 시간에는 특히 여러분을 유혹하는 기기를 서랍에 넣고 저녁 시간 동안 잊어버리고 있는 것이 좋다.

* SNS 제한하기 페이스북, 트위터, 핀터레스트, 인스타그램, 스냅챗 등과 같은 소셜 미디어는 유용한 도구가 될 수 있으며 이 책에서도 홍보하고 있다. 그러나 음식과 마찬가지로 SNS도 과도

하게 사용하면 위험할 수 있다는 점을 명심해야 한다.

SNS를 하기 위해 사용하는 기기가 무엇이든 간에 SNS를 하는 데는 일단 시간이 많이 걸린다. 그러나 여러분과 뇌는 자유롭게 생각하고, 깊이 헤아리며, 공상에 잠길 수 있는 일정한 시간이 필요하다. 이러한 평화로운 시간이 여러 문제를 해결하는 데 도움이 되며 정신 건강에 필수적이기 때문이다.

여러분이 즐기면서 한편으로는 도움을 받고, 때로는 중독까지 되고 있는 소셜 미디어에 적당한 제한을 두자. 소셜 미디어를 과도하게 사용한다고 느끼는 경우 다음 팁을 고려하는 것이 좋다.

- 소셜 미디어는 특정 기기를 정해 놓고 그 기기에서만 사용하도록 한다.
- 휴대폰, 태블릿PC 또는 컴퓨터와 같은 기기의 앱 또는 링크를 제거하여 로그인하지 않고도 바로 액세스할 수 있는 기기는 하나만 남기도록 한다.
- 사용하는 소셜 미디어를 재평가하여 계속 계정을 유지할 것인지 엄격히 따져 본다. 예를 들어 트위터에서 전문적인 지식과 즐거움을 많이 얻었지만 온라인 포럼에서 시간을 많이 빼앗기고 유용한 정보가 없다면 포럼을 하지 않는 것이 좋다.

• 집에서 일하지 않기 일은 학교에서 한다. 이 책에서 이것이 가장 어려운 제안 중 하나라고 생각한다. 학교 일정상 계획을 세울 기간이나 시간을 주지 않는 경우에 특히 어려울 수 있으나, 다음과 같은 네 가지 팁이 도움이 될 수 있다.

- 집에서 100% 완료할 수 있는 작업만 집으로 가지고 간다. 나는 일거리를 집으로 가져가긴 했으나 차 안이나 방문 앞에 쌓아 두기만 하고 결국 마무리하지 못한 경험이 무수히 많다. 여러분은 집에서까지 당신을 괴롭히는 일거리를 쳐다볼 필요가 없으며, 집에서 확실하게 끝낼 수 없는 일은 학교에 두고 오는 것이 좋다. 대신에 이 책의 5장 '평가'나 6장 '업무량' 등의 내용은 일거리가 쌓이지 않을 수 있도록 하는 전략을 다루고 있으니, 여기에 주목할 필요가 있다.
- 집에 일을 가져가야 하는 경우에는 일부만 가져가도록 한다. 캐머런(Cameron, 2014)은 채점할 숙제가 50장이 있다면, 이를 모두 가져오면 소진을 유발할 수 있으니 자신의 한도에 맞게 현실적인 채점 계획을 세워 10~15장만 가져가는 방법을 제안한다.
- 가장 재미없는 일을 학교의 일과 중에 하도록 계획하고 가장 재미있는 일을 집으로 가져간다. 예를 들어, 나는 채점하는 것은 싫어했지만 수업 계획을 짜는 것은 좋아했다. 따라서 학교에서 평가 작업을 하고 집에서는 음악을 들으며 수업 계획을 짜고 개들과 시간을 더 보낼 수 있었다.
- 이 책에서는 스트레스를 줄이기 위해 동료 교사와 점심시간을 사용하도록 권하고 있다. 이는 따라야 할 중요한 지침이지만, 특히 일이 많이 밀려 있을 때는 적당히 끊는 것이 좋다. 동료 교사들과 점심을 먹지 않는 것이 가족과 함께하는 귀중한 시간을 놓치는 것보다 낫다. 동료 교사와 함께 채점을 하면서 시간을 보내는 것 등으로 타협할 수도 있다.

- 업무 메일 제한하기 이메일은 업무에서 비롯되는 방해 요소 중의 하나이며, 의식적으로 제한을 둘 필요가 있다(Schwartz, 2010). 예를 들어, 하루 중 지정된 시간에만 메일을 확인하고 다른 시간에는 보지 않는 것이 좋다. 특히 수업 시간에 메일을 확인하지 않도록 주의를 기울이자.

  사회학자인 크리스틴 카터(Christine Carter)는 특히 프로젝트를 시작하기 전에 이메일을 확인하고, 답장을 보내기 위한 시간을 하루 다섯 번에 20분씩 할애하면 그 중간중간에는 집중을 유지할 수 있다고 한다(Oumanski, 2015). 저명한 교사인 비키 데이비스(Vicki Davis, 2014)는 하루에 두 번만 이메일을 확인하고, 학교 이메일을 스마트폰과 동기화하지 않음으로써 소진을 막을 수 있다고 했다.

  비키의 방법은 휴식과 재충전의 시간을 확보함으로써 근무 외 시간의 질을 개선하는 데 특히 도움이 된다. 또한 태블릿PC나 다른 기기 등을 통해 받는 이메일이 여러분을 방해하지 않도록 위와 같은 방법으로 제한을 둘 필요가 있다.

  근무시간 외 또는 주말에 이메일을 확인하지 않는 등 직장에서 벗어난 경우 이메일 사용에 제한을 두는 것이 좋다. 이는 가족이나 파트너와 협의를 통해 도움을 받을 수 있다.

- 한 번에 한 가지 일만 집중하기 교사는 학생들과 시간을 보내면서 끊임없이 이것저것 신경을 써야 한다. "선생님, 도와주세요", "선생님, 숙제를 잊어버렸어요", "선생님, 왜 아스피린을 드세요?" 등등. 마음챙김(mindfulness) 전문가인 크리스틴 레이스(Kristen Race) 박사는 멀티 태스킹을 할 때는 과제를 바꿀 때마

다 서너 가지의 단계를 재조직하는 작업을 새로 시작해야 하므로 스트레스를 가중시키고 효율성을 떨어뜨리기 때문에 뇌에 많은 부담을 준다고 했다(Oumanski, 2015). 가능하다면 혼자 일할 때, 하나의 작업을 선택하고 완료할 때까지 다른 새로운 작업으로 바꾸지 않도록 스스로에게 일러둔다. 그럼에도 불구하고 방해를 받는 경우도 있지만, 적어도 이전에 미뤄 두었던 성적 처리를 하거나, 방금 온 이메일을 열어 보는 것과 같은 방해 행동을 스스로 통제할 수 있다. 새 메일이 도착했을 때 울리는 전자메일 알림을 해제해 놓고, 책상에 미루어 둔 일거리는 싹 치우도록 하자.

- 자신에게 맞는 수업 방식 선택하기 여러분의 개성과 취향이 무엇이든 여러분과 학생들 모두에게 효과적이고 성공적인 수업 방식이 있다. 예를 들어, 내성적인 교사는 학생들이 끊임없이 모여서 활동을 하거나, 서로 다른 활동을 하면서 주변을 어지럽히는 교수법을 싫어한다. 사실상 내성적인 교사는 대부분의 학생들이 숨막혀 하는 강의식 수업을 하지 않는 경우 더 심한 소진과 정서적 탈진을 경험한다(Cano-Garcia, Padilla-Muñoz, & Carrasco-Ortiz, 2004). 이러한 교사에게는 학생들에게 도서관에서 대화하는 것처럼 조용히 말하도록 하면서 공동 작업을 시키는 것이 도움이 된다. 여러분이 어떤 개성을 지녔든지 여러분과 학생들 모두에게 맞는 수업 방식을 찾을 수 있을 것이다.

- 삶을 즐길 수 있는 방법 찾기 교사들은 학교 밖에서라도 스트레스를 풀지 않으면 좋은 수업을 하기 어렵다(Neufeldnov, 2014). 깨

어 있는 모든 시간에 일만 한다면 교사는 결국 소진에 빠지고 만다. 따라서 교사는 적어도 주말에는 일에서 벗어나 개인적인 활동이나 즐거움을 유지할 수 있는 방법을 찾아야 한다(Rauhala, 2015). 초등교사 지넷 드라이어는 신앙 공동체와 개인적인 취미 활동과 같은 학교와 관련 없는 일과 삶을 적절히 조화시켜 소진을 막을 수 있다고 한다.

단, 이와 같은 전략을 읽을 때, 여러분은 "직장에서 벗어날 수 있는 시간을 찾기에는 너무 많은 업무량이 있는데"라고 생각할 수도 있다. 그렇다면 6장의 '업무량'에 주목하기 바란다. 이 장의 내용은 여러분이 업무량을 줄이는 데 많은 도움이 될 것이며, 다른 장들 또한 여러 가지 지원책을 제시하고 있다.

> "나는 이메일을 믿지 않아요. 나는 옛날 스타일로 전화를 걸고 끊는 게 더 좋아요."
>
> – 사라 제시카 파커
> (캐리 브래드쇼의 대사)

또한 집에서 일하는 시간에도 제한을 둘 필요가 있다. 영어 교사인 리사 체서(Lisa Chesser, 2014)는 교사가 집에서 3시간 이상 성적 처리, 수업 계획, 이메일 확인 등을 하지 않는 것이 좋다고 제안한다.

필요한 개인 시간을 희생하면서 괜찮다고 스스로 위안해서는 안된다. 재량껏 조정할 수 있는 업무라면 최소한으로 줄이고 효율성은 완벽하게 높일 수 있도록 해야 한다. 여러분에게는 가족, 친구, 그리고 자신을 위한 시간이 필요하다.

## 도구 만들기

생각이나 걱정 또는 해야 할 일이 마음을 짓누르고 있을 때 긴장을 풀기는 어렵다. 생각을 기록하고 적절한 장소에 저장해서 나중에 해결할 수 있도록 도와주는 도구를 만드는 것은 그동안 마음을 정리할 수 있기 때문에 효율적이다.

다음 전략은 당신의 두뇌 부담을 줄이는 데 도움이 될 수 있다. 상황에 따라 다음 전략을 적절하게 활용해 보자.

• 해야 할 일의 목록 만들기 무언가 잊어버려서는 안 된다고 걱정하는 상황에서는 마음의 안정을 찾기 어렵다. 해야 할 일의 목록을 만들어 두면 걱정을 덜고 중요한 일을 잊어버리는 것을 방지할 수 있다.

슈워츠(Schwarz, 2010)는 목록을 설정해 두는 것이 일의 우선순위를 정하고 소진을 막는 데 도움이 될 수 있다고 강조한다. 비키 데이비스(2014)는 소진을 막는 12가지 방법 중 하나로 일정과 우선순위 목록 만들기를 제안한다. 로할라(Rauhala, 2015) 역시 힘든 날을 보낼 때 회복할 수 있는 다섯 가지 방법 중 하나로 상위 세 가지 과제를 완료할 수 있도록 우선순위 목록을 만들라고 조언한다. 사실 물리적으로 목록을 작성해 보는 것이 통제감을 높일 수 있는 방법이기도 하다.

다만 이 목록은 소진을 막기 위해서 여러분의 조수 역할을 해야지 목록 자체가 귀찮은 존재가 되어서는 안 된다. 스트레스를 주는 요인이 도리어 한 개 더해지는 것을 여러분은 원치 않을 것이다. 목록이 긍정적인 기능을 하려면 필수 항목만을 포함하여 목록 자체를 짧게 만드는 방법이 좋다.

전통적인 메모장을 이용할 수도 있지만 사용하기 쉬운 IT 기술 도구는 목록이 더 잘 작용하도록 도와준다. 예를 들어, 목록은 언제든 쉽게 접근할 수 있어야 한다. 스마트폰의 '메모' 기능은 항상 휴대할 수 있기 때문에 목록 만들기에 이상적이며, 구글 문서(Google Doc, 자세한 내용은 11장 'IT 기술' 참고) 또한 인터넷에 연결된 모든 기기를 통해 접근할 수 있으므로 편리하다. 약간의 기술을 사용하면 목록에서 항목의 우선순위를 다시 지정(즉 이동)할 수 있다. 이 기술에 능숙한 경우 구글 문서의 스프레드시트를 사용하여 항목을 정렬할 수 있다.

소셜 미디어 사용과는 반대로 필요할 때 목록에 접근하고 다 된 작업을 지울 때 스트레스를 줄일 수 있으므로 자주 사용하는 장치와 동기화하는 것이 좋다. 이는 다음에 설명할 캘린더도 마찬가지이다.

• 캘린더 관리하기 아직 닥치지 않은 마감일을 환기시키면 반갑지 않은 놀라움으로 발생하는 스트레스를 피할 수 있다. 마감일을 마음에서 잠시 내려놓을 수 있으면서도 정작 마감이 닥쳐서 당황하지 않도록 보관할 수 있는 또 다른 방법은 캘린더이다.

교직원 회의, 학교 행사, 학부모 상담, 시험과 주요 마감일 등이 캘린더에 저장해 둘 수 있는 이벤트의 예이다.

다시 말하지만 기술을 통해 캘린더를 효과적으로 활용할 수 있다. 모든 관련 기기와 프로그램과 동기화되는 온라인 캘린더를 사용하는 것이 좋다. 예를 들어 노트북, 스마트폰을 사용할 때에도 '구글 캘린더(My Google Calendar)'를 사용할 수 있으며 지메일 같은 이메일을 사용하여 초대에 응할 수도 있다.

많은 교육청에서는 유사한 기능을 가지고 있는 마이크로소프트 아웃룩을 제공한다.[1] 모든 기기와 호환되는 캘린더를 사용하면 쉽게 액세스하고 최신 상태로 업데이트할 수 있으며, 또한 약속을 캘린더에 쉽게 추가할 수 있다. 여러분에게 가장 적합한 캘린더나 이를 사용하기 위한 권장 사항에 대해 학교 또는 교육청의 기술 담당에게 문의해 보기 바란다.

• 이메일 활용하기 많은 이메일 계정이 필터링 기능을 제공하여 자동적으로 메일을 분류하고 저장하도록 도와준다. 아카이브 (archive) 형식으로 저장하면 원할 때 접근할 수 있음과 동시에 원치 않는 메일을 삭제할 수 있다. 예를 들어, 여러분이 필요하지도 않은 소프트웨어 제품의 정보를 매일 보내는 메일의 경우 읽지 않고 자동적으로 받은 편지함에서 걸러지게 할 수 있다.

---

1 (옮긴이 주) 우리나라의 경우 학교별로 연간 활동 계획표나 달력 등을 필요에 따라 구글 캘린더에 저장해 놓고 알림이 뜨도록 설정해 놓는 것이 좋다.

다음 문제에 각자 응답하거나 소집단으로 토의해 보세요.

1. 여러분 혼자 있어야 할 시간에 다른 사람들이 방해를 하는 경우를 설명해 보세요. 그 시간을 다시 자기 것으로 만들기 위해 경계를 설정하는 방법을 써 보세요.

_____

_____

_____

_____

2. 여러분을 자주 어려움에 빠트리는 세 가지 방해 요소에 체크(✔)하고 어떻게 하면 방해 요소에 시간을 뺏기지 않을 수 있을지 설명해 보세요.
   - 전자기기(스마트폰, 태블릿PC, 노트북 등)
   - 소셜 미디어
   - 이메일
   - 집으로 가져온 업무
   - 가족과의 시간을 방해하는 긴 업무 시간
   - 기타 _____

_____

_____

3. 해야 할 일들의 목록을 관리할 수 있는 방법을 써 보세요. 관련 기술을 더 배워서라도 효율성을 최대치로 끌어올릴 수 있는 방법을 취해야 합니다.

_____

_____

_____

4. 중요한 이벤트 등을 관리하는 캘린더를 어떻게 사용할 것인지 써 보세요. 관련 기술을 더 배워서라도 효율성을 최대치로 끌어올릴 수 있는 방법을 취해야 합니다.

_____

_____

_____

5. 업무용으로 사용하는 이메일 계정에서 원치 않는 이메일을 필터링할 수 있는 방법을 써 보세요. 다른 사람에게 도움을 요청하거나 인터넷을 통해 방법을 알아낼 수도 있습니다.

❶ _____

_____

❷ _____

_____

❸ _____

_____

3부

# 업무량 줄이기

## 5장

평가

# "주말에도 채점을 하느라 바쁩니다"

**교사의 고백**: "나는 수학을 가르치고 있는데 매일 모든 수업 시간마다 모든 학생들에게 주의를 기울일 수는 없습니다. 하지만 나는 학생들이 문제를 어떻게 풀고 있는지 봐야 하고, 그렇기 때문에 숙제를 보고 피드백을 주는 일은 굉장히 중요합니다. 한 명 한 명에게 주의를 기울일 수 있기 때문이죠. 문제는 내가 채점해야 할 숙제의 양이 너무나 많다는 것입니다. 항상 채점을 하고는 있지만 늘 시간이 모자랍니다. 주말 내내 채점해서 주어도 학생들이 내 코멘트조차 읽지 않을 때는 또 한 번 좌절하게 됩니다."

— 교사 F

**교사의 고백**: "학생들의 쓰기 과제에서 단어나 문법을 고쳐 주거나 글의 구조나 스타일에 대해 코멘트하지 않는데도 단지 과제를 읽는 것만으로 굉장히 오랜 시간이 걸립니다. 해야 할 것이 너무 많아요."

— 교사 G

미국 노동부 노동통계국(Krantz-Kent, 2008)에 따르면 다음과 같은 사실이 알려져 있다.

- 교사는 평균적으로 다른 직업군의 사람보다 하루 종일 집에서도 계속 일할 가능성이 높다.
- 공립학교 교사는 일하는 시간의 20%를 학생들의 과제를 채점하는 데 할애한다. 과제 채점은 수업 준비(30%)나 실제 수업(25%)시간에 이어 세 번째로 많은 시간이다.

전체 시간의 20%는 실제로도 꽤나 많은 시간이라 할 수 있다. 교사 10만 명을 대상으로 설문조사한 결과에 따르면 미국 교사들은 주당 평균 45시간(전체 평균 38시간보다 하루에 1시간 이상 많음, Darling-Hammond, 2014) 일한다. 이것은 하루에 적어도 9시간씩 일하는 것을 의미하고, 따라서 매일 거의 2시간씩 학생들의 과제 채점에 소비할 가능성이 높다. 채점 시간을 일정 수준 줄일 수 있다면, 과도하게 일한다고 덜 느끼게 될 것이고, 따라서 소진을 겪을 가능성 또한 줄어들 것이다.

학생: "선생님은 선생님에게 숙제를 너무 많이 내는 것 같아요."
교사: "그게 무슨 말이니?"
학생: "우리는 각자 숙제하는 데 20분밖에 안 걸리는데, 선생님은 우리 숙제를 봐 주는 데 5시간이나 걸리잖아요."

어떤 사람은 하루에 2시간 이상 학생 과제를 채점하는 것이 당연히 필요하다고 주장할 수도 있다. 이 책의 주장을 반박하면서, 모든 과제에 대해 모든 학생에게 교사의 개별적인 피드백을 제공하는 것이 가장 효과적인 방법이라고 주장할 것이다. 물론 모든 학생이 모든 과제에 대해 모든 선생님에게 개별화된 피드백을 받는 것은 이상적이다. 그러나 모든 교사에게 단 한 명의 학생만 배정되지 않기 때문에, 교사가 전통적인 방법으로 그 요구를 만족시킬 수 있으리라고 기대할 수는 없다. 좋은 교사는 활기차게 모든 학생들이 참여할 수 있는 멋진 수업을 실시하여 그들이 배운 개념을 올바르게 적용할 수 있도록 해야 한다. 그런 다음에야 교사는 개별화된 피드백을 보다 효율적이고 현실적으로 만드는 기술과 방법을 적용할 수 있을 것이다.

## 채점에 대한 시각 바꾸기

여러분 자신만의 특별한 채점 방식이 있다면 그것을 쉽게 바꾸기는 어렵다. 애초에 나름대로의 이유를 가지고 그 방식을 선택했기 때문이다. 소진을 줄여야만 할 필요성에 비추어 보면, 채점을 단순화하고 줄이는 것이 소진을 줄일 가능성이 높다. 따라서 스스로 채점 방식을 재평가하는 것이 좋다. 그렇게 하기 위해서 우선 채점 방식에 대한 자신의 견해와 그 견해를 견지하는 것이 가치가 있는지 생각해 보는 것이 좋다.

다음 전략은 교육업무에서 채점이 차지하는 비중을 줄이는 데 도움이 될 수 있다. 상황에 맞게 적절하게 활용해 보자.

• 뒤늦은 피드백의 효과 생각해 보기 학생들이 과제를 완료하는 순간과, 채점된 과제가 다시 주어지는 순간 동안의 시간을 정확히 계산해 보자. 과제에 대한 피드백은 대개 너무 늦게 주는 편이지만, 사실 학생들이 과제를 생각하는 그 순간에 피드백을 주는

것이 가장 효과적이다. 모든 숙제가 불필요한 것은 아니지만, 최소한의 숙제만 내주는 것이 매우 중요할 때가 있다. 진정으로 학생들의 학습을 향상시킬 수 있는 숙제가 어떤 것인가를 비판적으로 숙고할 필요가 있다. 때로는 개별 숙제를 대신할 수 있는, 학생들의 관심을 끌면서도 학습에 도움이 되는 프로젝트로 대체할 수 있는 많은 방법이 있다.

- 학생들이 과제물 재검토에 관심 있을지 생각해 보기 과제가 학생들의 성적에 반영되는 경우, 학생들은 몇 점을 받았는가에만 신경 쓸 가능성이 높다. 특히 여러 과제물에 대한 피드백을 동시에 받으면 처음 과제를 제출할 때만큼 주의를 기울여 생각하지 않는다.

> "초등학교 수준에서 숙제 시간과 성적과는 상관이 없다. 중학교 이상이 되어야만 연관성이 나타나는데, 그것도 중학교의 경우 90분, 고등학교의 경우 2시간 이상이 되면 상관이 없게 된다."
> – 데니스 포프 박사, 스탠퍼드 교육대학원(Passarella, 2015)

수업 시간에 다시 질문과 답변을 통해 복습한다고 해도 학생들은 처음 숙제를 받았을 때 질문을 이해하려고 했던 만큼의 노력을 기울이지 않는다. 또한 숙제나 시험을 수업 시간에 다시 검토하는 것은 수업 시간을 낭비하는 일이며, 학생들은 이 시간에 되도록 참여하지 않으려 할 것이다.

- 학생들이 코멘트를 읽을지 생각해 보기 대부분의 교사들은 과제물에 열심히 코멘트를 써서 돌려주지만 즉시 쓰레기통에 처박히는 것을 보고 낙심한 적이 있을 것이다. 학생들은 코멘트를 잠깐 훑어보기만 하고 꼼꼼히 읽지 않는다.

또한 코멘트가 가장 필요한 학생이야말로 대체로 가장 읽지 않는 학생일 가능성이 높다. 특히 성적이 낮은 학생은 그동안 낮은 과제 점수만 받아 왔고, 자신의 수행 결과를 다시 확인하면 기분만 나쁘기 때문에 교사가 써 준 코멘트를 어떻게든 읽지 않으려고 할 것이다.

학생들의 과제에 피드백을 하는 것은 매우 중요하지만 일이 많은 교사는 선택적으로 피드백을 줄 수밖에 없다. 이 경우 과제 중에 학생들이 가장 읽을 가능성이 높고 학습에 도움이 될 만한 과제에만 피드백을 제공한다.

예를 들면 다음과 같다.


- 읽기 과제의 경우, 첫 번째 에세이 초안에 대한 설명이 두 번째 에세이 초안을 쓸 때 도움이 되는 경우
- 수업 시간에 학생들이 피드백을 읽고 이에 대해 생각할 시간을 주는 경우
- 학생들이 피드백을 반영하여 과제 수행 수준을 더 높일 수 있는 경우


• 어떤 교수법에 시간을 투자하는 게 효과적인지 생각해 보기 약 5만 명의 학생들과 800개의 메타 분석을 포함한 문헌 연구에서 해티(Hattie, 2009)는 숙제가 학업 성취도에 미치는 효과가 평균보다 약간 낮다고 했으며, 이는 보다 성공적인 다른 교수방법이 있음을 의미한다. 다음 중 어떤 교수방법이 학습을 도울 수 있는지 자문해 보기 바란다.

- 학생들이 재미있게 참여하고 상위 개념을 배우고 사용할 수 있는 수업
- 숙제 채점

앨버(Alber, 2010)가 지적했듯이, 교사가 모든 숙제를 채점하여 성적표에 기록하는 데 시간을 보내는 것보다 활발한 수업을 계획하는 데 헌신하는 것이 보다 많은 학생들에게 도움이 될 수 있다. 여러분이 채점에 걸리는 시간을 솔직하게 살펴보고, 그중에 얼마만큼을 수업 계획을 세우거나 학생들을 위해 헌신할 수 있는 에너지를 충전하는 데 투자할 수 있을지 생각해 보자.

---

### 소진에 대한 교사의 조언

"어떤 3학년 선생님이 … 내가 모든 수업 아이디어를 따라서 해 보거나 학생들의 실수에 대해 일일이 노트를 작성할 수 없다는 사실을 받아들일 수 있도록 도와주었습니다. 덕분에 나는 아이들과 더 상호작용할 수 있는 자유를 얻었고, 그것이 이 모든 차이를 만들었다고 생각합니다."

– 션 맥콤(Sean McComb), 올해의 교사상 수상자

---

• **피드백 수단으로서 숙제를 다시 생각해 보기** 여러분은 아마 "형성평가 자료를 사용하는 것은 살아 있는 환자를 수술하는 것과 같고, 총괄평가 자료를 사용하는 것은 죽어 있는 시체를 부검을 하는 것과 같다"라는 비유를 들어본 적 있을 것이다. 전자는 여러분이 현재 하고 있는 수업에 영향을 주지만, 후자는 수업이 끝난 후에 뒤따르는 반성과 같기 때문이다. 여러분의 피드백이

채점과 마찬가지로 하루 이상 지났다면, 여러분은 수술이 아니라 부검을 하는 것이나 마찬가지라고 생각할 수 있다. 그럴 경우 여러분의 피드백은 학생들에게 영향을 주지 못할 가능성이 높다.

학생들에게 각 내용 영역에서 자신의 성취 수준이 어느 만큼 도달했는지를 확인하는 수단으로 오로지 숙제만을 사용하고 있다면, 학생들에게 효과적인 피드백을 줄 수 있는 다른 유용한 방법을 놓치고 있는 것이다. 예를 들어, 채점한 숙제를 돌려줄 때까지 학생들을 기다리게 하는 대신 화이트보드나 게시판 등을 사용하여 즉각적으로 자신의 수행에 대한 피드백을 얻게 할 수 있다. 자세한 내용은 11장 'IT 기술'을 참고한다.

## 채점 방법 바꾸기

이제는 채점에 대한 시각을 비판적으로 재검토했으므로 현재 채점하는 방식을 재평가하는 것이 더 쉬워질 수 있다. 다음의 전략에는 각각 장단점이 있다. 그러나 여러분이 소진의 위험을 겪고 있다면 보다 기능적이면서도 스트레스가 적은 상태로 유지하고, 학생들에게 도움이 되는 탁월한 수업 계획을 짜거나 기타 업무에 시간을 할애할 수 있도록 현재의 채점 방식을 바꿀 필요가 있다. 상황에 맞게 다음의 전략을 적절하게 사용해 보자.

• 숙제를 다시 생각해 보기 학생들에게 하루에 한 장씩 숙제를 내주고 있거나, 수업 시간에 과제를 시키고 있다면 숙제에 관한 최신 문헌을 읽어 보기 바란다. 예를 들어, 거꾸로 교실, 활동 공

간, 메이커 스페이스(maker space),[1] 프로젝트 기반 학습 (Project-Based Learning), '새로운 숙제 방식' 등으로 검색하여 살펴본다. 성적을 높이거나, 성취 수준에 맞는 수행을 기대하거나, 실생활에 적용 가능성을 높이는 수업에서는 질문과 답변으로 된 '전통적'인 숙제의 양이 상대적으로 적다. 현재 여러분이 내주는 숙제가 체계화되어 있다고 해도 새롭게 바꾸는 방법은 세부 사항을 덜 체크해도 되기 때문에 큰 도움이 될 것이다.

• 보고서와 포트폴리오를 새로운 방식으로 사용하기 나 또한 그랬듯이 많은 교사들은 '보고서' 또는 '포트폴리오'란 말을 들으면 격주로 숙제를 담은 박스를 카트에 담아 집에 끌고 가던 기억을 떠올리며 괴로워할 것이다. 그러나 보다 쉬운 형식을 사용하면 학생들에게 효과적인 피드백 도구를 제공하면서도 교사가 채점에 걸리는 시간을 줄일 수 있다.

예를 들어, 학생들은 포트폴리오나 보고서에서 자신들이 가장 잘했다고 생각하는 부분을 선택해서 점수를 받음으로써 전체적으로 점수를 받는 과제의 양 자체를 줄일 수 있다. 이 외에도 여러분 나름대로 채점 업무를 줄이는 여러 가지 방식을 선택할 수 있을 것이다.

포트폴리오나 그 안의 내용에 학생의 이름이 없는 경우라면(예: 표지의 이름을 접어 보안을 유지하거나 학생 ID나 번호를 대신 사용),

---

1 (옮긴이 주) 워크숍, 프리젠테이션, 모둠활동 등의 다양한 형태로 지식 공유와 공동학습을 수행할 수 있는 개방된 공동 연구실과 같은 공간. 국내에서는 무한창조공간이나 무한상상실 등과 유사한 개념으로 논의되고 있다.

"대통령이 되어서 가장 좋은 점은 내가 당선된 바로 다음날로 내 고등학교 성적을 일급비밀로 할 수 있었다는 것이다."

― 로널드 레이건

다른 학생들이 채점을 하게 하고 여러분은 확인만 하거나 필요할 때 점수를 바꾸어 주기만 하면 된다. 예를 들어 2주에 한 번씩 책상을 원 모양으로 배치하고 둘러앉아, 학생들에게 자기 것이 아닌 포트폴리오를 나누어 주고 채점을 하게 한다. 이때 학생에게 친숙한 채점기준을 사용하여 학생에게 어떤 방식으로 평가가 이루어지는지 알려 주면 교육적 효과도 높일 수 있다.

채점을 빨리 끝내는 학생은 점수를 높이려면 어떻게 해야 하는지 코멘트를 써 보게 한다. 학생들의 채점이 끝나면 포트폴리오를 전달하게 하거나(예: "왼쪽으로 세 명의 학생에게 전달하세요") 또는 일어나서 자리를 옮겨 새로운 자리에 앉게 하여(예: "오른쪽으로 두 번 건너뛴 책상에 앉으세요") 다시 점수를 매기게 한다. 이 방식으로 한 포트폴리오당 세 번 채점될 때까지 계속 진행하여 점수를 합산한다. 이같은 또래 평가(peer grading)는 학생들이 서로 배울 수 있는 동시에 학습 기대를 높일 수 있는 좋은 방법이다(Alber, 2010).

또래가 매긴 점수가 예비 점수로 사용되고, 여러분이 필요에 따라 나중에 조정한다 해도 학생들은 자신이 받은 점수에 동의하지 않을 수도 있다. 따라서 이 점수는 성적표에 기재할 필요가 없지만, 그 결과는 어쨌든 채점의 주목적인 '학생들에게 피드백을 제공'하는 데 잘 사용될 수 있다. 채점의 역할은 성적을 매기기 위한 것보다 학습을 지원하기 위한 것이라는 점을 명심해야 한다.

- 채점기준 자주 사용하기 과제가 주관적으로 채점되는 경우 학생들에게 친숙한 언어로 된 채점기준과 같이 제공되어야 한다. 과제가 아주 기본적인 것이 아니라면 채점기준은 채점되는 각 영역을 항목(예: 에세이의 경우 문법, 어휘, 스타일, 구조 등)별로 구분해 두어야 한다.

채점기준은 개발하는 데 다소 시간이 걸리지만 장기적으로는 시간을 절약해 준다. 예를 들면 다음과 같다.

- 과제를 받을 때 채점기준도 함께 받는 학생은 교사가 어떤 것을 기대하는지 더 잘 이해할 수 있으므로 질문이나 요구 사항이 줄어듦과 동시에 다음에는 더 과제를 잘할 수 있게 된다.
- 채점기준이 있으면 학생들이 여러분을 대신하여 채점을 도와줄 수 있고, 때로는 또래 평가에서도 사용될 수 있다.
- 채점기준 표에 체크하거나 혹은 점수를 써 줌으로써 따로 코멘트를 작성하지 않아도 된다. 예컨대 각 숫자 값은 명세서와 동일하기 때문에(예: '2' = 문단에서 중심이 되는 문장이 없음) 학생은 필요한 코멘트를 모두 얻은 것이나 마찬가지이다.
- 채점기준은 다음 학년에도 사용할 수 있다. 차트 형식으로 된 채점기준 대신 과제가 요구하는 특성이나 구성요소 목록을 사용할 수 있다. 즉 어떤 요소가 있는지 혹은 없는지만 표시하고, 이후에 있었던 점수만을 사용하여 학생의 점수를 합산할 수 있다. 점수 합산은 학생들에게 시킬 수도 있는데, 그러면서 자동적으로

> "우리 부모님은 내가 신경외과 의사가 되기를 바랐다. 나는 그분들의 기대를 뛰어넘었다. 나는 교사가 되었다.
>
> – 해리 윙

어떤 요소가 있었고 어떤 요소가 부족했는지 그림처럼 선명하게 알 수 있게 된다. 영어교사인 야고(Jago, 2005)는 부서 또는 학년 차원에서 점수 채점기준을 개발하면 서로 자료를 공유하고 합의를 이끌어 내어 전체적인 채점기준을 개발할 수 있다고 덧붙인다.

• 과제의 일부만 채점하기 과제 전체가 아니라 2~3개 정도 신중하게 선택한 필수요소만 채점한다. 단, 학생들이 우수한 점수를 얻기 위해서는 여전히 전체 과제를 완성하도록 한다.

일부 프로그램은 초점 영역(focus-area) 채점 방식을 제공하고 있다. 예를 들어, 존 콜린스 쓰기 워크숍 모델(John Collins Writing Workshop Model)[2]에서는 내용 범주마다 하나의 초점 영역을 선택해야 한다. 학생들은 초점 영역의 요구 사항을 충족시키기 위해 이전에 작성된 글들을 사용하여 다시 작성할 수도 있다. 이렇게 하면 학생들이 글을 완성하는 동안 좋은 글쓰기 습관을 들일 수 있게 하고 채점에 걸리는 시간을 줄일 수 있다.

또한 각 과제를 채점하는 데 덜 형식적인 방법을 사용할 수 있다. 글쓰기에 관해서 캐머런(Cameron, 2014)은 수정본에서 바뀔 수 있는 것을 미리 채점하지 말라고 조언한다. 예를 들어, 초안의 서론이나 중심이 되는 문단이 완벽하지 않으면, 다음 수정본에서는 어쨌든 이 부분이 크게 변하기 때문에 이 부분에 대한 문법이나 단어에 점수를 매기는 것은 불필요하다. 초안에서 중요하게 다루어야 할 사항 두세 가지에 집중하고, 이어지는 수정

---

2 www.collinsed.com/fca.htm

본에서 다른 이슈를 다루면 된다(Cameron, 2014).

### 채점 유형의 정의

**객관식 채점:** 한 문제에 한 개의 옳은 답을 채점하는 것(예: 1번 문제의 정답은 4번이고, 다른 답은 오답으로 채점됨)

**주관식 채점:** 문제뿐만 아니라 활동이나 프로젝트에도 해당되며, 채점자가 응답 내용에 대해 주관적인 점수를 매기는 것(예: 채점기준을 이용한 에세이 채점)

• 학생들의 일을 대신해 주지 않기 야고(2005)는 어떤 문장에 대해 '의미를 명확히 하기' 혹은 '문장을 고쳐 써 보기'와 같은 코멘트를 하는 것이 문장을 다시 써 주는 것보다 효과적이라고 한다. 가르치는 동안 학생을 위해 모든 것을 대신해 주는 것이 역효과를 내는 것과 마찬가지로, 힌트 이상을 주는 것은 학생들이 스스로 써 보거나 이를 통해 배울 수 있는 기회를 빼앗는 것과 같다.

• 성적표를 돌려 보며 학생들과 토론하기 캐머런(2014)이 제안하는 또 다른 전략은 주관식 채점을 좀 더 잘할 수 있게 도와줄 수 있다. 예를 들어 쓰기 과제가 있다고 하면 첫 번째 과제에서는 과제물 절반 정도만 미리 채점하고, 나머지 절반은 직접 해당 학생들과 토론하면서 채점하는 방식이다. 채점하지 않은 과제에는 뒷면에 2~3개의 항목 표시를 해 두고, 한 번에 학생 한 명씩 5분에서 10분 정도로 면담을 하면서 중요한 포인트만을 짚어 준다.

다음 번 과제에서는 이전 과제에서 면담하지 않았던 (미리 채점했던 결과를 받은) 학생들을 만나서 같은 방식으로 토론을 진행한다(Cameron, 2014). 이런 방식으로 학생들과 만남을 가지려면, 도와줄 사람을 구하는 등 미리 적극적으로 시간 계획을 세워 두어야 한다.

## 채점 역할 맡기기

여러분이 CEO라고 생각해 보자. 회사에서 CEO는 혼자서 모든 일을 하지 않고, 오히려 CEO의 전문성에 맞지 않는 과제는 다른 사람에게 맡긴다. 채점도 이와 같이 할 수 있다. 예를 들어 주관식 답안이 아닌 사지선다형으로 된 퀴즈시험을 채점하는 데는 1번 답이 ④, 2번 답이 ③임을 아는 것 이상의 전문적인 지식이 필요하지 않다.

다음과 같은 전략을 통해 가능한 경우 다른 사람들의 도움을 받아 채점이나 성적 처리를 편하고 신속하게 할 수 있다. 다시 말하지만 대부분의 전략이 장단점이 있지만, 일단 소진을 경험하고 나면 그 결과는 매우 나빠진다는 것을 명심하는 것이 좋다.

먼저 채점에 필요한 요구 사항을 점검하고, 여러분의 전문성과 피드백이 필요한 항목을 구별해 본다. 또한 채점 항목에 따라 어떤 전략이 적절한지를 판단해 본다. 그리고 상황에 맞게 다음의 전략을 적절하게 활용해 보기 바란다.

- 학생을 도우미로 활용하기 중·고등학교 학생은 봉사 활동 시간에 학습 도우미를 할 수 있으며, 초등학생은 자신의 과제를 마친

후에 선생님을 도와줄 수 있다. 그러나 학생들의 시간을 활용할 때 명심해야 할 것은 봉사 활동 자체가 양질의 학습이 되어야 한다는 것이다. 따라서 학생에게는 복잡한 생각이 없이도 할 수 있는 선다형 채점을 맡기지 말아야 한다.

오히려 이 장의 뒷부분에서 다루는 IT 기술을 사용하면 객관식에 대한 채점이나 평정은 쉽고 빠르게 할 수 있다. 학부모 또는 교장의 동료평가를 하는 것만큼의 가치가 없다면 학생에게 평가를 시키는 것은 무의미하다.

때로는 채점이 필요 없는 재미있는 활동 과제를 돕는 것 외에도 학생들은 주관식 과제를 예비 채점해 봄으로써 훌륭한 도우미 역할을 할 수 있다. 만일 학생들이 다른 수업에서 배우고 있는 것과 관련된 작업을 주관적으로 평가할 수 있다면 교육과정에 합당한 평가 기술, 즉 블룸(Benjamin S. Bloom)의 교육목표 분류법에서 '평가'와 같은 상위 목표를 습득할 수 있다. 이는 채점을 도와주는 학생에게도 도움이 되고, 결국 최종 점수를 결정해야 하는 여러분의 작업에도 속도를 보탤 수 있다. 다시 말하지만, 채점 시간은 학생에게 교육적인 혜택이 있어야 한다. 학생에게 친숙한 채점기준을 제공하고, 이 채점기준을 사용하여 다른 학생의 작업 결과에 점수를 매기는 방법을 가르치도록 하자. 또한 지난 학년도에 만들어 둔 과제의 예시나 복사본을 보여 주고 채점기준에 맞추어 채점해 보게 하는 것도 도움이 된다. 일반적으로는 학생들이 과제를 마치기 전에 이러한 예시를 공유하는 것이 좋은 방법이다. 아울러 학생에게 채점을 맡길 때는 잘할 수 있을 때까지 여러분과 함께 채점해 보도록 한다.

학생들이 매긴 점수는 나중에 여러분이 확인할 수 있도록 예비 점수로 보관하고, 필요시 수정할 수 있도록 한다. 6장 '업무량'에서는 학생 조교들을 활용하여 일을 줄이는 방법을 자세히 제시할 것이다.

---

### 동료평가를 제대로 시행하려면

영어교사인 야고(2005)는 동료평가의 일반적인 위험성, 즉 학업 능력이 뛰어난 학생만이 동료평가를 제대로 할 수 있다는 점을 이야기한다. 다음은 그러한 위험을 피할 수 있는 팁이다.

- 또래 평가자가 과제에 대한 기본적인 질문에 답할 수 있는지 먼저 확인한다. 에세이의 경우 글의 의미를 잘 파악하고 있는지, 주장을 잘 따라갈 수 있는지, 혼란스러운 부분은 없는지 등을 물어본다.
- 남학생과 여학생, 서로 친하지 않은 학생끼리 등 평가자의 쌍을 적절하게 선발한다.
- 먼저 자신의 과제를 상대방에게 읽어 주게 하고, 각 문장에 대해 질문이 있는지 물어보게 한다.

---

• 자기평가와 동료평가를 함께하기 학생들이 이해할 수 있는 쉬운 언어로 잘 만들어진 채점기준을 사용하고, 찾아야 할 것을 명확하게 보여 주는 예제를 사용하면 학생들은 다른 학생의 프로젝트나 자기의 프로젝트를 효과적으로 평가할 수 있다. 이것은 채점에서 예비 단계에 해당하며 여러분은 과제를 확인하고 최종 점수를 부여할 수 있다. 또한 초안에서부터 마지막 해당 점수를 받는 최종본까지 어떻게 변했는지 알 수 있다. 학생의 채점은

교사의 작업량을 줄여 줄 뿐만 아니라, 교사가 기대하고 있는 것을 알게 해 주고 서로에게 배울 수 있는 기회가 된다(Alber, 2010).

그러나 채점은 공정하게 이루어져야 한다는 점에서 특히 주의를 기울일 필요가 있다. 예를 들어, 친한 친구에게 편파적으로 점수를 매기는 것은 옳지 않다. 정직한 평가의 가치를 강조함으로써 공정성을 가르칠 수도 있겠지만 그럼에도 문제는 여전히 발생할 가능성이 있다.

학생들이 과제에 자신의 이름 대신 번호를 붙이고 무작위로 나누어 주도록 한다. 이렇게 하면 누가 자신의 과제를 평가하는지 알 수 없고, 친구들이 자기가 평가하는 과제를 엿보는 일도 없을 것이다.

- 자원봉사자 활용하기 이 책의 6장 '업무량'은 학부모 자원봉사자, 지역사회 자원봉사자, 퇴직 교사, 학생 교사 등의 도움을 받을 수 있는 방법을 제시하고 있다. 이들은 모두 채점 작업, 특히 예비 채점 작업에 도움이 될 것이다.

이 도움을 받기 위해 특별히 고려해야 할 사항은 다음과 같다.

- 성인 자원봉사자에게도 학생의 경우와 마찬가지로 여러 가지 도움이 필요하다. 앞의 '학생 채점자를 활용하기'에서 설명한 것처럼, 주관식 채점을 위해 자원봉사자에게도 명확한 채점기준을 제공하고 그에 따라 채점을 연습할 수 있도록 학생들의 예시 작업을 주도록 한다. 또한 자원봉사자가 채점을 제대로 할 수 있을 때까지 여러분과 같이 채점하도록 한다.

- 학부모 자원봉사자는 그들의 자녀에게 지나치게 관대하거나 또는 지나치게 엄격할 수 있다. 되도록 자신의 자녀가 아닌 다른 학생의 과제를 채점하게 하고, 그렇게 할 수 없으면 자원봉사자 자녀의 과제는 여러분이 특히 신경을 써서 확인하도록 한다.

- 성인 자원봉사자에게는 학생에게는 기대할 수 없는 도움을 기대할 수 있다. 예를 들어, 봉사활동이 학습에 도움이 되어야 할 필요가 없으며, 복사, 정리 등의 일을 부탁하는 것도 가능하다.

자원봉사자를 최대한 활용하고 도움을 얻으려면 6장 '업무량'을 참고하고, 14장 '지역 공동체'에서도 추가적으로 도움을 받을 수 있다.

## IT 기술 사용하기

생각만 해도 움츠러들지 모르지만 IT 기술의 힘을 믿어 보자. 트랙터 모는 법을 배우는 것이 두려워 여전히 쟁기를 부리는 사람만 빼고 모든 농부가 트랙터를 몰고 다니는 농촌 마을을 생각해 보자. 트랙터에 비해 쟁기를 쓰는 농부가 얼마나 뒤쳐질지 감안하면, IT 기술을 잘 사용하지 않는 교사는 쟁기로 밭을 가는 농부와 비슷하다고 볼 수 있다. 교사들은 새로운 기술을 배울 수 있을 만큼 충분히 우수하므로 단지 처음에 배우기 위한 시간을 조금 마련하기만 하면 된다.

특히 채점과 같은 버거운 일은 IT 기술을 이용하면 충분히 시간을 절약할 수 있다. IT 도구는 배우는 데 약간의 시간이 필요하지만 시간 절약의 효과는 그 이상의 가치가 있다.

### 주관식 채점을 위한 IT 기술

IT 기반의 채점이 주관식 채점(예: 개방형 응답 문항, 복잡한 학습과제 등)을 지원하지 않는다고 착각하는 실수를 하지 말기 바란다. 왜냐하면 실제로 주관식 채점도 얼마든지 가능하기 때문이다. 사지선다형이나 단답형 문제(예: 특정 구문이 들어가면 정답)는 자동으로 채점이 가능하다. 주관식 채점의 경우, 여러분이 수동으로 입력한 점수를 사용 중인 양식이나 인터페이스에 추가할 수 있다.

예를 들어 시험에 사지선다형 또는 단답형으로 다섯 문제가 있고 그다음에 개방형으로 다섯 문제가 있다고 가정해 보자. 처음 다섯 문제는 자동으로 점수를 매기게 한 다음, 각자의 판단이나 채점기준에 따라 나머지 다섯 문제에 대한 점수를 수동으로 입력한다. IT 도구 사용방법(이 장의 뒷부분에서 설명됨)에 따라 다르겠지만, 수작업으로 매겨진 점수를 학생의 OMR 카드에 버블로 표시한 뒤 스캔할 수도 있고, 온라인으로 시험이 이루어졌다면, 구글 설문지(Google Form)를 사용하여 자동으로 입력이 가능하다. 이 방법을 사용하면 자동으로 최종 점수를 합산하여 성적표, 학생과 학부모 포털 등으로 가져오기를 할 수 있다. 11장 'IT 기술'에서는 이에 대한 세부적인 정보를 제공하고 있다.

다음의 전략은 여러분이 IT 기술을 사용하여 채점을 보다 쉽게 하고 시간을 절약할 수 있도록 도와줄 것이다. 전략 가운데 어려울 것 같은 전략이 있다면 즉시 도움을 요청하도록 한다. 예를 들어, 컴퓨터 교육을 전공한 교사가 도움을 줄 수도 있으며, 또는 교육청 교육정보화 관련 부서의 장학사에게 연락하면 여러분의 교실에 도와줄 사람을 파견할 수 있다. 또한 IT 지식이 뛰어난 학생도 많다. 중요한 것은 채점을 돕는 IT 기술의 활용을 거부하지 말라는 것이다. 11장 'IT 기술'을 통해 보다 자세한 도움을 얻을 수 있다. 상황에 맞게 다음 전략을 적절히 활용하기 바란다.

• 과제나 평가에 웹캠 사용하기 적절한 소프트웨어와 웹캠을 사용하면 과제와 평가 점수를 바로 얻을 수 있다. 다음과 같은 상황을 상상해 보자.

  – 학생이 교실에 들어오면서 숙제를 트레이에 두면 객관식 답안은 즉석에서 자동으로 점수가 매겨진다. 이때 컴퓨터 화면에는 학생의 점수가 바로 표시되고 자동으로 점수가 성적표에 저장된다. 여러분은 학생들의 수행 정도를 즉각적으로 확인할 수 있고 수업에서 필요한 학생들의 모둠을 만들 수도 있다.

  – 학생들이 시험을 마치고 OMR 카드를 트레이에 두면 객관식 답안은 즉석에서 자동으로 점수가 매겨진다. 이때 컴퓨터 화면에는 학생들의 점수가 즉각적으로 표시되고 학생들은 자기가 받은 점수에 따라 후속 활동이나 과제를 수행할 수 있다. 평가 점수는 자동으로 성적표에 저장되고, 여러분은 학생들의 수행 성취 정도를 바로 확인할 수 있으며, 개별 학생이나 모둠별로 필요한 과제를 확인할 수 있다.

  – 이후에 채점기준에 기반한 주관식 채점은 OMR 카드에 표시된 것을 스캔하거나 직접 입력함으로써 수동으로도 쉽게 추가

가 가능하다. 또한 추가된 결과는 성적표에 자동 저장되도록 설정이 가능하다.

과제에 객관식 답이 채점이 된 이후에는 무기명으로 표시된 것을 학생들에게 무작위로 나누어 주고 나머지 답안을 평가하도록 할 수 있다. 답안의 예제 혹은 관련된 채점기준을 나누어 주고 학생들에게 채점하고 있는 종이에 점수를 표시하도록 한다. 때로는 학생들을 짝을 지어서 두 사람이 동시에 두 명의 답을 채점하도록 할 수도 있다.

이 방법은 다른 학생들을 채점하고 평가하는 것이 학생들에게 가치 있는 학습활동으로 여겨지는 경우에만 해당된다. 성공의 관건은 학생들이 평가하는 내용과 내용을 평가하는 방법을 어떻게 안내하느냐에 달려 있다. 이러한 평가가 예비 단계에서만 이루어지고 여러분이 이후에 최종 점수를 다시 매긴다고 하더라도 학생들은 자신이 받은 점수에 동의하지 않을 경우 항의할 수 있다.

채점된 점수는 자동으로 성적표로 만들어질 뿐더러 학생과 학부모 포털, 학교생활기록부 등에 저장될 수 있다. 여러분이 소속된 교육청에서 이 일을 도와줄 수 있는 적절한 제품을 사용하지 않는다면, 이를 구매하도록 요청하는 것이 좋다. 교실에서 웹캠 채점과 관련된 위의 시나리오를 구현할 수 있는 방법을 알아보려면 11장 'IT 기술'을 참고한다.

- 온라인 시스템을 사용하여 과제나 평가를 자동 채점하기 이 작업을 수행하는 데는 생각보다 비용이 들지 않는 도구를 사용할 수도 있다. 다음과 같은 상황을 상상해 보기 바란다.

- 학생들은 질문에 대해 온라인으로 답변할 수 있다.
- 종이로 된 과제나 시험지를 주고받을 필요가 없다.
- 객관식 문제는 즉시 채점된다.
- 학생들은 즉각적으로 자신의 점수를 확인할 수 있다.
- 여러분은 모든 학생의 점수를 즉각적으로 확인할 수 있고, 성적표나 다른 데이터 입력 시스템에 자동으로 즉시 저장할 수 있다.
- 여러분은 나중에 주관식 채점이 필요한 부분을 처리할 수 있고, 곧바로 성적표나 학생과 학부모 포털, 학교생활기록부 등에 자동으로 업데이트시킬 수 있다.
- 과제나 시험이 모두 주관식으로 채점되더라도 온라인으로 점수를 입력하면 합계가 자동으로 계산되어 추가적인 작업 없이 필요한 곳에 저장하고 보고할 수 있다. 예를 들어, 교사인 피넬리(Pinelli, 2015)는 한 차시가 끝나면 숙제나 다음 차시 수업을 위해 다섯 문제 정도를 온라인 평가로 완료한 다음 즉각적으로 얻어진 데이터를 사용하여 다음 수업에 활용한다. 학생들이 많이 틀린 문제는 다음 수업 시간에 일정 시간을 할애하여 다시 설명하거나, 개별화된 지도를 할 수 있다. 위의 시나리오를 구현할 수 있는 방법을 배우려면 11장 'IT 기술'을 참고하기 바란다. 또한 3장 '환경'에서는 교실에서 쉽게 개별화 수업을 할 수 있도록 모둠을 만드는 다양한 방법을 제안하고 있다.

**온라인 쓰기 평가 채점**

영어 교사인 야고(2005)는 첨단 컴퓨터 채점 프로그램이 학생 쓰기 과제에 대한
예비 점수를 제공하는 데 어떻게 활용되고 있는지 알려 준다. 해당 사이트를 참고
하기 바란다.[3]

– ETS (Educational Testing Service) Criterion® 온라인 작문 평가 서비스[4]

- 과제나 시험에 클리커(clicker)[5] 사용하기 클리커는 교실응답 시스
  템(Classroom Response System, CRSs) 등이라고 하며, 같은 기능을
  제공하는 다른 애플리케이션과 마찬가지로 웹 사용이 가능한 모
  든 기기(예: 스마트폰, 태블릿 등)에서 사용 가능하다. 기본적으로
  클리커를 사용하면 학생들에게 질문을 하고, 학생들이 클릭함으
  로써 답변을 즉각적으로 받을 수 있다. 이후 데이터에 즉각적으
  로 액세스할 수 있으므로 학생들이 응답한 비율 등을 확인할 수
  있다(예: 학생 중 35%가 정답을 맞혔지만, 42%는 B가 정답이라고 생
  각하고 있음 등).

  또한 클리커를 사용하면 학생들에게 익명으로 응답하게 할 수

---

3 ETS(Educational Testing Service) Criterion® 온라인 작문 평가 서비스
  (www.ets.org/criterion/about).
4 (옮긴이 주) 국내에서 자동화된 주관식 문항의 채점 프로그램에 대한 자료
  는 다음을 참고하기 바람. 이상하·노은희·성경희(2015). 〈국가수준 학업
  성취도 평가 서답형 문항에 대한 자동 채점의 실용성 분석〉. 교육과정평
  가연구, 18(1), 185~208.
5 (옮긴이 주) 우리나라 교사들이 많이 사용하고 있는 유사한 애플리케이션
  으로는 핑퐁(http://gogopp.com), 플리커(http://plickers.com)등이 있음.

있다(예: 학생 중 22%는 개념을 이해하고 있지만 78%는 더 많은 설명이나 시간이 필요함). 클리커를 사용하여 학생들의 응답을 쉽게 받는 방법을 배우려면 11장 'IT 기술'을 참고한다.

• 온라인 성적표 사용하기 손으로 점수를 계산하고 성적표를 작성한다면 시간이 너무 많이 걸린다. 여러분과 같은 전문 교사가 이 작업을 직접 하는 것은 시간 낭비이다. 11장 'IT 기술'의 온라인 성적표에 대한 설명을 통해 성적표 작성을 쉽게 할 수 있는 방법을 익히도록 하자.

### 지금 바로 시작해 보기

다음 문제에 각자 응답하거나 소집단으로 토의해 보세요.

1. 과제 평가(피드백, 코멘트 등)가 학생들의 학습을 향상시키는 데 도움이 되지 않는 방식으로 이루어지는 경우를 세 가지 써 보세요.

❶ _____

_____

❷ _____

_____

❸ _____

_____

2. 여러분이 채점에 가장 많은 시간을 할애하는 항목이 무엇인지 써 보세요.

_____

_____

_____

_____


3. 여러분이 채점에 걸리는 시간을 줄이기 위해 사용할 시스템을 세 가지 써 보세요. 무엇을 채점할지, 어떤 기술을 사용할지, 그리고 그 시스템을 성공적으로 활용하기 위해 고려해야 할 사항은 무엇인지 구체적으로 밝히세요.

❶ _____

_____

❷ _____

_____

❸ _____

_____


4. 학생들에게 즉각적이면서도 의미 있는 피드백을 주기 위해 사용할 수 있는 새로운 방법을 써 보세요.

_____

_____

_____

_____

5. 여러분의 시간을 줄여 줄 수 있는 자동화 채점이나 평가방법을 하나 선택하고, 다음의 질문에 답해 보세요.

❶ 어떤 기술입니까? _____

_____

_____

❷ 어디서/ 어떻게 그와 같은 기술을 얻을 수 있습니까? _____

_____

_____

❸ 그 기술이 어떻게 문제를 해결하고, 학생들의 학습을 도울 수 있습니까? _____

_____

_____

❹ 그 기술은 여러분의 교실에서 어떻게 사용될 수 있습니까?

_____

_____

## 6장

업무량

# "뭐든지 할 수 있어요.
# 하루가 48시간이라면"

교사의 고백: "나는 내가 하는 일을 좋아한다. 너무 많지만 않았으면 하고 바랄 뿐이다. 말하자면 가족과 시간을 보내거나 충분히 잠을 잘 시간이 없다. 교사는 최고의 직업이고 나는 이 일이 좋다. 하지만 이렇게 많은 시간을 쓰지는 않았으면 좋겠다."

― 교사 H

과중한 업무는 일에서 소진을 일으키는 일차적 요인이다(Maslach & Leiter, 2008; Skovholt & Trotter-Mathison, 2011). 마찬가지로 3만여 명의 교사가 참여한 조사 결과에 따르면, '시간적 압박감'이 일상적 스트레스 요인 1위로 나타났고, 교사 중 47%(자주 스트레스를 받는다고 보고한 교사의 58%)가 시간 압박이 스트레스를 일으키는 매일의 원천이라고 답했다(American Federation of Teachers, 2015).

너무 많은 일은 스트레스가 될 뿐 아니라 일의 효율성도 현격하게 떨어

> "신속한 해결을 원한다면, 천천히 하려고 노력하라."
>
> ― 릴리 톨민

트릴 수 있다. 외부적인 요인, 즉 수업을 준비할 시간도 없이 일정이 잡히거나 관리자의 요구가 지나치게 많을 경우에도 일이 산더미처럼 쌓이게 된다. 그러나 외적인 요구 외에도 교사의 개인적인 습관이 불필요한 업무를 낳기도 한다. 이 장에서는 일이 쌓여 가는 것을 방지할 방법을 찾아보고, 7장 '과잉충성'과 13장 '학교 관리자'에서는 다른 사람들이 여러분을 일로 몰아넣는 것을 막을 수 있는 방법을 소개할 것이다.

영국 교육부가 실시한 교사 업무일지 조사연구(Stanley, 2014)에 따르면, 영국 교사는 일주일에 50시간 이상 일을 하고 있는 것으로 나타났고, 조사에 참여한 교사의 55%는 불필요하거나 행정적인 일을 하는 데 시간을 쓰고 있다고 응답했으며, 교사의 45%는 이러한 잡무가 지난해보다 더 늘어났다고 보고했다. 다른 나라의 교사도 마찬가지이다.

교사 소진을 완화하기 위해서는 덜 중요한 일을 줄여야 하는데, 이를 위해 한걸음 물러서서 가장 중요한 것이 무엇인지 평가해 보아야만 한다(Warren, 2014). 예를 들면, 모든 숙제를 평가할 필요는 없다고 본다. 4장에서도 언급한 비키 데이비스(2014)는 소진을 막는 12가지 방법을 제안했는데, 그중 하나가 '무엇을 무시할 것인지를 선택하라'이다. 즉 완벽하려고 하는 태도가 소진을 부를 수 있다는 것이다. 예들 들어, 아이들은 엄마가 기분 나쁜 상태로 직접 저녁을 만들어 줄 때보다 냉동 라자냐를 먹더라도 엄마가 즐거울 때 더 행복하다. 학교에서 여러분의 업무량을 줄일 방법이 분명 있을 것이다.

여러분은 상을 받아 마땅하다. 항상 좀 더 하려고 하고 모든 일을 잘하려고 노력한다. 이는 과도하게 일을 많이 하는 교사들의 공통된 특성이다. 여러분이 이런 교사라면 감사와 존경을 받고 더할 수 없는 박수갈채를 받아야 마땅할 것이다. 그러나 당신이 그토록 열심히 일하는 것은 아이들을 돕겠다는 그 일념 한 가지이므로 다른 사람이 알아주는 것에는 관심도 없을 것이고 오로지 자신이 아이들에게 어떤 영향을 미칠 것인가에만 신경을 쏟을 것이다.

바로 이 점이 이번 장에서 다룰 내용의 시작점이다. 여러분의 우선순위가 학생들을 돕는 것에 있다면, 아이들을 효과적으로 돕지 못하거나 효율적으로 도울 수 없는 것은 모두 버려야 한다. 소진이 되면 도리어 아이들을 제대로 돕지 못하는 교사가 되고 말기 때문이다.

다음은 업무량을 줄이는 길을 닦을 수 있게 마음을 고쳐먹는 데 도움이 되는 전략이다. 자신의 상황에 맞게 적용해 보자.

• 완벽주의 버리기 비합리적인 자기기대는 소진을 일으키는 주요 요인인데, 아동복지사들의 사례(Van Hook & Rothenberg, 2009)에서도 입증되었다. 특수교사인 로리 스모크(Lori Smock)는 시간이 허락한다면 앞으로 보다 나은 것을 목표로 할 수 있다는 점을 기억하면서, 시간 확보를 위해 '완벽주의보다 부족한 상태를 받아들이기'가 소진을 피하는 가장 중요한 방법이라고 말한다. 완벽주의 버리기는 이 책에 소개된 모든 전략 중에서 내가 가장 많은 노력을 기울이는 전략이다. 나는 세세한 것까지 너무 많이

> "완벽해지려고 애쓰지 말라. 어차피 완벽해질 수 없으니까."
>
> – 살바도르 달리

신경 쓰고 있다고 느낄 때면 소진되지 않기 위해 좀 더 느긋해지라고 스스로를 다독인다.

완벽주의 때문에 스스로 괴로운 것은 아닌지 냉정하게 생각해 본다. 절대적으로 필요한 양보다 더 많은 에너지를 들이는 때가 언제인지, 그리고 어느 영역에서 그렇게 하는지 확인해 보는 것이 좋다.

너무 기대가 큰 것이 문제라면 완벽주의적 성향과 싸워 나갈 것을 선언해 본다. 필요하다면 매일 볼 수 있는 곳에 써 붙여 둘수 있다. 예를 들면, 컴퓨터 모니터 위에 "완벽해질 필요는 전혀 없어"라고 붙여 두거나 노트북의 비밀번호를 '완벽하지않기(Not2Perfect)'로 바꾸어 본다.

- 매일 실현 가능한 목표 세우기 목표 설정과 시간 관리는 소진을 예방하고 경감시키는 효과가 있는데, 이는 타인을 돌봐야 하는 간호사를 대상으로 한 사례연구(Demir, Ulusoy, & Ulusoy, 2003; Espeland, 2006)에서도 유효한 것으로 밝혀졌다. 4장 '과잉자극'에서 소개한 '해야 할 일의 목록 만들기' 방법을 사용하면 도움이 된다.

매일 아침 또는 매일 밤 무엇을 할지 정할 때 자신에게 너그러운 태도를 취한다. 해낼 수 있을 만큼 목표를 정하고, 해야 할 일에 대해 이 목표치를 유지해 나가야 한다. 자신의 목표를 배우자나 가족에게 말하면 목표를 유지해 가는 데 도움이 된다. 그러나 어떤 상대는 너무 도를 넘어 오히려 스트레스를 유발할수도 있으므로 신중해야 한다. 예외는 종종 나타나기 때문에 자신이 세운 한계를 넘어서지 않도록 최선을 다해야 한다. 또한 업무량을 줄이고 일이 쌓여 가는 것을 막을 수 있도록, 이 책에서 소개하고 있는 다른 전략을 함께 사용한다.

> "내 아들을 가르치는 것을 좋아한다. 그러나 아들이 나를 가르쳐 줄 때가 더 좋다."
>
> – 브래드 멜처

## 여러 일에서 우선순위 정하고 정리하기

나는 파티 여는 것을 좋아한다. 모든 상황이 순조롭게 흘러간다는 찬사를 듣는 것이 좋다. 하지만 이런 파티를 준비하려면 항상 엄청나게 많은 시간이 든다. 남편은 내게 "화장실 표시 안 붙이면 무슨 일이라도 나?"라고 묻는다. 파티에서 필요할지도 모르는 모든 것을 준비한답시고 딱히 중요하지도 않은 사소한 일에 시간을 낭비하는 것이다. 맞다. 화장실 표시가 손님들에게 도움이 되겠지만, 표시가 없다고 해서 볼일을 못 보지는 않을 것이다. 화장실이 어디인지 물어보든지 스스로 화장실을 찾아볼 것이다.

중요하지 않은 사항에 매달리는 것이 많은 교사들이 봉착하고 있는 문제이다. 이 문제는 교사가 이미 여러 영역에서 수많은 일을 하고 있다는 사실과 혼재되어 있다. 예컨대, 새로운 방식의 수업을 계획하는 것은 과도한 업무를 유발할 수 있으므로, 매일 수업을 새롭게 한다는 것은 매일 과도하게 일하게 된다는 의미와 같다. 그러나 새로운 수업을 계획하는 것은 교사가 해야 할 일상적 책무 가운데 단 하나의 영역일 뿐이다.

다음 전략을 활용하면 과제의 우선순위를 정하고 중요하지 않은 일을 정리할 수 있다. 상황에 맞게 적절하게 활용해 보자.

- 가르치는 내용의 성취기준에 주의하기 특정 수업에서 구체적으로 무엇을 가르칠 것인지 생각하면 자신의 교수목표를 성취하는 데 필요한 것에 집중할 수 있다. 성취기준과 진도에 근거해 기준에 도달하기 위해 자신이 수업을 어떻게 이끌고 있는지 유심히 살펴보라. 핵심 과목을 가르치지 않고 있거나 가르쳐야 할 성취기준에 확신이 서지 않는다면 전문적인 도움을 줄 수 있는 관리자나 전문가를 찾아보도록 한다.

  나는 교사를 시작한 첫해에 교과서 내용으로 수업을 구성하면서 동료가 주는 지침을 그대로 따르는 실수를 범했다. 그 학년이 꽤 지나서야 성취기준을 자세히 살펴보게 되었는데, 내가 가르칠 필요가 없는 내용을 상당히 많이 가르치고 있다는 사실을 알게 되었다. 나와 더 중요하게는 학생들에게 얼마나 큰 시간 낭비가 되었는지 모른다.

- 할 수 있는 것 결정하기 과제 준비하기나 지도안 만들기와 같이 가장 많은 업무 비중을 차지하는 일을 생각해 보자. 이때는 하지 않거나 다른 것으로 대체할 수 있는지부터 고려한 다음 다른 업무를 고려한다. 모든 일에 대해 [그림 6.1]에 제시된 질문을 스스로에게 묻고 답해 보자.

- 우선순위를 정하고 선택적으로 할 것 결정하기 감당할 수 없는 업무량을 처리해야 할 때는 최선을 다하는 수밖에 없다. 어떤 일이 가장 중요한지 정하고 그것부터 하고, 다른 일은 잊어버린다. 예를 들어, 새로운 지도안을 짜야 한다면, 도입에 사용할 흥미 유발 활동은 스스로 만들기보다는 교재에 소개된 활동을 사용하

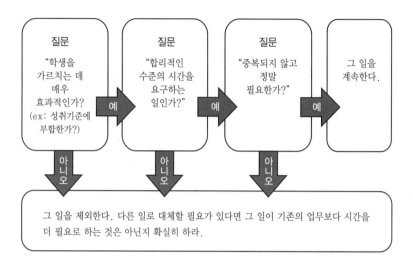

그림 6.1_ 제외시킬 일을 결정하는 방법

는 것이 좋다. 흥미 유발 활동 정도는 내년에 만들자고 미루어 놓으면, 처음부터 모든 수업을 개발해야 한다는 부담을 덜 수 있다.

• 성가신 습관이나 과정 손보기 특히 같은 내용을 매년 가르칠 때 적용할 수 있는데, 자신이 하는 모든 것을 효율적으로 조율할 수 있기 때문이다. 일상적 루틴과 같은 잦은 습관과 과정은 비판적으로 바라보는 것이 좋다. 즉 효율성을 높이기 위해 어떻게 바꿀 수 있을지, 다른 것으로 대체하거나 삭제할지 등을 고려해 보고 결정한 것을 실천한다. 〈표 6.1〉에 그 예를 제시했다.

• 예측을 통해 갈등 피하기 학교 환경에서 교사가 소진을 피하려면 가장 중요한 것을 위해서만 싸워야 한다. 따라서 우선순위 정하

표 6.1_ 업무 부담과 그 해결책의 예

| 업무 부담 | 해결책 |
|---|---|
| 학생들이 보고 만들 수 있도록 미리 샘플을 준비해 둔다. | **바꾸기**<br>학생들이 만든 것 중 샘플이 될 만한 것을 골라 다음 해를 위해 보관한다(이때 학생의 동의를 받는다). 샘플이 없는 첫해의 경우 지시를 최대한 상세하게 하고, 먼저 제출한 학생에게 가산점을 주어 아직 활동을 하고 있는 학생들에게 보여 주게 한다. |
| 모든 수업 자료를 출력하고 구멍을 뚫어 바인더에 꽂은 다음 다른 교사들이 사용할 수 있도록 자료실에 비치한다. | **대체하기**<br>수업용 바인더를 제작하지 않고 교육청의 교수자료 관리 시스템(LMS)에 탑재한다. 이렇게 하면 모든 교사들이 바로 접속해 자료를 볼 수 있다(또는 접근을 막을 수도 있다). |
| 수업을 한 뒤, 수업이 어떻게 진행되었는지를 작성해 수업 계획 자료에 첨부해 둔다. 다음 해에 읽고 참고할 수 있기 때문이다. | **없애기**<br>수업을 되돌아보되 굳이 기록하지는 않는다. 적용할 수 있는 수업에 즉각 계획을 적용한다(예: 도입에서 5분 줄이고, 학생들 활동 시간 5분 늘리기). |

기는 어떤 싸움을 선택할 것인가의 문제라고도 볼 수 있다. (Davis, 2014). 관리자에게 항의하거나 동료와 맞서기 이전에 그렇게 한다면 '최악의 결과는 무엇일지'와 '이런 결과를 위해 노력을 기울일 가치가 있는지' 숙고해 보아야 한다. 시간과 감정 소모가 심할 것으로 예상되면, 미래를 위해 힘을 아끼거나 익명으로 주장한다.

예를 들면, 그 문제에 많은 시간을 할애할 수 없다면, 관리자가 중요한 문제를 알 수 있도록 무기명의 메일을 언제라도 보낼 수 있다. 관리자와 좋은 관계를 형성하는 데는 면대면 소통이 최선이지만, 부정적이고 소모적인 일을 다룰 입장이 아닐 때는 소진을 피하는 것에 우선순위를 둔다.

---

### 다른 요인들

- 평가가 시간을 많이 소모하는 일이라면, 5장 '평가'를 참고한다.
- 학생들의 요구에 부응하기 위해 개발해야 할 수업이나 활동이 너무 많다면, 10장 '수업 자료'를 참고한다.
- 관리자나 장학사의 요청으로 일이 점점 불어나고 있다면, 7장 '과잉충성'과 13장 '학교 관리자'의 내용이 도움이 될 것이다.

---

## 자료 활용하기

보다 좋은 자료를 찾고 이미 가지고 있는 자료를 최대한 이용해 업무 부담을 줄일 수 있다. IT 기술, 시간, 교육과정, 온라인 자료, 기타 여러 형태의 자료 등이 모두 여기에 속한다.

다음의 전략은 업무량을 최소화할 수 있도록 해 주는 자료를 입수하고 활용하는 작업과 관련된다. 자신의 상황에 맞게 적용해 보자.

- 이미 있는 자료에서 시작하기 자료는 엄청나게 많고 그중 많은 자료가 온라인에서 무료로 제공된다. 처음에는 이것을 이용하면 지도안과 함께 도입 활동, 평가문항, 유인물 등 수업 자료 개발에 필요한 시간과 노력을 줄일 수 있다. 10장 '수업 자료'에서 보충 자료를 활용해 지도안 개발에 쏟는 수고를 확실히 줄일 수

있는 방법을 소개하고 있다. 관련 내용으로는 교수자료 관리 시스템(LMS)[1]과 같은 온라인 툴과 IT 기술을 사용하고 보다 나은 교육과정 채택을 주장하는 방법 등이 제시되어 있다.

- 종이를 사용하지 않고 IT 기술 이용하기 종이를 사용한다는 것은 출력하고, 복사하고, 나눠 주고, 모자라면 복사실로 가고, 정리하고, 버리고, 채점해서 다시 돌려주는 것 등을 의미한다. 너무 번거로우면서 대부분은 별로 필요도 없다. 11장 'IT 기술'에서 종이를 사용하지 않는 여러 방법을 소개하고 있으니 참고한다.

- 보다 많은 시간 요청하기 업무량을 관리할 수만 있다면 시간은 정말 좋은 자원이다. 시간이 많으면 많을수록 업무를 더 많이 처리할 수 있다. 그리고 남은 일도 줄여 준다.

수업 계획을 위한 지정된 시간을 갖지 못하거나 교사연수나 학습공동체 같은 회의 때문에 수업 계획 시간이 침해받을 때는 특히 시간이 부족해진다. 수업 계획을 할 시간이 없다면 필요한 시간을 요청해야 한다.

공식적인 수업 계획 시간 확보 여부에 상관없이 독립적인 시간대를 요구할 것을 고려해 보아야 한다. 예컨대 만약 효율적 협력을 위해 해당 과목에서 쓸 모든 형성평가 문제 개발을 맡았다면, 교장에게 하루 수업을 대신해 줄 대리 교사를 요청할 수도 있다. 교장은 아마 그 정도는 당연한 조치라고 여길 것이다. 또

---

1  (옮긴이 주) 우리나라의 에듀넷·티-클리어와 유사하게 인터넷으로 운영되는 교수자료 공유 사이트이다.

한 시험 날이나 컴퓨터 실습일과 같이 학생들에게 가장 피해가 적게 갈 날을 고르면 그렇게 많이 수업이 소홀해지지 않을 수도 있다.

맡은 과목에서 항상 많은 일을 해야 한다면 수업 계획 시간을 더 요청할 수 있다. 예컨대, 교육청에서 매주 형성평가를 실시하는 것처럼 정기적 평가를 하라고 정하고 있다면, 각 과목 교사들이 모여 함께 모든 평가문항을 만들 수 있다. 해당 과목의 다른 교사들이 부담을 토로하면서 변화를 요구할 수도 있다. 관리자는 더 부과된 업무량을 처리하려면 더 많은 시간이 필요하다는 것을 이해해야 한다. 예를 들면, 평가에 전문성을 가진 교사가 몇 명 있고 모든 교사가 초고 작성에 참여할 시간은 없는 상황을 상상해 보자. 모든 교사에게 수업 계획을 위해 시간을 할애해 주기는 어렵지만, 교장이 한두 명에게 수업 계획을 위한 시간을 따로 마련해 줄 수는 있다. 교장은 대안적으로 교사들이 돌아가면서 역할을 할 수 있다고 판단하고 서로 다른 교사에게 일주일에 한 번씩 수업 계획에 시간을 사용하게 하는 방법도 고려할 수 있다.

## 교실을 위한 도우미 찾기

업무량을 줄이려고 한다면 업무를 처리할 일손을 더 구하는 방법도 고려해 보아야 한다. 창의성을 발휘하면 여러 종류의 자원봉사자를 찾을 수 있을 것이다.

다음은 교실에서 자원봉사자를 찾아 현장에 적용할 수 있는 전략이다. 각자 상황에 맞게 적용해 보기 바란다.

- 성인 자원봉사자 구하기 14장 '지역 공동체'의 '성인을 수업에 참여시키기' 절을 참고한다. 부모, 가족구성원, 퇴직 교사, 교생, 기타 지역사회인 등의 도움을 구할 수 있는 방법이 소개되어 있다.

- 학급의 학생 도우미와 자원봉사자 구하기 나는 학생 도우미를 좋아한다. 학생 도우미는 어른보다 더 열정적인 경우도 많고 더 잘 돕기도 한다. 중고생은 선택과목 시간에 학습 도우미 역할을 잘할 수 있고, 초등학생도 자기 일을 마치고 나서 일을 도울 수 있다.

---

**학생 도우미 활용하기**

5장 '평가'에 학생이 도와주는 시간을 어떻게 사용할지, 어떻게 그 시간 동안 학습의 질을 높일지, 학생에게 필요한 지원이 무엇인지 등이 제시되어 있다.

---

그러나 학생 도우미를 활용할 때는 특히 주의해야 할 일이 있다. 학생의 시간을 쓸 때 가장 중요하게 생각해야 하는 것은 그 학생에게도 의미 있는 시간이 되어야 한다는 것이다. 이 영역에 대한 지침은 5장 '평가'를 참고한다. 선다형 문제 채점과 조금 더 어려운 과업 주기, 학습중심 과제 등이 그 예이다.

- 다른 학급 학생을 자원봉사자로 구하기 나는 내 교실에 항상 "주어진 과제를 일찍 마쳐서 선생님이 보냈다"고 하면서 찾아오는 학

생을 잘 활용하고 있다. 이제는 이 학생 없이는 일을 해내지 못할 것 같다는 생각도 들고, 이 학생도 지루하게 있는 것보다 유익한 시간을 갖는 것을 좋아한다.

이런 학생의 도움을 받으려면 동료교사들에게 미리 귀띔을 하는 것이 좋다. 학생이 일을 도우면서 정리 정돈 기술을 익힐 수도 있고, 다른 학생들의 과제를 평가하면서 해당 과목 내용을 더 연습할 수도 있다고 알려 두면 이런 학생을 언제라도 일에 투입할 수 있다. 보다 구체적 내용은 다음 절을 참고한다.

## 도우미의 시간 최대한 활용하기

교사는 자원봉사자를 소중히 여기고 그 시간을 잘 활용해야 한다. 다음은 학급에 도우미가 왔을 때 시간을 최대한 사용할 수 있는 전략이다. 자신의 상황에 맞게 활용해 본다.

• 도우미 도착 기다리기 어떤 과제를 줄지 잘 준비하고 결정하는 것이 자원봉사자를 활용하는 기법의 핵심이다. 자원봉사자가 대신해 줄 적당한 일을 결정하면 적합한 장소를 준비하고 거기에 일을 준비해 둔다. 자원봉사자가 일을 하는 데 필요한 모든 준비물을 갖춰 놓아야 하는데, 예를 들면 다음과 같다.

- 앉아서 일할 수 있는 책상
- 펜, 클립, 성적 입력 전에 미리 사용할 양식 등 사무용품
- 일거리별로 잘 분류된 자료
- 크고 굵은 글씨로 업무 단계를 알려 주는 출력물. 이는 말로

설명하는 것보다 더 명확하게 지시할 수 있을 뿐 아니라, 과제
나 평가문항과 함께 보관하면 내년에도 사용할 수 있어 시간
을 아낄 수 있다.
- 계획한 업무를 끝내고도 자원봉사자의 시간이 남을 경우 이를
  알차게 활용할 수 있는 여분의 일거리(비품 정리 등)
- 학생들이 이해할 수 있는 간단한 설명과 명료한 예시 등이 포
  함된 채점기준
- 채점기준 범주를 보여 주는 예시 자료(예: 학생의 이름을 지우고
  보관해 둔 작년 자료)

일관된 절차로 진행한다면 도우미는 이에 익숙해져 나중에는 지
침이 별로 필요하지 않을 수 있다. 학생 도우미에게 맡길 수 있는
적절한 일이 무엇인지는 5장 '평가'를 참고한다. 학생은 교사들의
기대보다 더 많은 작업을 도울 수 있다.

• 도우미의 돕는 시간 최대화하기 자원봉사자들이 도착과 동시에 당
  신의 업무를 방해하지 않고 일을 도울 수 있는 절차를 만들어야
  한다. 시간이 지날수록 자원봉사자가 할 일을 따로 마련하는 데
  익숙해질 것이다. 48%의 교사가 자원봉사자에게 요청할 일을
  준비할 시간마저 부족하다고 보고했는데 한 연구자는 같은 과제
  를 같은 자원봉사자에게 매번 부여하거나 학부모 대표를 만들어
  다른 자원봉사자에게 일을 나누어 주는 역할을 부여하라고 제안
  했다(WeAreTeachers & Volunteer Spot, 2013).
  무엇보다 자원봉사자마다 장점을 알고 활용해야 한다. 예를 들
  면 다음과 같다.

- 이중언어를 구사하는 성인과 학생에게는 해당 모국어를 사용하는 학부모 대상 알림장 내용을 번역하는 일을 맡길 수 있다.
- 컴퓨터를 잘 활용하는 학생은 노트북이나 태블릿PC를 사용하는 수업에서 도움을 줄 수 있다.
- 1,000여 명이 참여한 조사 연구에서 교사의 50%가 컴퓨터 사용, 45%는 소식지 편집, 44%는 성적처리, 43%는 진로정보에서 도움이 필요하다고 응답했다(WeAreTeachers & Volunteer Spot, 2013).
- 성인 자원봉사자는 순회하면서 수업을 어려워하는 학생을 도와줄 수 있다. 그렇게 하면 공부를 잘하는 학생이 수업 시간에 봉사하지 않아도 되고 자기 공부에 집중할 수 있다.
- 퇴직한 교사와 교생도 숙련된 수업을 구안할 수 있지만, 학생도 충분히 수업안을 구상할 수 있다는 점을 간과해서는 안 된다. 아직 개발하지 못한 특정 수업 내용을 학생에게 맡기고 이전 지도안 양식을 주고 이 내용을 가르칠 수 있는 방법에 대한 브레인스토밍을 하게 한다면 놀라운 아이디어를 내어 여러분을 도울 것이다. 학생들은 같은 또래가 개발한 수업이라는 얘기를 듣고 좋아할 것이고, 또한 가르치는 것이 배우는 것이라는 말처럼 가르치는 방법을 고안해 보는 일이 어떤 개념을 스스로 학습하는 데 도움을 줄 수도 있다.

성인 자원봉사자에게 인터넷에서 특정 주제를 잘 가르칠 수 있는 수업 자료를 찾아보라고 할 수도 있다. 10장 '교육과정'의 OER(공개교육자료) 목록을 주고 시작해 보라고 하는 것이다. 특정 성취기준에 맞는 자료를 찾았으면 시간 절약을 위해 자원봉사자가 추천해 준 것부터 일을 시작할 수 있다.

- 학생의 개인정보 보호하기 어떤 자원봉사자도 다른 학생의 개인 정보에 접근하게 해서는 안 된다. 예를 들면, 특정 부모에게 보내는 안내문을 번역하게 해서는 안 된다. 마찬가지로 자원봉사자에게 수행에 대한 정보, 연락처, 인적사항 등이 포함된 컴퓨터 시스템을 사용하게 해서도 안 된다.

  시험지에 학생의 이름 대신 번호를 적게 하는 방법도 생각해 볼 수 있다. 학생들에게 시험지를 돌려줄 때 이것이 어떤 영향이 있을지 먼저 생각해 본 다음에 해야 한다. 11장 'IT 기술'에서 구글 설문지를 이용해 과제를 제출하게 하는 법 등 종이를 사용하지 않는 방법이 소개되어 있는데, 실명이 노출되지 않는 방법으로 참고할 만하다.

- 도우미에게 충분히 감사하기 도우미가 성인이든 학생이든 충분히 감사의 뜻을 전해야 한다. 특히 학생일 경우 자존감과 인성 발달에 매우 중요하다. 또한 앞으로 자원봉사자에게서 보다 많은 시간과 노력을 얻을 수 있고, 필요할 때 이들이 더 많은 자원봉사자를 구해 줄 수 있다. 학생들이 만든 감사 카드를 부모에게 보내거나 짧은 동영상이나 사진을 학급 웹사이트에 올릴 수도 있다(Bantuveris, 2013). 물론 이 역시 시간을 잡아먹는 일이 되지 않도록 보다 빠르고 간편하게 할 수 있는 방법을 취해야 한다는 점도 잊지 않기 바란다.

다음 문제에 각자 응답하거나 소집단으로 토의해 보세요.

1. 공식적인 업무 시간 외에 일주일에 최대한 몇 시간을 편하게 업무에 쏟을 수 있나요? 이 시간은 좋아하는 사람과 자신을 위한 시간(예: 운동, 취미, 조용한 시간)을 허락하는 범위 안에서 정해야 합니다. _____

2. [그림 6.1]을 이용해 현재 학생들과 사용하고 있는 수업과 수업 요소를 평가해 보세요. 평가를 기초로 다음 수업(이번 학기 또는 다음 학기일 수 있음)에서 제외하거나 바꾸거나 대체할 것은 무엇인가요?

_____

_____

_____

3. 학급에서 꼭 필요하지 않고 오히려 성가신 일과나 과정을 찾아보세요. 보다 효율적으로 IT 기술을 적절하게 사용할 수 있는 새로운 과정을 이전까지 방식을 대신해 개발하세요. 이제 개선된 과정을 기술해 보세요.

_____

_____

_____

4. 업무량을 줄여 주거나 관리할 수 있는 자원 세 가지를 써 보세요.

❶ _____

_____

❷ _____

_____

❸ _____

_____


5. 업무를 도와줄 두 명의 도우미 A, B를 골라 보세요. 각 도우미
에 대해 다음 물음에 답해 보세요.


• 어떤 도우미인가요?

A. _____     B. _____


• 도우미에게 구체적으로 어떻게 도움을 요청할 것인가요? 필요
하면 14장 '지역 공동체' 내용을 참고하세요.

A. _____     B. _____

_____     _____

_____     _____


• 도우미를 최대한 활용하기 위해 어떤 준비를 할 예정인가요?

A. _____     B. _____

_____     _____

_____     _____

• 도우미는 어떤 종류의 일을 돕게 되나요?

A. _____     B. _____

_____     _____

_____     _____

6. 도우미가 학생들이 제출한 과제물 등을 보거나 학생들의 정보
   에 접근하게 될 때 학생의 개인정보 보호를 위해 어떻게 할 예
   정인가요?

_____

_____

_____

_____

## 7장

### 과잉충성
# "무슨 일이 생기면
# 늘 달려갑니다"

교사의 고백: "우리 학교 선생님들은 다들 훌륭하지만, 자기 학급일이 아닌 것까지 돕겠다고 나서는 분은 많지 않습니다. 그래서 교장 선생님이 도움을 필요로 할 때 부르는 사람들은 항상 정해져 있지요. 우리가 일을 잘 해낼 거라는 걸 교장 선생님도 알고 있으니까요. 자습실 운영, 협의회 참석, 방과후 댄스반 관리 등 무슨 일이든, 우리는 모두 해냅니다. 학생들과 교장 선생님이 저희를 필요로 하니까요."

– 교사 I

교사의 고백: "저도 소진될 수 있다는 걸 사람들은 몰라요. 학급도 잘 운영되고 있고, 학생들도 참 훌륭하고, 저는 다른 교사들이 조언을 구하러 오는 그런 교사니까요. 이런 걸 모두 가진 교사라서 좋습니다. 교장 선생님이 도움을 요청하는 교사라는 점도 좋고요. 하지만 이 모든 걸 잘 해내는 게 정말 힘들어요. 언젠가 와르르 무너질 날이 두려워요."

– 교사 J

교사들은 스스로를 소진으로 몰아가는 상황을 정말 바꾸고 싶어 한다(Neufeldnov, 2014). 소진의 주요 위험요인 중 하나는 거절을 못 하는 태도인데, 트레드밀 효과(treadmill effect)[1] 또는 영웅증후군 (heroic syndrome)으로도 알려져 있다(Skovholt & Trotter-Mathison, 2011).

예를 들면, 터키에서 초등교사 1,699명을 대상으로 수행된 한 연구 결과에 따르면, 학교 전체가 더 나아지기를 바라면서 동료와 학교 일을 돕기 위해 다른 교사들보다 더 많은 일을 한 교사들은 소진의 한 증상인 정서적 고갈을 경험하는 경우가 많았다(Inandi Buyukozkan, 2013). 만약 너무 많이 '추가된' 일 때문에 쩔쩔매면서 교사 I처럼 느낀다면, "못 합니다"라고 말할 수 있어야 한다.

---

**교장의 이야기**

"제가 가장 원하지 않는 일은 우리 구성원 중 누구라도 소진되는 것입니다. 안타깝게도 학생들에게 필요한 모든 영역의 교육을 충실히 하기 위해서는 자원봉사자의 역할이 필요합니다. 그래서 제가 교장을 하는 한 자원봉사자 역할을 요청할 거예요.

가장 잘 도와줄 것 같은 교사에게 먼저 부탁하지요. 그렇지만 제가 점쟁이가 아니기 때문에 선생님이 얘기해 주지 않으면 누구에게 부담이 많이 되는지는 알 수 없어요. 저 역시 많은 일을 하다 보니, 교사들이 저한테 보내는 신호를 못 보고 지나치기도 합니다.

그런 경우에는 저한테 직접적으로 얘기해 주면 좋겠어요. '이번에는 힘들어서 돕

---

1 (옮긴이 주) 트레드밀에 올라가서 한 번 뛰기 시작하면 멈출 수 없듯이 부탁받은 일은 꼭 해야 한다고 생각하는 것.

기가 어렵네요'라고요. 그럼 저도 다른 사람을 찾겠지요. 그것 때문에 마음이 쓰이지는 않아요."

– 교장 A

교사 1: 이 많은 일을 어떻게 다 처리하세요? 한 번에 여러 가지 일을 잘하는 능력이 있는가 봐요.

교사 2: 아니요. 그럴 수는 없고요, 한꺼번에 백 가지쯤 해치우고 있습니다.

학교 일을 거절해서 협력적인 학교 분위기를 손상시키라는 것이 아니다. 교장 A가 언급했듯이 자원봉사는 학교가 학생들에게 모든 영역의 교육을 충실히 제공하기 위해 반드시 필요하다. 교사는 학생들을 위한 일이라면 언제라도 도움의 손길을 내밀어야 한다. 그러나 이 장의 목적은 어떤 교사가 다른 교사에 비해 너무 많은 자원봉사 역할을 해서 오히려 개인의 행복을 잃게 되는 상황을 막으려는 것이다.

## 성공적으로 거절하기 위해 준비하기

소진을 막을 수 있는 가장 좋은 방법 중 하나는 요구사항을 거절하는 일처럼 경계를 확실히 짓는 것이다(Skovolt & Trotter-Mathison, 2011). 만약 여러분이 이미 거절을 잘하고 있다면, 이 장에서 다루고 있는 문제 때문에 어려움을 겪고 있지는 않을 것이다.

다음 전략은 다른 사람이 시간과 도움을 요청할 때 잘 거절할 수 있는 방법이다. 상황에 맞게 적용해 보자.

- 편하게 "못 합니다"라고 말할 수 있게 준비하기 거절하는 상황을 미리 생각하고 연습하면 거절을 해야 할 때 느끼는 불편감을 줄일 수 있다. "못 합니다"라고만 말하는 것이 어렵다면 다음과 같이 말해 보면 조금 더 나을 수 있다.

- "하겠다고 말씀드리고 싶은데, 요즘 일이 너무 많아서 일을 좀 줄여야 할 상황입니다."
- "죄송하게도 일이 너무 많아서 하겠다고 말씀을 드릴 수 없네요. 혹시 … 고려해 보시면 어떨지요."
- "죄송해요. 그래도 못하겠다고 말씀드릴 수밖에 없네요. 요즘 특히 스트레스가 심해서요. 가능하면 일을 좀 정리해야 할 형편이라서요."

여기에 제시된 모든 반응은 안타까운 마음을 전하면서도 단호하다. 덧붙여 타당한 이유를 얘기하고 있다. 그리고 그 이유가 이번에만 해당하는 게 아니라 앞으로도 요청할 수 없는 상황임을 알리고 있다는 점에 주목할 필요가 있다. 자신에게 적절한 대답이 무엇일지 결정하고, 필요할 때 활용해 보기 바란다.

- 필요하다면 생각해 볼 시간 요청하기 미리 준비를 했음에도 "하겠습니다"라고 답을 해야 할 것 같은 상황에 처하면, 잠시 생각할 시간을 달라고 요청해야 한다. 그러고 나서 1시간 정도 지난 후에 "못 하겠습니

> "거절하는 것은 어렵다. 그렇지만 하겠다고 했을 때의 죄책감이 하지 않겠다고 했을 때의 죄책감보다 더 나쁠 수도 있다."
> – 스콧 핸젤만, 생산성 전문가
> (Schreiber, 2014)

다"라고 단호하게 말하라. 기다리게 하기보다는 바로 답을 하는 것이 좋지만, 하지 못할 일을 하겠다고 하는 것보다 훨씬 낫다.

- **"하겠습니다"라고 말할 때를 정하기** 구성원들이 서로 협력할 때 학교 분위기도 좋아지고 성과도 좋아진다. 모든 일을 못한다고 거절하면 관리자나 동료들과의 관계를 망칠 수 있다. 자칫 다른 사람들의 도움이 필요할 때 지원을 못 받게 될 수도 있다.
  어떤 일을 맡는 것이 적절하고 잘 해낼 수 있을지 정하라. 예컨대, 1년에 한 번 점심시간에 열리는 아이스크림 파티 감독은 1년 내내 방과후 발명교실에서 가르치는 것보다는 훨씬 쉬운 일이다. 한 고등학교 미술교사는 열정을 가진 한 가지를 정하고 그것만 자원봉사를 하라고 권고한다. 일의 양은 많지 않으면서 할 수 있는 일을 맡으면, 일의 양이 많은 일을 못한다고 거절하기 쉬울 수 있다.

> "일을 너무 잘하면, 거기에서 빠져나올 수 없다."
>
> – 작자 미상

- **가능한 곳에서 빠지기** 이미 여러 일을 맡아서 하고 있다면, 어떤 일에서 좀 빠질 수 있을지 고려해 볼 수 있다. 내 마음대로 한다는 뜻이 아니다. 무리 없이 빠질 수 있는 여지가 있는지 살펴본다는 것이다.
  예컨대 교사 I는 매년 역사 캠프를 준비하는 데 무척 힘이 들었다. 결국 이 일 때문에 너무 지친다는 말을 꺼냈고, 그간 캠프 지휘를 맡아 보고 싶어 했던 교사 세 명을 찾을 수 있었다. 교사 I는 이 일을 그들에게 넘겼고, 그동안 관심을 가졌던 교사들은 한 팀이 되어 기꺼이 일을 맡았다.

일을 줄여야 하는 필요성을 다른 사람에게 이야기해야 한다. 관리자와 동료에게 일이 많다는 사실을 알리면 다른 자원봉사자를 찾을 수 있을 것이다.

## 요청의 원인 바꾸기

시간을 잡아먹는 요청이 쇄도할 때 계속 거절하는 것도 지치는 일이다. 가끔 있는 업무 요청은 가르치는 직업의 측면에서 보면 당연하다. 그러나 이 요청이 지속적일 때는 근본적인 문제가 있을 수 있다.

다음은 학교가 교사들에게 시간을 내줄 것을 요청하는 일을 최소화해 달라고 주장하는 방법이다. 자신의 상황에 맞게 다음의 전략을 활용해 보기 바란다.

• 학생 자원봉사자 제안하기 학생들은 교사의 전문성을 갖추지 않았지만, 그래도 일을 꽤 잘 해낸다. 예컨대, 점심시간 숙제 봐주기(Lunchtime Homework Help, LHH) 프로그램 운영에서 두 교사가 이를 모두 운영하는 것보다는 한 교사가 5명의 학생을 또래 교사로 훈련시켜 운영하면 훨씬 효과적이다. 학생들은 대학에 진학할 때 봉사점수로 활용할 수 있을 뿐 아니라 학교에서 상을 받을 수도 있다.

적절한 일이 있다면 교사가 하고

> 학생: 자원봉사자를 원하시면 우리 학교 등교지킴이한테 물어 보세요.
> 교장: 왜 등교지킴이가 자원봉사를 해 줄 거라고 생각해?
> 학생: 항상 지역사회 봉사 100시간을 채워야 한다고 얘기하거든요.

있는 일을 학생에게 맡기자고 관리자에게 제안해 보라. 처음에
는 그 제안이 무시될 수 있지만 계속 제안하면 관리자도 향후
학생들에게 일을 맡기는 방법을 고려하게 될 것이다.

• 비교육전문가 자원봉사 제안하기 학부모나 지역 주민이 교사의 일
을 대신해 줄 자원봉사자가 될 수 있다는 점을 고려해 보자. 이
렇게 하면 변화가 일어나고, 효과적으로만 되면 학생들을 포함
하는 긍정적인 네트워크가 형성될 수 있다.

예를 들면, 교사 I의 학교 교사들은 체육대회를 매년 개최하고
있다. 교사 I가 이 일을 도와줄 학부모를 모집한 덕분에 이 일을
준비하는 데 필요한 교사 수가 반으로 줄었다. 교사 I는 관리자
에게 학부모총회 때 이 얘기를 해달라고 부탁하면서 학부모 포
털 사이트에 모집 안내문을 올렸다. 이 일을 하는 데는 5분도 걸
리지 않았다.

또 다른 사례를 살펴보면, 어센드 차터 스쿨에서는 지역 대학생
을 모집해서 중학생의 숙제를 돕게 하고, 지역사회 인사와 기관
에 방과후 프로그램(가라테, 아프리카드럼, 댄스 등)을 맡겼다
(Neufeldnov, 2014). 특수학교 네트워크인 'YES 프렙(Prep)'은 교사
가 아닌 사람들이 운영하는 여름방학 캠프, 해외여행, 자연체험
여행 등 다양한 학교 밖 프로그램을 제공하고 있다(Neufeldnov,
2014). 여러분을 도와줄 수 있는 유사한 해결책을 찾아보고 제안
하는 데는 그렇게 많은 노력이 들지 않을 것이다.

• 균형 맞추기 자원봉사 업무에서 성별 균형을 맞추자는 주장을
통해 일을 줄일 수도 있다. 그러면 남자든 여자든 상관없이 보

다 기능적으로 일할 수 있을 것이
다. 대체로 직원을 위한 파티를 준
비하거나 간식을 사오거나 기록을
하거나 동료의 발표를 돕거나 모임
을 계획하고 참가자를 대접하는 등

> 내게 수학 선생님과 문학 선생님
> 이 안 계셨다면 마이크로소프트는
> 지금에 이르지 못했을 것이다.
> – 빌 게이츠

의 '사무실 잡무'는 여성이 맡는 경우가 많은데, 이런 일을 한다
고 해서 남성에 비해 점수를 더 얻는 것도 아니고 도우미 일이
도리어 승진에 방해가 된다(Sandberg & Grant, 2015).

예를 들면, 직장에서 이타적 행동이 여성에게는 선택사항이 아
닐 수 있고, 여성이 아닌 남성의 평가에 긍정적으로 작용할 수
있으며, 그렇게 하지 않았을 때 남성이 아닌 여성의 호감을 깎
아 먹을 수 있다는 것이 세 연구를 통해 검증되었다(Heilman &
Chen, 2005). 부차적인 도움 행동은 심리적 에너지를 소모시키는
데, 서로 다른 연구 183건에서 여성들이 더 정서적으로 고갈되
기 쉬운 것으로 밝혀졌고, 실제 100명의 직원이 있을 경우 여성
은 남성보다 8명이 더 소진된다(Sandberg & Grant, 2015)고 한다.
학교의 '잡무'에서 성별 균형이 얼마나 맞추어지고 있는지 주목
해 보자. 대부분의 교사가 여성이기 때문에 각 성별 인원수가
아니라 비율로 고려해야 한다. 예컨대, 어떤 학교에 여자 교사
가 95명이고 남자 교사는 5명밖에 없다면, 남자 교사는 '잡무'의
50%가 아니라 5%를 맡아야 할 것이다.

어느 성별도 한쪽이 너무 많은 책임을 떠맡아서는 안 된다. 어
떤 불균형이 되었든 관리자와 의논해 균형을 맞추자. 예를 들
면, 일루미네이트(Illuminate) 학교 대표는 사무실 일에서 성별
불균형이 있다는 사실을 깨닫고 이 문제를 전체 직원과 함께 의

논했다. 그 결과 남자직원에게 회의록 기록하기와 행사준비와 같은 일을 여성만큼 해달라고 책임을 지웠다. 그날 모범을 보이기 위해 다들 하기를 꺼리는 직원용 냉장고 청소를 대표가 직접 했다. 대표와 직원들은 즉시 그 효과를 눈으로 확인할 수 있었다. 학교 업무나 잡무에서 성별 균형을 맞추어야 한다는 주장은 보다 많은 사람을 참여시킴으로써 여성이든 남성이든 각자의 일을 덜어 준다. 또한 주변에 균형을 맞추는 데 기여하는 사람이 있다면 그가 남성이든 여성이든 박수를 보내는 것도 잊지 말자.

• 비효율성 찾아내기 나는 캘리포니아-산타바바라 대학을 다닐 때 캠퍼스 환경보호자 단체에서 봉사 활동을 했다. 나는 무엇을 하면 되는지 물었고, 일주일에 2시간씩 회원에게 전화 거는 일을 맡았다. 첫 주에 회원에게 전화를 걸어 일주일에 한 번 저녁 시간에 단체를 위해 나처럼 자원봉사를 할 수 있는지 물어보라고 했다. 거의 성공하지 못했다. 두 번째 주에는 내가 같은 말을 계속하고 있다는 것을 알았는데, 나는 단지 사람을 모집하기 위한 모집만 하고 있었다. 그때 바로 그 일을 그만두고 내 도움이 더 잘 쓰일 수 있는 다른 집단을 찾았다. 그들이 전화 거는 일을 시킨 이유가 단지 내 자원봉사 시간을 채워 주려고 한 것이라면 의미가 없어 보였기 때문이다.

학교에서 자원봉사자 일을 얼마나 효율적으로 사용하고 있는지 살펴보자. 관리자는 실무와 많이 동떨어져 있어서 이런 문제를 간파하지 못하는 경우가 많다. 여러분의 통찰과 제안을 통해 여러분과 동료가 필요 없는 자원봉사를 더 이상 하지 않을 수 있고, 그러면 적어도 거기에 들어갈 시간만이라도 줄이게 될 것이다.

다음 문제에 각자 응답하거나 소집단으로 토의해 보세요.

1. 업무를 가중시키는 일을 하라고 요청받았을 때 어떻게 거절할
   수 있을지 그때 할 말을 작문해 보세요.

   _____

   _____

   _____

2. 학교에서 부과되는 업무 가운데 부담이 될 것 같은 일과 편하게
   할 수 있을 일을 각각 써 보세요.

   | • 부담이 되는 일 | • 큰 부담 없이 할 수 있는 일 |
   |---|---|
   | | |
   | | |

3. 교사가 아닌 자원봉사자도 할 수 있는 일을 생각해 보세요. 관
   리자에게 그 일을 교사가 아닌 자원봉사자에게 맡길 것을 제안
   할 때 어떻게 말할지 써 보세요. 제안하는 내용과 그렇게 했을
   때의 장점을 구체적으로 적어야 합니다.

   _____

   _____

   _____

4. 지금 또는 가장 최근에 근무했던 직장에 대해 생각해 보세요. 이 장에서 소개한 것과 같은 잡무에서 성별 균형 또는 불균형에 대해 써 보세요.

_____

_____

_____


5. 지금 또는 가장 최근에 근무했던 직장에 대해 생각해 보세요. 지금의 자원봉사 일을 보다 효율적으로 바꿀 수 있는 방안을 써 보세요.

_____

_____

_____

## 8장

협력
## "다른 교사들을 싫어하진 않지만
## 혼자 일하는 게 좋아요"

**교사의 고백:** "전 사람들을 정말 좋아해요. 단지 다른 사람들과 같이 일하는 것이 싫을 뿐이죠. 함께 완벽하고 좋은 수업을 만든다고 하지만 거기에도 오류가 많아요. 혼자서도 잘할 수 있는데 틀린 것 고치느라 시간을 낭비해야 하고 그런 교사와 맞서고 부대껴야 하는 이유를 모르겠어요."

– 교사 K

**교사의 고백:** "너무 시간이 많이 걸리지 않으면 다른 사람들과 일하는 걸 좋아할 거예요. 그렇지만 다른 교사를 만나고, 각자 교실에서 할 것을 의논하고, 공통된 요소 등을 찾다 보면 시간이 걸리죠. 그 시간이면 제 수업 전체를 혼자 계획할 수 있거든요."

– 교사 L

일터에서 소진이 일어나는 주된 원인 중 하나는 공동체가 부족하다는 점이다(Maslach & Leiter, 2008; Skovholt & Trotter-Mathison,

> "사려 깊고 열심인 사람들이 모인 작은 집단이 세상을 바꿀 수 있다는 것은 변함없는 유일한 진리이다."
>
> – 마거릿 미드

2011). 그러나 학생들의 성공을 위한 교사의 협력과 책임 분산이 실제로 교사의 만족도를 높이는 것으로 나타나지는 않는다. 예컨대 초중고 교사 486명을 대상으로 한 조사에서 응답자의 50~66%는 수업 계획과 수행을 모두 혼자 한다고 답했고, 자신이 맡은 학급 외의 학생들에게도 관심을 가질 수 있는 학교에서 일한다고 응답한 교사는 50%도 되지 않았다(McClure, 2008).

한편 지지집단을 만들고 유지하는 것이 보건 관련 직업인의 소진을 낮추는 것으로 나타났다(Demir et al., 2003; Espeland, 2006; Thomas & Lankau, 2009). 교사들이 협력할 때 학생들과 학교에 이익이 되고 교사에게도 도움이 되는데, 이는 협력을 통해 어려움을 극복하고 성공을 이루는 데 필요한 지원과 시간을 얻을 수 있기 때문이다(Sparks, 2013).

전·현직 교사 2,000명을 대상으로 한 조사에서는 교사가 협력할수록 개인적 만족도가 높아지고 동료 간 유대가 강해졌을 뿐 아니라 이직률도 줄었다고 한다(McClure, 2008). 마찬가지로 전임교사 1,002명을 대상으로 한 미국의 전국조사에서도 학교에서의 협력이 교사들이 자신의 직업을 다른 사람에게 추천하는 가장 큰 이유로 나타났다(University of Phoenix, 2015). 1만 명 이상의 교사를 대상으로 한 조사 결과에 따르면, 역량을 개선하는 데 가장 도움이 되었던 활동 중 1위는 '비공식적인 협력'이었고, 이 활동은 특히 성취 수준이 높은 교사 대상 조사에서도 높게 나타났다(TNTP, 2015).

이 장에서는 수업 계획과 관련된 자료의 개발이나 준비에 대해 사례를 들어 설명할 것이다. 그러나 전략은 다른 협력 과제로 확장이 가능하다. 예를 들면, 교사들은 성장과 번영을 위한 학습공동체를 형성하는 다양한 방법을 통해 서로 동아리를 형성할 수 있다.

서로 협력해서 수업을 개발할 경우 이 장의 교사의 고백에 나오는 교사 K와 같은 마음이 생길 수 있다. 나는 내 수업을 다른 교사들과 모두 공유하지만, 막상 다른 교사의 자료를 사용할 때는 어려움을 겪는다. 그래서 협력이 꺼려지는데, 이런 마음을 없애는 데 다음 세 가지 생각이 도움이 된다.

- 계속 혼자서 수업을 계획하는 것은 비효율적이다.
- 나의 전문 분야가 다른 교사의 맹점일 수 있지만, 그 교사의 전문 분야가 나의 취약점일 수 있다.
- 수업의 질은 여러 교사의 참여로 향상된다.

이런 마음가짐에 대해서는 다음 절인 '협력에 대한 긍정적 기대 갖기'에서 다룰 것이다.

이 장의 교사의 고백에서 교사 L은 하나의 수업만 생각하고 그 이상을 보지 못하고 있다. 맞다. 협력을 처음 시도할 때는 너무 많은 시간이 걸려 힘들 수도 있다. 그렇지만 그 다음 수업부터는 시간과 노력이 훨씬 덜 들게 된다. 이 장에는 이런 문제를 최소화하기 위해 협력의 단점을 개선하는 방법에 대해 다루는 절이 포함되어 있다.

"협력에 대해 마음을 열자. 다른 사람들과 그들의 생각이 더 나은 경우가 많다. 자신에게 도전하고 영감을 주는 사람들을 찾아 그들과 많은 시간을 보내라. 그들이 당신의 삶을 바꾸어 줄 것이다."

- 에이미 폴러

빠져나갈 곳을 찾으면서 협력한다면, 큰 효과를 보지 못한 채 멈추게 될 것이다. 다음 전략은 동료와의 협력을 위한 마음가짐을 준비할 수 있도록 도울 것이다. 자신의 상황에 맞게 적용해 보자.

- 계속 혼자서 수업을 계획하는 것은 비효율적이다 5성급 식당에서 각 셰프가 "너는 네 테이블을 맡아. 나는 내 테이블을 맡을게" 하면서 하나의 테이블씩만 맡는다고 상상해 보자. 이런 식당에서 셰프는 각자 동일한 일을 반복하고, 음식을 만드는 데 시간도 많이 걸리고, 각 셰프의 특징을 살린 요리가 나오지도 않을 것이다. 실제 5성급 식당에서는 모든 셰프가 전체 테이블을 담당하면서 각 셰프가 필요할 때 각자의 기술을 발휘한다. 그래서 서비스가 좋아지고 음식이 맛있어진다.
  동료와 협력(짝, 집단, 또는 부서)을 통해 여러 전문가가 업무 부담을 나누고, 각자의 부담도 줄어든다. 교사에게 요구되는 업무가 늘 과다한 점(1장 '도움이 필요한 교사들' 참고)을 감안하면 교사 각자가 혼자서 수업을 계획하는 것은 비합리적이다.

- 나의 전문 분야가 다른 교사의 맹점일 수 있지만, 그 교사의 전문 분야가 나의 취약점일 수 있다 나는 저스틴 터테인이라는 교사와 알고 지냈는데, 그 교사의 첫 번째 목표는 수업이 학생들에게 재미있어야 한다는 것이었다. 예를 들면, 학생들은 역사 속 전쟁을 재연해 보며 재미를 느낄 수 있다. 그러나 정작 학생들이 배워야 할 것을 제대로 배우지 못하고 비판적으로 사고하지 못한다는

점이 드러났다.

저스틴이 다른 교사들과 협력하면 분명히 많은 이점이 있을 것이다. 뿐만 아니라 저스틴도 줄 것이 많다. 저스틴을 돕는 교사들은 학습목표에 잘 초점이 맞춰져 있지만 집중을 시키지 못하는 엄격한 수업을 계속하고 있었다. 틀을 벗어난 사고를 할 수 있고 비전통적인 수업 방식을 사용하는 저스틴의 능력은 다른 교사의 수업을 보다 재미있고 효과적인 수업으로 만들어 줄 것이다.

우리 교사들은 약점을 가지고 있고 다른 교사들 역시 또 다른 약점을 가지고 있기 때문에 서로를 부정할 수 있다는 점을 고려해야 한다. 다른 교사의 장점이 분명하게 느껴지지 않더라도 모든 교사는 얼마큼씩 장점을 가지고 있다. 한 번만 협력을 시작해 보면 이 모든 것을 알게 될 것이다.

• 수업의 질은 여러 교사의 참여를 통해 향상된다 다양한 구성원은 바로 다양한 전문 분야를 의미한다. 그리고 이것은 수업계획안 협력에서 진가를 발휘한다. 또한 누군가 놓치는 것을 다른 사람이 볼 수 있고 미처 상상하지 못한 것도 생각해 낸다. 협력은 잘 협력했을 때 좋은 결과를 낳을 수 있다. 협력을 하면 할수록 잘 협력해야 결과가 좋아진다는 것을 알게 될 것이다.

### 나에게 적합한 협력자 찾기

협력에서 장애물은 협력을 하는 것에 더해 협력자를 따라야 한다는 점이다. 이상적으로는 동료가 똑같이 일에 참여하고 동등하게 준비해야 한다.

다음 전략은 학생들을 함께 돕기 위해 수업 계획, 평가 개발, 팀 티칭 또는 기타 다른 일에서 함께할 적합한 협력자를 찾는 방법이다. 상황에 맞게 활용해 보자.

• 작은 것에서 시작하기 여러 사람과 하기보다 한 명의 믿을 만한 동료와 수업을 함께 계획해 보는 것이 더 수월할 수 있다. 두 사람이 완벽하게 협력을 해내게 되면 더 많은 사람을 모아 똑같이 해 볼 수 있다. 처음에는 동료가 다음과 같은 교사인지 잘 생각해 보는 것이 좋다.

- 협력과정에 충분히 헌신하는 교사
- 대인관계 기술이 좋은 교사(예: 협력적이고 사려 깊은)
- 협력하는 데 시간을 낼 수 있는 교사(예: 수업 계획 일정이 동일함)
- 같은 과목을 가르치는 교사(그리고 학생들이 비슷한지, 물론 표준 교육과정은 서로 다른 학생들의 요구에 적용이 가능하지만)
- 수업 진도가 동일한 교사(예: 두 교사가 모두 정수를 가르칠 차례라면 두 사람 모두 정수에 대한 수업이 필요할 것임)

첫 번째 협력자를 찾기 위해 동료들에게 조금 더 가까이 다가가면서, 함께 시작해 볼 만한 협력자를 적어도 한 명 찾을 때까지 계속 노력한다.

• 협력자에 대한 관리자 추천받기 관리자는 '어떤 교사가 팀을 이룰 때 유리할지', '누가 좋은 협력자가 될지'를 잘 알고 있을 수 있

다. 예컨대, 매리 베스 커넛 교장은 과목이 아니라 강점과 성격
이 서로 얼마나 보완적일지를 고려해 교사들을 짝지어 주었다
(Thompson, 2015). 관리자의 제안은 주저하는 협력자를 일에 즐
겁게 참여할 수 있도록 격려할 수도 있다.

관리자는 때로 어려움에 처한 교사를 여러분이 좀 도왔으면 하
는 바람에서 추천하기도 한다는 점을 예상하고 있어야 한다. 이
럴 경우 소진되지 않으려고 노력하고 있기 때문에 동등한 파트
너 역할만 할 수 있다는 점을 분명히 해야 한다. 그러나 능력 있
는 파트너와 협력이 잘 이루어질 때는 특별히 도움이 더 필요한
협력자에게 조금 더 힘이 되는 입장에 설 수 있다.

이미 협력을 이루고 있는 효과적인 집단은 관할 교육청에서 인
지하고 있는 경우가 종종 있다. 이 경우 교육청은 서로 다른 학
교에서 특정 학년과 특정 과목별로 관심 있는 교사들을 모아 팀
을 구성하며, 그 팀들은 여러분이 팀원이 되는 것을 돕는 가교
역할을 할 수 있다.

• **IT 기술을 활용한 협력자 찾기** IT 기술을 활용하면 파트너를 찾기
쉬워진다. 어떤 점에서든 항상 나와 협력을 하고 있는 마지 존
슨 박사는 테네시에 살고 있다. 나는 캘리포니아에 살고 있다.
존슨 박사는 내가 수행했던 연구를 에드서지(EdSurge)사이트[1]에
서 읽고 나에게 연락을 해 와서 서로 알게 되었다. 온라인으로
협력하고 있고 미국과 해외에서 함께 학회 발표도 하고 있다.

인터넷을 통해 전 세계와 (수업 계획의 비전과 같은) 아이디어를

---

1  www.EdSurge.com

공유하면, 같은 열정과 태도를 지닌 누군가를 만날 수 있을 것이다. 11장 'IT 기술'에서 쉽게 SNS를 비롯해 테크놀로지를 사용할 수 있는 방법을 소개하고 있으므로, 이를 통해 적합한 협력자를 찾을 수 있을 것이다.

• 멘토 찾기 멘토링의 효과는 종종 간과되기도 하지만, 멘토는 멘티의 불안을 경감시키고 기술을 연마시키며 동료나 동료의 조언이 할 수 없는 새로운 관점을 제공해 준다(Perlman, 2013). 적절한 멘토링은 소진을 예방하는 데 중요한 역할을 하는데, 특히 신규 교사가 멘토링을 제공받지 못할 경우 스트레스 수준이 높아진다(Skovholt & Trotter-Mathison, 2011).
교사 1,002명을 대상으로 전국적으로 실시한 조사에서 53%의 교사가 멘토링 프로그램(특히 신규 교사를 조력하는 멘토링)이 교사의 이직률 감소에 도움이 된다고 응답해 교사 이직 예방에서 두 번째로 영향력이 큰 요인으로 확인되었다(University of Pheonix, 2015). 미국 교육통계국이 신규 교사 1,990명을 대상으로 실시한 조사에서 멘토가 있는 교사의 86%(멘토가 없는 교사의 71%)가 다음해까지 교직을 떠나지 않고 남아 있었다(Gray & Taie, 2015). 멘토에게 조금이라도 업무에 도움받을 가능성이 있을지 꼭 생각해 보자.

## 성공을 위한 협력 기회 높이기

업무량 줄이기와 같은 협력의 장점을 높이기 위해 들이는 노력이야말로 순조롭게 진행되어야 한다. 서로 다른 성격을 가진 사람들의 노력을 합친다는 것은 쉬운 일이 아니어서 도로의 방지턱을 무리 없이 넘어가려고 할 때처럼 신경 써야 할 단계가 많다.

렌시오니(Lencioni)는 팀의 다섯 가지 역기능에 대해 연구했는데, 교사들의 협력팀에도 적용하면 보다 효과성을 높일 수 있다(Sparks, 2013). 다음 전략 가운데 앞부분의 다섯 가지는 렌시오니(Lencioni, 2002)가 지적한 역기능을 극복하는 데 도움이 된다. 그리고 여기에 설명하는 모든 전략이 협력의 오점을 개선해 성공할 수 있도록 도와줄 것이다. 자신의 상황에 맞게 다음의 전략을 적용해 보자.

• 결과에 주목하기 협력팀에서는 일상적 대화나 수업의 사소한 부분을 두고 논쟁을 하면서 주제를 벗어나기 쉽다. 팀 작업에 생산성이 떨어진다면 목표를 잃어버렸기 때문일 수 있다.
다음 사항에 대해 초기 모임에서 이야기하지 않으면 구성원들은 혼란스럽거나, 시간을 낭비하거나, 덜 기여하거나, 완전히 빠질 수도 있다.

  – 팀을 왜 만들었는가
  – 각 구성원들이 가진 관련 지식과 기술은 무엇인가
  – 우리 팀은 어떤 산출물을 기대하는가
  – 일정을 어떻게 진행할 것인가
  – 따라야 할 기준은 무엇인가(Strathman, 2015).

한번 이런 사항이 정리되고 나면, 이것에 잘 맞추고 있는지 주의를 기울여야 하고, 그렇지 않을 경우 빨리 개입해야 한다. '각 과제에 대해 명료화하기'와 '도구 사용하기' 등 이 장에 소개된 전략을 적용해 기대와 산출물에서 이탈하지 않도록 해야 한다.

- 책임감 심어 주기 책임감을 증진시키기기 위해 이 장에서 또 다른 전략으로 소개한 도구와 명확성을 활용할 수 있다. 그러나 무엇보다 책임감을 강조하기 위해서는 문제가 있을 때 터놓고 얘기할 수 있어야 한다.

  예컨대, 한 구성원이 마감일을 계속 어기고 정말 꼭 해야 할 마감 시간까지 기다려서야 한다면 이 문제를 빨리 해결해야 한다. 마감일을 어기는 행동이 모든 구성원에게 스트레스를 주고 있다는 점을 상기시키고, 마감일을 보다 잘 지켜 줄 것을 요청해야 한다. 미루기 행동과 관련된 자신의 어려움을 얘기하거나 도움이 되는 전략을 알려 주고 상대를 존중하면서 이야기를 꺼낸다면, 그 구성원도 더 나아질 기회를 갖게 될 것이다. 이렇게 다른 구성원의 미루기 행동으로 인한 구성원들의 스트레스를 줄일 수 있다. 다음에 나오는 '일정보다 앞서기' 전략도 참고하기 바란다.

- 참여 요청하기 여러분은 적극적으로 참여하면서 팀에서 자기 역할을 다하고자 하는 협력자를 선택해야 한다. 그래도 여전히 문제는 생긴다. 일이 복잡해지지 않도록 분명한 기본 규칙을 정하고 따르는 것이 좋다. 이 규칙이 깨지면 빠른 개입을 위한 전략을 참고하기 바란다.

- 기본 규칙 설정하고 지키기 협력이 성공하기 위해 따라야 할 규칙

에 대해 팀원들이 마음을 터놓고 논의해야 한다. 이런 규범을 세우고 강화하면 시간과 장소만이 아니라 행동에 대한 기대까지도 명료화하게 된다(Strathman, 2015).

규칙에는 다음이 포함될 수 있다.

- 시간 지키기
- 회의 시간에 스마트폰 사용하지 않기
- 다른 구성원 존중하기
- 적극적으로 참여하기
- 의견을 이야기하고 도움 주기

기본 규칙에서 벗어나는 일이 생기면 가능한 빨리 이야기해서 그 일을 해결해야 한다.

• 신뢰 쌓기 각 구성원이 모두 중요하고 협력할 것이라는 점을 직접 보여 주어야 구성원 사이의 신뢰가 구축될 수 있다. 이는 또한 전문가로 행동하고 서로 존중하는 구성원의 능력에 달려 있기도 하다.

서로 의견이 다를 수 있는 상황은 어떤 집단에서도 나타나기 때문에 옳고 그름을 판단해 누군가에게 개인적인 모욕을 주어서는 안 된다는 점을 명심해야 한다(Strathman, 2015). 어떤 사람의 성격을 예단하거나 지적하는 행동을 삼가고, 만약 자신이 들었을 때 부적절하다고 느껴지는 말이라면 하지 말아야 한다.

마찬가지로 구성원이 서로를 어떻게 대하는지 지켜보아야 한다. 예를 들면, 교사 K는 어떤 협력팀의 구성원이 말을 하고 있을 때 눈을 굴리곤 했다. 따로 만나 이런 버릇을 이야기를 해 주었더니 다시는 그런 행동을 하지 않았다. 자신이 눈을 굴리고 있는지도 몰랐다면서 지금까지 아무도 그런 얘기를 해 준 적이 없다고 하며 도리어 고마워했다.

• 의견불일치에 열려 있기 많은 협력팀에서는 구성원 간의 불일치를 회피하려고 다양성에서 오는 지혜의 이점을 활용하지 못한다(Strathman, 2015). 다른 사람의 관점과 많이 다르더라도 모든 사람이 자신의 관점을 소신대로 말할 것을 공론화해 보라. 상당히 동의하기 어려운 다른 관점에도 가치가 있음을 깨닫게 될 것이다.

• 과제를 명료화하기 팀 내의 어느 교사와 당신이 똑같은 수업의 똑같은 구성요소를 위해 같은 일을 하고 있다는 사실을 모른 채 소중한 시간을 낭비했다고 생각해 보라. 반대로 어느 날 아침 다른 교사에게 완성된 수업안을 받기로 했는데 오히려 내가 그 수업안을 만들어야 하는 담당자였다면 얼마나 당혹스럽겠는지 상상해 보라.
협력해서 준비하는 모든 수업요소(예: 사전 사례, 유인물, 문제 등)에 대해 누가 무엇을 언제까지 할 것인지를 분명하게 정해야 한다. 다음 절의 '도구 사용하기'에서 이것을 훨씬 수월하게 할 수 있는 도구를 알아볼 것이다.

• 일정보다 앞서기 가르치는 직업은 돌발 상황과 응급 상황으로 가득하다. 여기에 대비해 수업을 해야 할 날짜보다 적어도 이틀

정도 앞당겨 마감일(예: 수업 계획을 마칠 시간)을 정하는 것이 좋다. 이렇게 하면 응급 상황이 생겨 마감일을 못 맞추는 일이 생겨도 수업을 못하게 되는 위기상황을 피할 수 있다. 또한 수업 준비를 시간 내에 마치기 위해 밤을 새는 일도 막아 줄 것이다. 앞서 살펴본 '책임감 심어 주기' 전략을 통해 동료도 시간을 지킬 수 있게 할 수 있다.

• 협력에 충분한 시간 요청하기 어떤 일을 계획할 시간이 필요한데, 계획에 투입할 수 있는 시간이 함께 협력하는 사람들에게 동일하게 주어지면 더 좋다. 학교 전체 또는 교육청이 사용할 저작물 관리 시스템처럼 협력이 다른 교사에게도 도움이 되는 것이라면 계획하는 데 필요한 시간을 더 확보해 달라고 요청할 수 있다. 6장 '업무량'을 참고하면 계획 시간을 더 많이 요청하는 방법을 찾을 수 있다.

• 서로 만날 시간을 맞추기 힘들 때 온라인 사용하기 면대면 협력이 가장 좋지만 각자의 한계 내에서 협력하는 것이, 지속하기 어려울 정도로 포부만 큰 계획보다 낫다. 기본 규칙과 절차가 정해지면 협력은 IT 기술을 사용해 수업 내용을 나누면서 온라인으로 진행할 수 있다. 와일드우드 아이비 월드 마그넷 스쿨(Wildwood IB World Magnet School)은 오프라인 만남을 통해 협력하면서도 구글 드라이브를 공유해 만나지 않고도 동료가 작업한 내용을 검토하고 사용한다(Thompsom, 2015).

도구를 사용하면 조직화를 하고 분명하게 의사소통을 하며 협력을 위해 해야 할 일을 추적할 수 있다. 또한 이런 것들을 기록해 서로 접근이 가능하게 하는 것은 특히 규모가 큰 집단에 유용한데, 둘이서 할 때도 여전히 필요하다.

다음 전략은 기계에 익숙하지 않은 사람도 사용할 수 있는 도구로 한번 사용을 고려해 볼 만하다. 상황에 맞게 다음의 전략을 적용해 보자.

• 그래픽 다이어리, 달력, 해야 할 일 목록, IT 기술 사용 고려하기 협력팀 구성원이 함께 사용할 수 있는 도구로 선정하는데, 모든 사람들이 관련된 IT 기술을 사용하는 데 어느 정도 익숙해졌을 때여야 한다. 그리고 협력팀의 요구가 달라지면 도구도 거기에 맞게 바꾸어야 한다. 예를 들면, 구글 문서로 해야 할 일 목록(예: 아직 하지 않은 칸에 "루크와 루스는 7단원의 시험문제를 만들고 3월 8일까지 저작물 관리 시스템에서 우리와 공유한다"와 같이 써 넣음)을 작성하는 것부터 시작할 수 있는데, 구글 문서로 협력하는 과정에 좀 더 익숙해지면 다음에 제시한 양식을 더 잘 이용할 수 있다.

• 과제와 완료한 것을 추적하는 양식 사용하기 누가 그리고 언제 해야 할 일에 대한 누적 기록을 할 수 있는 eResources 도표를 사용할 수 있다(확장판 eResources는 기록할 여백이 더 많다). 이 양식은 한 주가 한 페이지로 구성되어 있다.

과제가 수업 계획에서 벗어나지 않도록 주의해야 한다. 다음에 이 양식의 전체를 예로 제시하고 있는데, 이를 복사해서 사용할 수 있다. 물론 이 책에서는 종이를 사용하지 않는 전략 또한 소개하고 있다.

---

### 협동 수업 계획(양식 축약본)

지시문: 각 칸에 **누가** 과제를 마치거나 완성할 것인지와 **언제** 완성되어야 하는지 적는다. 필요한 구체적인 사항을 추가한다.

세부 사항:

| 수업 일자 | 단원 | 항목 | 항목 | 항목 | 항목 | 항목 |
|---|---|---|---|---|---|---|
| 월 | | | | | | |
| 화 | | | | | | |
| 수 | | | | | | |
| 목 | | | | | | |
| 금 | | | | | | |

---

### 협동 수업 계획(양식 전체 예)

각 칸에 **누가** 과제를 마치거나 완성할 것인지와 **언제** 완성되어야 하는지 적는다. 필요한 구체적인 사항(**무엇**)을 추가한다.

각 항목은 적어도 수업 2일 전(휴일 제외)까지 시스템에 탑재되어 '학교 전체'가 접속해 사용할 수 있어야 한다. 유인물은 40명 분을 복사하여 수업 하루 전에 협력팀 교사의 우편함에 넣어 두어야 한다.

| 수업 일자 | 단원 | 도입 활동 | 수업 내용 (활동) | 숙제 | 문제 | 유인물 |
|---|---|---|---|---|---|---|
| 월 3/7/16 | 7단원: 작가 관점 (11장)과 단어 분석 (워크북 9장) | 마크 3/2 | 헤라 3/2 수수께끼 | 헤라 3/2 | 없음 | 마크 |
| 화 3/8/16 | ↓ | 얼라타 3/3 | 카이 3/3 판사 활동 | 제퍼슨 학교 비디오 3/3(케이) | 없음 | 얼라타 |
| 수 3/9/16 | ↓ | 마크 3/4 | 밴 3/4 협동 활동 | 밴 3/4 포스터 보드 준비 | 없음 | 마크 |
| 목 3/10/16 | ↓ | 얼라타 3/7 | 러시 3/7 쓰기 활동 | 러시 3/7 | 없음 | 얼라타 |
| 금 3/11/16 | ↓ | 루크 3/8 | 헤라 3/8 이야기 교환 | 없음 | 루크와 러시 3/8 | 마크 |

• 구글 문서 사용하기 구글 문서는 서로 협력해 동시에 문서를 작성할 수 있어서 협력자들이 항상 최신 문서를 공유할 수 있다. 따라서 구글 문서는 협력팀의 노력을 한눈에 볼 수 있는 좋은 도구이다.

예를 들면, 앞서 살펴본 eResources의 표를 복사해서 구글 문서의 도표에 붙여 놓으면 모든 팀원이 편집에 참여할 수 있다. 구성원은 일의 진행상황을 보고 싶을 때 언제라도 문서 링크에 들어가 확인할 수 있고, 과제를 마쳤을 때 업데이트할 수 있다. 지금 하고 있는 과제는 노란색으로 표시하고 완료되면 노란색 표시를 지우자고 합의할 수 있다.

누구라도 무료 구글 계정을 만들면 구글 문서를 사용할 수 있다. 문서를 만들고 문서에 접근하는 방법이나 구글 문서의 사용법에 대한 자세한 내용은 11장 'IT 기술'을 참고한다. 협력팀이 함께 작업하기 위해 필요한 사항은 다음과 같다.

- 모든 협력팀 구성원에게 문서 편집 권한 부여하기
- 모든 구성원이 한 장소에 모여 있을 때 화면을 보여 주면서 설명해서 문서에 접근하고 사용하는 방법을 확실하게 익힐 수 있도록 하기

---

**IT 기술 도구**

IT 기술 도구를 어떻게 구하고 활용할지에 대해서는 11장 'IT 기술'을 참고한다.

---

• 저작물 관리 시스템 사용하기 저작물 관리 시스템은 교사들이 수업계획서와 관련된 과제나 평가 등을 만들고, 보관하고, 공유하고, 찾을 수 있을 온라인 전산 시스템이다. 저작물 관리 시스템과 교수자료 관리 시스템(LMS)은 서로 겹치기도 한다. 같은 저작물 관리 시스템에서 수업에 대한 작업을 하면 수업을 소개하는 방법에서 통일성을 갖게 되고 수업 자료를 보다 쉽게 공유하고 접근할 수 있게 된다.

저작물 관리 시스템에서는 수업과 관련된 자료(예: 수업에 게임을 포함시킬 때 복사해서 사용할 수 있는 게임판, 과제와 쪽지시험 문제

등)를 수업 내용에 바로 첨부할 수 있다. 또한 수업계획서 개발자가 수업에 대한 편집 권한을 모두 개방하면 교사들은 자신이 만든 수업 관련 자료를 추가할 수 있다. 저작물 관리 시스템 사용에 관한 자세한 내용은 11장 'IT 기술'을 참고한다.

## 지금 바로 시작해 보기

다음 문제에 각자 응답하거나 소집단으로 토의해 보세요.

1. 동료들과 협력하기 위해 어떤 노력을 하고 있는지 써 보세요.

_____

_____

_____

_____

2. 수업 계획을 할 때 교사들이 협력이 필요한 이유 세 가지를 설명하세요.

❶ _____

❷ _____

❸ _____

3. 자신과 협력이 잘되는 세 명의 동료가 누구인지 써 보세요.

❶ _____  ❷ _____

❸ _____

4. 앞에서 쓴 세 명의 동료와 한 학기 수업 계획(지도안)과 수업 자료를 함께 개발한다고 가정하고 다음에 답해 보세요. (실제로 협력할 계획을 세우고 아래에 답을 할 때부터 서로 협력해 보면 더 유용합니다.)

- 내용의 기준을 어디에 둘 것인가?

  _____

  _____


- 협력을 위해 팀원이 지켜야 할 기본 규칙은 무엇인가?

  _____

  _____


- 누가, 언제, 무엇을 했는지를 확인하고 점검하기 위해 어떤 도구를 사용할 것인가?

  _____

  _____


- 마감일은 어떻게 정할 것인가(예: 수업 시작일 이틀 전)?

  _____

  _____

## 9장

지루함

# "제 일은 지겹고
# 단조로워요"

**교사의 고백:** "언제나 가르치는 일을 좋아했어요. 첫해에는 정말 너무 정신이 없었고 내가 무엇을 하는지도 몰라서 그걸 학생들이 모르게 해 달라고 기도했지요. 살아 있다고 느꼈고 어떤 일을 제대로 했을 때는 학생들에게 영향을 미친다는 것을 확인할 수 있었어요. 31년이 지나고 나니 이제 완전히 반대가 되었어요. 어떤 일을 하는지는 정확하게 알겠는데, 긴장감이 하나도 없는 거죠. 모든 일이 너무 예측 가능해요. 아주 끔찍한 건 아니지만, 똑같은 일을 하러 학교에 계속 가는 게 두려워요."

― 교사 M

일반적으로 교사라는 직업은 일상이 너무 바쁘게 돌아가는 것으로 악명이 높기 때문에 교사 M의 고백이 흔히 들을 수 있는 이야기는 아니다. 그렇지만 지루함도 교사에게 소진을 일으키는 다섯 가지 주요 원인에 포함된다(Elias, 2015).

인지적 박탈과 지루함은 소진의 일차적 해로움 중 하나에 속한다(Skovholt & Trotter-Mathison, 2011). 가르치는 일의 긴장감을 생각하면 교사가 지루함을 느끼는 것은 드문 일이다. 그런가 하면 노하우가 쌓이면 지적 도전이 부족해져 해가 될 수도 있다.

단조로움에 직면하는 교사들은 교사 M처럼 경력이 많은 능수능란한 교사인 경우가 많다. 이런 교사는 반복되는 일상을 깨뜨리고 싶어 하고, 이를 통해 동료와 학생들을 도울 수 있고 자기 영향력을 넓히는 동시에 새로운 즐거움을 얻게 된다.

여러분이 이런 교사라면 여러분의 전문성은 매우 가치가 높다. 그리고 다행히 단조로움을 깨뜨리는 것은 초임 교사가 겪는 고군분투보다 훨씬 즐거운 일이다.

---

### 기억해 둘 사항

이 책의 전략을 고려할 때 자신이 처한 상황에 가장 잘 맞는 것을 선택해야 한다는 점을 유념하기 바란다. 예를 들면, 일에 상당히 압도당하고 있다고 느끼고 있는 상황이라면 이 장의 전략은 오히려 과업만 늘리게 될 것 같아 건너뛰고 싶을 것이다.

---

## 반복된 일상 깨뜨리기

25년 동안 학생들을 가르치고 있는 사우멜은 소진을 예방하려면 반복된 일상을 깨뜨리라고 충고한다. 다음 전략은 주어진 일에서 반복을 멈추게 해 줄 것이다. 자신의 상황에 맞게 다음의 전략을 활용해 보기 바란다(Saumell, 2014).

- 변화에 대한 마음먹기 반복적 일상 속에서 변화를 피하고 있다면, 대부분의 사람처럼 변화를 두려워하고 있기 때문일 수 있다. 많은 연구에서 사람들은 새로운 것보다 정리된 상태를 좋아하고, 특히 현재의 선택지가 오랜 시간 지속되었을 때 더 그렇다는 것을 보여 준다(Eidelman, Pattershall, & Crandall, 2010).

수업하는 방식, 일하는 습관, 매체 사용, 또는 이 책의 차례를 보면서 적용해 보려는 것은 무엇이든 바꿀 수 있다. 먼저, 이런 일하는 방식을 바꾸는 것에 대해 솔직하게 평가부터 해 보자. 어떤 부분을 바꾸는 것이 가장 두려운지 생각해 보고, 이런 두려움이 변화를 위한 노력을 방해하지 않을 방안에 대해서도 생각해 보자.

> 교사: 할로윈 복장을 안 했네? 히어로 복장을 하기로 한 것으로 아는데, 편한 바지에 화려한 터틀넥에 눈에 띄는 신발을 신었네.
>
> 학생: 이게 제 히어로 복장이에요. 우리 선생님이 항상 이런 스타일로 입거든요.

- 자신을 지루하게 하거나 짜증나게 하는 것 찾기 '일상에서 아무 생각 없이 행동만 하고 있거나, 또는 슬럼프에 빠져 '이걸 또 해야 해?'라고 자조하고 있지는 않는지 생각해 보자.

수업 중일 수도 있고 학교 밖 일상일 수도 있다. 가장 심각한 것이 무엇인지 직접 찾을 수 없다면 학생들이나 친한 사람들이 도와줄 수 있다. 그들은 "선생님은 논문 일기 시간에 가장 행복해 보이지 않아요" 또는 "글쓰기 채점할 때 항상 불평이 많은 것 같아요"라는 말을 해 줄 것이다.

이렇게 찾은 싫어하는 업무에 새롭게 도전하면 오히려 멋진 영역이 될 수 있다. 이 책의 6장 '업무량', 10장 '수업 자료', 11장

'IT 기술'에 소개한 전략을 적용해 이런 반복된 일상을 보다 신나는 일상으로 바꿀 수 있다.

• 작은 일부터 시작하기 작은 단계부터 밟아 가면서 변화에도 적응하고 교실도 혼란스럽지 않게 할 수 있다. 편안한 상태에서 아주 약간 벗어나 보면서 반복된 일상을 대체하는 작은 일이 무엇일지 찾아보라. 예를 들면 다음과 같이 시도해 볼 수 있다.

> 교사: 단조로움을 이겨 내기 위해 도스라키어[1]로 학생들에게 얘기하기 시작했어요. 도스라키어에는 행동개입 계획이라는 말 자체가 없어요.

- 학교에 가는 길을 바꿔 보기
- 점심시간에 밖으로 나가 매일 새로운 곳에서 식사하기
- 다른 동료 또는 학생과 앉기
- 칠판 앞에 서 있지 말고 교실 문에서 학생들 맞이하기
- 다른 교사와 쉬는 시간 업무를 바꾸기
- 새로운 옷 입기 등

변화에 조금 더 편해지고 변화를 즐길 수 있게 되면, 더 큰 변화를 시도해 볼 수 있다.

• 수업 바꾸기 좀 더 큰 변화를 할 준비가 되었다면 가르치는 방법

---

1 (옮긴이 주) 도스라키(Dothraki)어는 미국의 판타지 드라마 〈왕좌의 게임〉에 나오는 가상 언어임.

이나 내용을 바꿀 수 있다. 다른 연령이나 학년을 가르치는 것, 사용하는 교구를 바꾸는 것, 관리자에게 새로운 과제나 변화를 제안하는 것, 교실에서 사용하는 보충 활동을 바꾸는 것 등이 가능하다(Saumell, 2014). 지난 33년간 여러 학년의 다양한 학생들을 가르친 지넷 드레여는 이런 다양성 덕분에 교직을 계속할 수 있었다고 말했다. 엘리아스(Elias, 2015)는 차별화된 수업이나 개인화와 같은 창의성을 적용해 활력을 느끼면서 소진과 싸울 것을 추천한다.

물론 이 제안은 수업 계획을 하는 일만으로도 힘들어서 겨우 버티고 있는 교사에게 해당하지 않는다. 자신의 수업에서 전혀 흥미를 느끼지 못하는 교사를 위한 것이다.

학생들을 어떻게 가르칠지 다시 상상해 보는 것을 포함해 가르치는 것과 관련해 여러 가지 노력을 할 수 있다. 연구 결과를 활용할 수도 있고, 연구에 직접 기여할 수도 있다. 블렌디드 러닝(blended learning, 혼합형 학습), 개별화 수업, 협동학습, 플립 러닝(flipped learning, 거꾸로 학습), 고도로 분화된 수업, 반응적 수업(RTI), 게임 활용 학습, 프로젝트 수업(PBL), 메이커 스페이스(maker space), IT 기술 통합 수업 등 다양하다. 작게 시작해 조금씩 구축해 나가면서 여러 가지를 혼합할 수 있다. 샘플로 수업을 만들어 다른 교사들에게 보여 주면서 똑같이 해 보라고 할 수도 있다.

• 간행물 구독하기 일이 너무 많아 힘든 상태가 아니라면 인터넷 뉴스레터와 같은 다양한 교육 관련 간행물을 구독하면 교육 영역에서 어떤 발전이 이루어지고 있는지 알 수 있다. 학급에 도

움이 되는 아이디어를 얻을 수 있고 기사에 대한 의견을 온라인
으로 올리면서 직접 참여할 수도 있다.

많은 인터넷 뉴스레터는 무료로 제공되고 전 세계의 교육전문가
와 만나게 해 주기도 한다. 이 책의 eResourses에도 구독하거나
회원가입을 하면 함께 토론할 수 있는 모임이 나와 있다. 특별
히 관심이 가는 주제가 있으면 좀 더 전문성을 갖추기 위해 관
련된 책을 읽을 수 있다. 연구, 독서, 새로운 교수법 탐구 등 전
문성의 개발이 소진을 막아 준다(Saumell, 2014).

- **배움의 기회 갖기** 인터넷에는 교사
에게 도움이 되는 온라인 동영상 자
료가 많다. 유튜브, 테드에드(TED-
Ed)에서 관심 있는 주제를 검색해
볼 수 있다. 학회에도 참석할 수 있

> "당신의 생각과 열정을 세계와 나
> 누는 것이 지금처럼 쉬웠던 적은
> 없다."
>
> - 피터 디아맨디스

다. 배움의 기회를 통해 다른 전문가와 만날 수 있고 흥미로운
내용을 공부할 수 있다.

- **변화를 함께할 파트너 찾기** 좋은 팀원과 함께 있으면 지루할 틈이
없다. 따라서 지루함을 이겨 내기 위해 여러분처럼 새로운 것을
찾는 동료들을 찾아보는 방법도 바람직하다. 파트너와 더불어
새로운 일상을 만들어 볼 수 있다. 예컨대, 점심시간 동안 걷기
를 함께하거나, 새로운 과제를 시도해 보거나, 독서모임을 시작
하거나, 교육 관련 책이나 논문을 같이 쓰는 등 여러 가지가 가
능하다. 무엇이든 좀 더 생각하게 하고 좀 더 신나게 한다면 해
볼 만하다.

- 멘토 되기 멘티가 멘토의 보호 아래에서 얻는 이익이 많다고 알려져 있지만, 멘토도 멘토링 과정에서 많은 것을 얻을 수 있다. 멘토가 얻는 이점에는 인정, 더 나은 업무 수행, 보상받는 경험 등이 포함된다(Eby, Durleya, Evansa, & Raginsb, 2006).

  도움이 필요한 동료에게 격식 없고 비공식적인 멘토가 되는 것과 보다 공식적인 제도 속에서 멘토가 되는 것을 모두 고려해 볼 수 있다. 관심이 있다면 자신이 있는 학교의 교장, 초임 교사 지지 및 평가(BTSA)의 운영간사, 그 외 도움이 필요한 멘티를 알 수 있는 교육 관련 일을 하는 사람에게 직접 얘기할 수 있다. 또한 수업 시간 외에도 성인의 지도와 도움이 필요한 학생이 많기 때문에 학생들의 멘토도 될 수 있다. 이런 학생들은 등교 전, 점심시간, 방과 후에 교사와 시간을 함께 보내면서 많은 것을 얻게 될 것이다.

  이 방법이 모든 교사에게 해당하는 것은 아니다. 멘토링에는 많은 시간이 필요하기 때문에 이미 과중한 업무로 소진 상태에 있는 교사에게는 적합하지 않다. 멘토는 다른 사람에게 나눌 만한 시간이 있는, 즉 업무가 너무 많다고 느끼지 않고 주어진 업무를 무리없이 잘 해내고 있는 교사에게 추천된다.

- 떠나기 여행을 자주 다니는 교사 릴리 마셜(Lillie Marshall)은 연구비를 받거나 프로그램을 통해 무료로 세계를 여행할 수 있는 방법을 소개하고 있다.[2] 또는 여름방학 봉사 프로그램도 하나의 선택지가 될 수 있다. 예컨대, 'Africa New Day'[3]를 통해 콩고의

2   www.teachingtraveling.com/tag/grants

취약 청소년들을 가르칠 수 있다. 학습연구년 기회를 얻거나 스스로 해외에서 학생들을 가르치고 싶다면, 인생의 대모험이 여러분을 기다리고 있다.

## 도전을 환영하기

반복되는 일상을 조금 바꾼다고 해서 지루함이 해결되지 않는다면 도전을 생각해 보라. 교사 1,002명을 대상으로 실시된 미국의 전국조사에서 '평생 공부할 수 있는 기회'가 교사라는 직업을 다른 사람에게 추천하는 이유 중 2위를 차지했다(University of Phoenix, 2015). 자기 방식대로 건강하고 적절한 시도를 하는 것은 그 사람이 성장 마인드셋(Dweck, 2007 참고)을 지니고 있다는 증거이다. 도전은 개인이자 교사로서 우리를 성장시켜 주고, 학생들에게 성장 마인드셋의 모델을 제시하면서 더 나은 수업을 가능하게 한다.

다음 전략은 여러분 사고력의 근육을 안전한 영역에서 새로운 방식으로 키워 줄 것이다. 상황에 맞게 활용해 보자.

• 성장할 영역 선택하기 블렌디드 프로파일(Blended Practice Profile)[4]에서는 자신의 장점과 더 성장시킬 수 있는 영역을 알아볼 수 있는 평가도구를 제공하고 있다. 이 검사를 통해 자신이 성장시키고 싶은 영역을 찾아보자. 그리고 성장 마인드셋과 도전정신

---

3 (옮긴이 주) 우리나라에서는 코이카(KOICA)를 통해 해외 교육봉사에 대한 정보를 얻을 수 있음. https://www.koica.go.kr/koica_kr/index.do

4 http://blendedpractice.com

> "대범해져라. 실수를 할 거라면 큰 실수를 해라."
>
> – 빌리 진 킹

을 가지고 성장을 위해 노력해 보는 것이다.

자기성찰 또한 성장에 도움이 된다. 약점인 영역에 대해 자신에게 솔직해지고, 가장 가까운 사람에게 꼭 버려야 하는 자기 약점 한 가지를 물어볼 수 있다. 단, 그 대답을 열린 마음으로 들어야 한다. 예를 들면, 자신이 너무 경직된 사람이라 사람들을 즐겁게 하지 못한다는 것을 깨달을 수 있다. 왜 그런지 스스로 파고들면서 책의 도움을 받거나 필요하면 상담을 받을 수도 있다. 이렇게 경직된 사람에서 벗어나 자신이 성장할 수 있도록 노력을 기울이는 것이다.

선택한 영역이 흥미에 기반할 수도 있다. 3학년 교사인 줄리 더 드리지는 미술, 지리, 음악 등 자신이 열정을 가진 영역에서 박사학위를 받아 볼 것을 제안하고 있다. 배운 것을 학생들과 나누면 학생들은 교사가 품은 열정을 보면서 공부에 더 흥미를 느끼게 된다. 노력은 여러분들의 학생, 사랑하는 사람들, 그리고 여러분 자신에게 모두 이익이 된다.

• 새로운 연구과제 맡기 연구과제는 수업을 바꾸거나 일상을 바꾸는 것 이상의 일을 의미하고, 학급이라는 벽을 넘어 확장될 수 있다. 예를 들면, 오랫동안 교직에 종사해 온 교사들을 다룬 책(Nieto, 2015)에 소개된 메리 제이드 해니는 학생들의 해외여행을 준비하고, 학생 연극부를 만들기 위해 다른 교사들과 협력하고, 학생들의 플래시몹(flashmob) 공연을 추진했다. 여러분도 다음과 같은 연구과제를 수행할 수 있을 것이다.

- 또래 학습 도우미 프로그램이나 새로운 현장학습을 도입하기 위해 관리자와 협력하기
- 수업 계획을 정리해 온라인에서 판매하기
- 좋은 수업과 지도안을 공유하기 위해 다른 교육청의 교사들과의 모임 시작하기
- 동료 교사들과 함께 교육용 앱 개발에 참여하기
- 자신의 전문성을 공유할 수 있는 책이나 교육 관련 잡지의 기사 쓰기(이 책의 eResource에서 판매되고 있는 수많은 책 목록을 확인할 수 있음)
- 블로그를 시작해 보는 방법도 추천된다(Saumell, 2014). 에듀블로그(Edublogs)[5]는 교사들에게 특화된 무료 블로그 서비스이다. 사용하기 편하고 재미있다. 쓸 수 있다면 활용해 보기 바란다.

• 전문성을 외부에 알리기 부에나 파크(Buena Park) 중학교에서 16년 동안 학생들을 가르친 캐롤 브라이트는 학교에서 가장 전문성이 높은 교사로 알려져 있다. 지속된 학습부진 상태의 학생들에게 높은 수준의 개념과 기술을 어떻게 습득시킬지에 대해 나도 캐롤에게 많이 배웠다. 캐롤은 답답함을 느낄 때면 오랫동안 참석해 온 캘리포니아 영재학회(California Association for the Gifted, CAG) 연차대회에 발표 신청을 했다. 캐롤의 발표는 연차대회에서 인기가 많았다. 캐롤의 학교와 같은 교육청 관할 학교를 비롯해 많은 교사들이 캐롤의 발표에 참석해 발표 내용을 들었고

5  https://edublogs.org

자기 학교의 다른 교직원들에게도 강연해 달라고 요청했다. 캐롤은 자신이 인정받고 있으며 더 많은 학생들에게 영향을 미칠 수 있음을 실감할 수 있었다.

자신의 전문성 영역과 잘 맞는 학회를 찾고 발표를 지원해 보라. 어떤 학회는 발표자에게는 참가비를 받지 않는데, 그럴 경우 다른 전문가의 발표를 무료로 얼마든지 들을 수 있다.

학회가 학기 중에 있거나 학교에서 참가비를 지원 받아야 한다면, 미리 교장에게 이야기해서 준비해야 한다. 가능한 한 빨리 요청해야 관리자의 지원을 받을 가능성이 높다. 이를 위해 참가 일자, 비용, 연수 가산점, 궁극적으로 학생에게 어떤 도움이 되는가 등 모든 세부사항을 잘 알고 있어야 한다.

• 동료에게 알려 주기 자신만의 방식으로 교실에서 기적을 일으켰다면 그 학생들만 혜택을 받는 것은 불공평한 일이다. 전공교과가 무엇이든 동료 교사들도 그 수업에서 뭔가 새로운 것을 배울 수 있을 것이다.

교장에게 여러분이 해당 학교 또는 인근의 다른 학교의 동료 교사들에게 무엇을 알려주고 싶은지 얘기하라. 교사연수 시간이나 전달연수 시간을 활용할 수도 있고, 동료 교사들이 교실을 직접 방문해 수업을 참관할 수도 있다.

마음속에 있는 내용을 1~3문장으로 요약해서 목록을 만든다. 그렇게 하면 교장이 발표의 가치를 알고 학교의 다른 교사연수와 부합하는지 이해할 수 있다. 이미 세계적으로 발표된 것이라면 교장은 더 관심을 가질 것이다.

- 심사자 되기 학생, 교육자, 교육용 IT 공급자 들은 표창, 멘토십, 연구비를 받기 위해 교육 영역에서 경쟁하고 있다. 여기에 교육 전문가의 판단이 필요할 때가 많다. 이런 심사단에 지원해 활동 하는 것도 고려해 볼 수 있다.

- 자원봉사 이 책에서는 자원봉사를 하지 않도록 한 장을 할애하고 있기 때문에, 이 전략은 모든 사람을 위한 것은 아니다. 그렇지만 학교와 학생들에게는 자원봉사자가 많이 필요하다. 업무가 너무 많다고 느끼지 않고 주어진 업무를 무리없이 잘 해내고 있어 시간을 낼 수 있는 입장에 있다면 자원해 보기 바란다.

> "자원봉사는 돈을 받지 않는다. 가치가 없어서가 아니라 돈으로 환산할 수 없기 때문이다."
> – 쉐리 앤더슨

학교에 어떤 자원봉사 일이 있는지 살펴보고 즐겁게 할 수 있을 만한 일을 하나 선택하자. 교육청 전체로 확대해 활동하는 기회도 있을 수 있다. 관리자에게 자신이 좋아하는 것, 관심을 갖는 것, 가능한 시간 등을 얘기해 두면 적합한 일이 생길 때 연락해 줄 것이다.

- 경연대회 나가기 학생들을 위한 경연대회를 준비할 수도 있고 교사 혼자 경연대회에 나갈 수도 있는데, 경연대회를 준비하면 경연대회 주제와 관련된 수업에서 보다 흥미롭고 활기를 느낄 수 있다. 관심 있는 경연대회를 찾아보자.

  - '올해의 교사 시상'을 인터넷에서 검색해 본다.

- 트위터에서 '학생 경연대회' 또는 '교사 경연대회'를 검색창에 쓰고 관심 있는 링크가 있는지 찾아본다.
- 에드서지(EdSurge)에서 도전, 연구비, 교육용 IT 관련 프로그램을 찾아본다.

• 단체나 프로그램에 지원하기 단체와 교사연수 프로그램은 정교화된 멘토링을 통해 수업 수행능력을 한 단계 더 높여 주고, 정책 개발과 같은 새로운 역할에 참여하게 해 준다.

• 자격 취득하기 특정 자격을 갖추면 더 다양한 기회를 잡을 수 있다.

• 공동체에 가입하기 IT 기술을 잘 사용하지 못하더라도 쉽게 시작할 수 있는 방법이 있다. 이 책의 8장 '협력'과 11장 'IT 기술'에서 공동체에 참여할 수 있는 방법을 소개하고 있다.
공동체가 잘 유지되면 기운을 북돋아주고 개인적 · 전문적 성장도 촉진시켜 준다. 공동체 의식의 부족도 일에서 소진을 초래하는 주요한 이유 중 하나이다(Maslach & Leiter, 2008; Skovholt & Trotter-Mathison, 2011). 그리고 가르치는 일은 동료들과 적극적으로 상호작용하지 않으면 고립될 수 있기 때문에 공동체에 소속되는 것이 좋다.

• 동료 교사 가르치기 동료들을 대상으로 강의를 할 수 있는 방법은 여러 가지가 있다. 이 활동은 보다 많은 사람들과 자신의 전문성을 나누고, 이를 통해 보다 많은 학생들의 삶에 영향을 미

칠 수 있다.

대학에서 가르치기를 원한다면 다음의 방법이 있다.

- 자신이 살고 있는 지역 대학 웹사이트의 '구직'란을 보고 사범
대학이나 독립된 교원 양성 프로그램에 공지된 일자리에 지원
한다.
- 자신이 살고 있는 지역 대학 웹사이트의 '평생교육 프로그램'
에 들어가 본다. 여기에도 교사를 위한 수업이 있지만, 대학
전체 공지사항에는 잘 나오지 않는다.

꼭 대학이 아니어도 가르칠 기회는 많이 있다. 예를 들면, 무크
(MOOC)나 다른 플랫폼을 통해 교사는 자신이 만든 수업을 웹사이
트에 올릴 수 있다.

## 지금 바로 시작해 보기

다음 문제에 각자 응답하거나 소집단으로 토의해 보세요.

1. 일이나 개인적 삶과 관련된 예를 포함시켜 변화를 어떻게 느끼
는지 써 보세요.

_____

_____

_____

2. 지금 학교에서 하고 있는 일 가운데 지겹거나 짜증나는 일이 무엇인지 찾아보세요. 같은 성과를 내면서 보다 즐거운 방법으로 그 일을 해낼 수 있는 대안은 무엇일까요?

_____

_____

_____

_____

3. 반복되는 일상에 변화를 줄 수 있는 방법 세 가지를 써 보세요.

❶ _____

_____

❷ _____

_____

❸ _____

_____

4. 다음 중 아직 교실에서 하고 있지는 않지만 해 볼 수 있는 것에 체크(✔)하고 다음 질문에 답하세요.

- 블렌디드 러닝
- 협동학습
- 플립드 러닝
- 게임 활용 학습
- 글로벌 학습
- IT 기술 통합 수업
- 고도로 분화된 수업

- 메이커 스페이스
- 개별화 수업
- 프로젝트 수업(PBL)
- 반응적 수업(RTI)
- 기타: _____

_____

_____

- 자신도 흥미로우면서 학생들에게도 도움이 되도록 새로 교수
  법을 도입해 본다면 어떻게 할지 구체적으로 적어 보세요.

_____

_____

_____

_____

5. 만약 이메일 편지함이 꽉 차 있다면 좀 더 시간이 허락된다면
   구독할 만한 교육-관련 자료 네 가지를 적고, 이메일 편지함이
   아직 꽉 차지 않았다면 네 가지 교육 관련 자료를 구독 신청한
   다음 그 목록을 아래에 써 보세요.

❶ _____

❷ _____

❸ _____

❹ _____

6. TED-Ed 등에서 교사 역량개발 내용을 찾고, 그중 관심이 가는 동영상을 시청한 다음 그 내용을 아래에 써 보세요.

_____

_____

_____

7. 가장 훌륭했던 멘티는 누구인가요?

_____

_____

_____

_____

8. 다음 중 하나를 골라 체크(✔)하고, 지금 어떻게 할 수 있을지 또는 (지금 일이 너무 많다면) 앞으로 어떻게 할 수 있을지 써 보세요.
   • 학회 발표하기
   • 동료에게 알리기
   • 심사자 되기
   • 새로운 과제하기
   • 교사 대상으로 수업하기
   • 자원봉사하기

_____

_____

_____

4부

# 도구와 친해지기

## 10장

수업 자료
## "뭐든지 제가
## 처음부터 다 만들어야 해요"

교사의 고백: "새로운 교육과정이 도입된 이후 교사들에게 새 교재와 문제집이 몇 상자씩 배부되었어요. 그런데 아무런 수업체계도 없이 학생들에게 문제를 풀게 하고 토론을 시킨다고 해서 제대로 된 교육이 이루어지고 있다고 할 수는 없잖아요. 그런 식으로 가르치면 학생들은 금세 싫증을 느끼고 딴짓을 하게 될 거예요. 저는 학생들을 더 적극적으로 참여시키고 도전정신을 자극할 수 있는 수업을 하고 싶어요. 학생들에게 더 많은 선택권을 주면서 과제나 시험도 있는 수업이요. 그러면서 연습문제라든지 배운 내용을 정리할 수 있는 도표나 그림 같은 다양한 자료를 활용하는 체계적인 수업을 꾸려 나가고 싶어요. 이런 수업을 매일 할 수 있으면 좋겠지만 그러려면 제가 수업 자료를 혼자서 다 찾아야 하고 마땅한 게 없으면 새로 만들어야 해요. 너무 할 일이 많아요. 힘이 듭니다."

— 교사 N

학교에서 정해 놓은 교육과정을 보완하기 위해 교사 N처럼 노력하는 건 잘못된 일이 아니다. 지역 교육청에서 도입한 교육과정만 가지고도 교사에게 필요한 수업 자료를 모두 얻을 수 있다고 생각한다면 큰 오산이다. '성취 수준'에 따라 제작되었다고 알려진 자료도 과거의 기준이나 다른 교육기준에 맞추어 제작한 뒤 최신 성취 기준에 끼워 맞춘 경우가 비일비재하다. 따라서 아예 최신 성취 기준에 부합하지 않는 자료도 많다. 앞서 6장 '업무량'에서 인용했던 통계 자료를 떠올려 보면 이해가 쉬울 것이다. 교사에게 제공되는 교재나 수업 자료 중 실제 교육과정에 부합하는 것은 극히 일부에 불과하다.

상황이 이렇다 보니 교사는 수업 자료를 직접 찾거나 만들 수밖에 없는데 시간이 너무 많이 들기 때문에 금세 지치게 된다.

- 미국 노동통계청 자료에 따르면 공립학교 교사는 수업 준비에 가장 많은 시간(30%)을 할애한다고 한다[실제 수업에 할애하는 시간은 전체의 25%에 불과하다(Krantz-Kent, 2008)].
- 영국 노동력 조사에 따르면 모든 교사는 담당 학년과 관계없이 매주 12시간을 무급으로 초과 근무한다고 한다. 변호사나 보건업계 종사자를 포함한 여타 전문직 종사자보다 훨씬 긴 시간을 추가로 일하는 것이다(Stanley, 2014).

교사의 추가적인 노력이 있어야만 현 교육과정에 필요한 수업 자료를 마련할 수 있다는 사실은 모두 인정하는 현실이다. 하지만 그렇다고 교사가 온종일 수업 준비에만 매달리거나 모든 수업 자료를 처음부터 다 만들 필요는 없다. 이번 장에 상세히 기술하겠지만 교사의 수업 준비 부담을 줄일 수 있는 여러 방법이 있다.

앞서 8장 '협력'에서 언급했던 5성급 레스토랑 이야기를 한번 떠올려 보자. 셰프 한 사람당 한 테이블씩 맡아서 요리한다면 비효율적일 뿐만 아니라 같은 작업을 여러 사람이 반복하게 되어 업무 강도가 불필요하게 높아질 것이다. 교육도 마찬가지이다. 수천 명의 교사가 같은 내용을 가르치는 것이라면 모든 교사가 수업 자료를 처음부터 다 만들 필요는 없다.

다음에는 동료 교사들이 열심히 만든 자료를 함께 공유하고 활용할 수 있는 전략이 제시되어 있다. 자신의 상황에 맞게 다음의 전략을 활용해 보자.

- 수업 자료 공유 시스템 만들기 나는 내가 만든 수업 계획과 과제, 유인물 등의 자료를 휴게실 복사기 옆에 놓인 교육기준별 바인더에 보관하곤 했다. 동료들은 수업 자료가 필요할 때마다 바인더를 참고했고, 학습효과가 컸던 자료를 추가하기도 했다. 바인더에는 점점 자료가 쌓여 갔고 교사들은 다양한 수업 자료를 이용할 수 있게 되었다.

나와 동료 교사들은 저작물 관리 시스템(CMS)이 개발되기 전부터 이런 방식을 활용했는데, 요즘에는 지역별 CMS를 활용해 비슷한 공유 시스템을 구축할 수 있다. 사용 중인 유료 CMS가 없다면 무료 CMS를 사용하는 것이 좋다. CMS보다는 못하지만 수업 자료를 PDF 형식으로 만들어 온라인 교사 포털 사이트에 올리고, 동료 교사들이 언제든 사이트에 접속하여 자료를 활용할 수 있도록 하는 방법도 있다. 교사 포털 사이트나 웹사이트가 없는 경우에도 구글 문서(Google Docs)를 사용해 자료를 만들고 무료로 공유할 수 있다. 학교에서 어떤 시스템을 이용할 수 있는지 지역 교육청 소속 에드테크(edtech) 전문가나 기술 담당자에게 물어보는 것도 좋은 방법이다.

어떤 시스템을 활용하든 수업 자료 공유 시스템에 대해 동료 교사들과 의논하는 것이 우선이다. 지역 교육청에 소속된 여러 학교의 교사들이 모두 공유 시스템을 이용할 수 있고, 수업 자료를 공유하는 것의 장점을 이해한다면 더욱 더 다채로운 자료를 공유할 수 있다.

• 협력하기 동료 교사와 수업 자료를 공유하는 방법에 대해 더 알고 싶다면 8장 '협력'을 참고하고, 필요시 다음의 방법을 사용할 수도 있다.

  - 로마의 황제 율리우스 카이사르가 했던 것처럼 '분할하여 통치'한다. 즉 교사별로 수업 계획을 만든 뒤 하나로 합쳐 하나의 커다란 학습과정을 만든다.
  - 같은 수업에 필요한 자료를 각자 만든다. 예를 들어 한 사람은 쪽지시험을 만들고, 한 사람은 연습문제를 만들고, 한 사람은 수업의 전반적인 계획을 짜는 것이다. 이 방법을 사용하려면 업무 분담을 잘해야 한다.
  - 모든 일을 함께한다. 어떤 방법을 택하든 성공적인 결과를 거두려면 8장 '협력'을 다시 참고하기 바란다. 혼자보다는 함께 일할 때 더 나은 결과를 얻을 수 있다.

직접 만들어야 하는 수업 자료의 양을 줄이기 위해 교사가 자체적으로 할 수 있는 일도 있다. 하지만 학교 교육행정 관리자 또는 장학사와 협력하는 것도 부담을 줄이는 좋은 방법이 될 수 있다.

다음에는 교사와 학교 관리자, 장학사가 더욱 체계적인 수업 계획을 마련하는 방법이 제시되어 있다. 자신의 상황에 맞게 다음의 전략을 활용해 보기 바란다.

- 더 나은 수업 자료 도입하기 만일 교육기준에 따라 만들었다고 하는 교과서나 소프트웨어 등의 자료가 여러분과 동료 교사들이 보기에 교육기준에 제대로 부합하지 않는 것 같다면 학교 관리자나 장학사와 논의하여 더 나은 수업 자료를 도입하도록 할 수 있다. 교육과정 자체를 바꾸는 일이 쉽지는 않겠지만 장기적으로 보면 직접 찾거나 만들어야 하는 자료의 양이 훨씬 줄어들기 때문에 업무 부담을 크게 줄일 수 있다.

- 교육 요청하기 새로 도입된 수업 도구의 활용 방안에 대해 제대로 된 교육이 이루어지지 않는 경우도 있다. 미국교사연맹(American Federation of Teachers)에서 2015년 3만 명 이상의 교사를 대상으로 진행한 설문조사에 따르면 교사들은 적절한 교사연수가 선행되지 않은 채 새로운 교육 관련 구상이 도입될 때 가장 많은 스트레스를 받는다고 한다. 그러므로 현 교육과정과 수업 자료와 관련하여 교사들에게 어떤 도움이 필요한지 학교 관리자에게 알릴 수 있도록 해야 한다.

- 학교 간 협력관계 구축하기 학교 간 경쟁이 치열하거나 다른 학교와 교직원에 대한 선입견을 갖고 있을 때, 학교 차원에서 주변 학교와 협력관계를 맺는 것을 꺼리는 경우가 있다. 그러나 모든 교육자는 전문가이기 때문에 다양한 자원을 활용하기 위해 학교끼리 협력관계를 맺으면 교사와 학생 모두 혜택을 볼 수 있다.

주변 학교와 협력관계를 맺으려면 우선 학교 관리자나 같은 부서 또는 같은 학년 담당 교사와 협력해야 한다. 앞서 기술했듯이 수업 자료 공유 시스템을 만들어 지역 교육청의 교육기준에 맞는 수업 계획과 자료를 저장할 수 있다. 학교의 수업 진도가 비슷할 경우 시스템 구축은 더 수월해진다. 만약 수업 진도가 다르다면 1년 동안 사용한 수업 계획과 자료를 시스템에 저장해 두고 다음 해에 그 자료를 활용하면 된다.

주변 학교가 같은 지역 교육청에 소속된 학교라면 지역 교육청에서 공통으로 사용하는 CMS와 같은 도구를 활용해 수업 자료를 더 손쉽게 공유할 수 있다. 만일 다른 지역 교육청에 소속된 학교와 협력관계를 맺었다면 무료로 제공되는 오픈소스 CMS를 활용하여 수업 자료를 공유할 수 있다. 물론 이 경우 개인정보나 저작권 문제를 고려해야 해서 장학사의 도움을 더 많이 받아야 하기는 하지만 협력관계 구축이 불가능한 것은 아니다.

## IT 기술 활용하기

앞서 언급된 전략을 사용하던 중 도움이 필요해지면 기술 담당자의 도움을 받거나 기술 지원을 받아야 한다. 교내 기술 전문가가 따로 없다면 기술을 잘 아는 동료 교사나 학생에게 도움을 받을 수 있으며, 컴퓨터 과목을 가르치는 교사에게 적절한 학생을 추천받을 수도 있다. 또한 지역 교육청 IT 부서에 도움을 요청할 수 있다. 이어지는 11장 'IT 기술'에 도움을 받는 방법이 상세히 기술되어 있다.

- 인터넷 검색하기 인터넷 검색을 통해 수업 자료를 얻기는 쉽지는 않지만, 구글과 같은 검색엔진을 잘 활용하면 양질의 수업 자료를 찾을 수도 있다. 이 전략은 앞서 제시한 모든 전략을 다 사용했음에도 아직 수업 계획이나 자료를 다 찾지 못했을 때 사용하는 것이 가장 좋다.

◆ eResource를 참고하면 구글에서 좋은 수업 자료를 검색하는 방법을 배울 수 있다.

수업 자료를 찾다가 예컨대 60여 개의 양질의 수업 자료가 올라와 있는 교사 웹사이트를 발견했다면 북마크를 해 두어 언제든 다시 방문할 수 있도록 한다. 인터넷 웹브라우저의 도움말을 참고하면 북마크하는 방법을 알 수 있다. 유용한 웹사이트를 몇 군데 북마크해 두면 새로운 자료가 필요할 때 북마크에 기록된 웹사이트를 먼저 참고할 수 있다.

> "요새는 다들 구글만 쓰니까 구글 태도가 되게 거만해졌어요. 최근에 구글 검색하다가 철자 틀려 본 적 있어요? 구글 반응 보셨어요? '이것을 찾으려고 했습니까?'"
>
> – 아지 바커

- 수업 계획 템플릿 또는 소프트웨어 사용하기 CMS, 학습 관리 시스템(LMS) 등 수업 계획 수립에 도움을 주는 도구를 활용하면 수업에 필요한 모든 자료를 미리 준비할 수 있다. 어떤 부분에서

준비가 미흡한지 즉각 알아차리지 못하는 교사들과 수업 자료를 공유할 때는 종합적인 수업 계획을 세우는 것이 특히 중요하다. 다음에는 수업 계획에 흔히 포함되는 항목을 나열하였다.

- 대상 학년(예: 중학교 1학년), 영어가 제2외국어인 학생들과 같이 추가적인 도움이 필요한 특정 그룹의 학생들을 교육할 때 참고할 사항을 담은 메모 등
- 과목(예: 수학)
- 수업 또는 평가 기준
- 수업 종류(예: 자기소개 게임)와 간략한 설명
- 준비(예: 자료를 몇 부 복사해야 하는지, 학생들이 도착하기 전에 어떤 교구를 준비해야 하는지, 수업 자료를 어떻게 배치해야 하는지 등)
- 수업 소개(예: 학생들의 집중력을 높이기 위한 연습문제, 질문, 시연 등)
- 수업 방식(학생들에게 지시할 내용 포함)
- 수업에 어떤 자료를 활용해야 할지 잘 모를 경우 명확한 표시를 해 두기(예: 이 수업에서는 모형 줄기세포 프로젝트를 과제로 낸다)

다음 문제에 각자 응답하거나 소집단으로 토의해 보세요.

1. 현재 또는 미래의 동료 교사와 함께 수업 자료를 공유할 수 있는 시스템을 설계하고, 어떤 기술을 사용할지, 어떻게 더 많은 교사의 참여를 유도할지 등 구체적인 계획을 적어 보세요.

_____

_____

_____

2. 8장의 '지금 바로 시작해 보기' 4.의 문제에서 같은 수업을 가르치는 동료 교사와 함께 수업 계획을 마련하기 위한 협력 계획을 수립했습니다. 만일 아직 계획을 세우지 않았다면 현재 또는 미래의 동료 교사와 효과적으로 협력하는 방안이 담긴 협력 계획을 세워 보세요. 그리고 아래에 동료 교사의 참여를 독려하는 이메일을 작성해 보세요. 이메일에는 협력 목적과 협력 방안을 담아야 합니다(어떤 기술을 활용할지, 마감 시한은 어떻게 설정할지 등의 구체적인 내용도 포함하세요).

○○○ 선생님께

_____

_____

_____

3. 지역 교육청에서 수립하고 배부한 교육과정과 수업 자료가 교육기준에 얼마나 부합하는지 평가해 보세요. 만일 그 내용에 큰 차이가 있다면 아래에 서술하세요. 더 나은 해결책을 마련하기 위해 아래에 적은 내용을 장학사와 공유하는 것이 좋습니다(예: 새로운 도입 방안, 내용상의 차이를 줄이기 위해 지역 교육청 차원에서 할 수 있는 노력).

_____

_____

_____


4. 여러분이 사용할 수 있는 수업 계획 소프트웨어를 찾아보고, 해당 소프트웨어의 이름과 웹사이트를 적어 보세요.

_____

_____

_____


5. 여러분이 사용할 수 있는 양질의 수업 자료 은행을 하나 이상 찾아 아래의 질문에 답해 보세요.
   • 수업 자료 은행의 이름과 웹사이트 주소를 적어 보세요.

_____

_____

_____

• 어떤 종류의 수업 또는 수업 자료를 위해 이 웹사이트를 활용하려고 하나요?

_____

_____

_____


• 여러분이 이 웹사이트에서 구체적인 수업 또는 수업 자료로 활용하기 위해 찾은 자료의 이름과 URL을 적어 보세요.

_____

_____

_____

## 11장

IT 기술
# "저만 기계치인 것 같아요"

**교사의 고백:** "지역 교육청에서 준 아이패드를 보기만 해도 온몸에 소름이 돋아요. 정말이에요. 웃지 마세요. 연수는 다 받았죠. 그런데 강사가 외계어를 하는 것 같았어요. 다른 사람들은 고개를 끄덕이고 아이패드를 가지고 놀더라고요? 저는 하나도 이해를 못했어요. 강사가 '아이콘을 누르세요' 하면 속으로 '아이콘이 대체 뭐야?' 이랬어요. 스크롤을 내려 보라고 했을 때는 '사해문서[1] 말하는 건가?'라고 생각했다니까요. 딱 하나 알아들은 단어가 마우스였는데 아이패드에는 마우스도 없어요. 앞으로는 새로운 프로젝트에 아이패드를 써야 한대요. 다른 사람들은 다 저만치 앞서가고 있는 것 같아요… 강사랑 똑같은 외계어를 쓴다니까요. 저는 제가 나름 똑똑하다고 생각했는데 이 기계들 때문에 제가 세상에서 제일 멍청해진 것 같아요."

– 교사 O

---

1 (옮긴이 주) 사해 서안(西岸)의 쿰란 동굴에서 두루마리 형태로 발견된 구약성서 사본 및 유대교 관련 문서.

교육에서 각종 도구나 기술을 활용하는 것이 이제는 선택이 아닌 필수라고 생각하는 사람들이 늘고 있다. 한 조사에서 교사의 92%는 수업 시간에 더 많은 기술을 활용하기 원한다고 답했고, 89%는 기술을 활용하여 학생들의 성적을 개선할 수 있다고 생각한다고 답했다(Staff and Wire Services Report, 2013). 또한 미국 전체의 정직 교사 1,002명을 대상으로 시행된 설문조사에 따르면 교사가 교사직을 추천하는 주된 이유 중 하나는 기술의 도입으로 수업 시간에 새로운 것을 시도해 볼 기회가 늘고 있기 때문이라고 한다(University of Phoenix, 2015).

그러나 빌 앤 멜린다 게이츠 재단(2012)에서 포커스 그룹과 전국 400명의 교사를 대상으로 시행한 연구에서는 기술 역량이 강화되었음에도 미국의 교육 시스템, 특히 교사의 업무 환경이 그다지 개선되지 않았다는 사실이 밝혀졌고, 오히려 미국 기업이 큰 혜택을 받고 있으며 소통 방식이나 생활 방식에 더 많은 개선이 이루어진 것으로 드러났다. 교사들은 기술이 가져다주는 다양한 혜택을 누리지 못하고 있고, 이 때문에 기술의 도움을 받을 수 있는 분야에서조차 도움을 받지 못하고 있다. 일례로 대부분의 교사는 수업 시간에 새로운 기술을 활용해 본 적이 없고, 이 때문에 에드테크(Edtech) 제품을 능숙하게 사용하기까지 더 오랜 시간이 걸린다고 한다(Bhaskar, 2013).

> 비밀번호를 'incorrect'로 바꿨어요. 그러면 나중에 비밀번호를 잊어버려도 '비밀번호가 틀렸습니다(incorrect)' 하고 알려 주겠죠?
> – 익명

물론 기술을 사용하려면 반드시 이유가 있어야 한다. 기술은 실제 수업 현실에 맞게 개발되어야만 수업의 질을 개선하는 데 기여할 수 있다(Bill and Melinda Gates Foundation, 2012).

그러므로 수업 시간에 활용할 기술을 선정할 때는 그 기술이 있어야만 해결될 수 있는 구체적인 문제가 있어야 하며 교사는 반드시 교육학적인 관점에서 기술을 사용해야 한다. 이 장에 제시된 다양한 기술 도구는 대다수 교사의 업무에 적절하게 활용될 수 있다. 이제 막 기술을 활용하려고 하는 교사이든 이미 기술에 정통한 교사이든 우선 기술을 도입하고 사용법을 배우기 위한 전략을 읽어 보아야 한다.

---

### 에드테크(EdTech)의 정의

수 세기 동안 교실에는 수많은 기술이 존재했다. 적어도 몇 세대 동안은 연필도 하나의 기술 도구였다고 주장하는 사람도 있다. 이 책에서 'edtech' 또는 '기술' 이라는 용어는 학습, 교육 또는 관련 프로세스를 지원하는 컴퓨터 또는 전자 도구를 의미한다.

---

## 필요한 기술 도입하기

기술을 사용하려면 나에게 꼭 필요한 기술을 도입하는 것이 중요하다(예: 수업용, 업무 관리용). 다음에는 에드테크를 도입하기 위한 전략이 제시되어 있다. 자신의 상황에 맞게 활용해 보자.

- 기술 도입하기 하드웨어와 소프트웨어는 당연히 준비되어 있어야 한다. 첫 번째로 해야 할 일은 필요한 기술의 이용 가능 여부를 확인하는 것이다. 지역 교육청에서 교사가 원하는 기술을 사용하는 데 필요한 하드웨어를 이미 제공했지만, 교사가 원치 않

주먹으로 타이핑을 하면 문법이
다 틀리는 건 당연하다.
 - C. F. 페인

아 어디에선가 먼지만 쌓여 가고 있는 경우가 종종 있다. 소프트웨어를 다운받을 수 있는 라이선스도 사용하지 않는 경우가 많다. 사용 추정치에 따라 라이선스를 구매하고 당시 재직 중이던 교사들을 위해 소프트웨어를 다운받고 나면 라이선스의 존재가 잊혀지기 때문이다.

새로운 기술이 필요하다는 사실을 학교 관리자나 동료 교사에게 알리는 일도 중요하다. 특히 교육계 지도자나 지금까지 기술을 활용해 본 적이 없을 것 같은 교사, 지역 교육청 IT 부서에 알리는 것이 좋다. 새로운 기술을 가지고 무엇을 할 계획인지, 기술을 활용하면 학생들이 어떠한 도움을 받을 수 있는지 등을 명확히 설명할 수 있다면 더 많은 사람이 도움을 주려고 할 것이다.

- 장학사 설득하기 기술을 구매하기 위해 지역 교육청에서 재정 지원을 받거나, 인프라를 바꾸거나, 다른 사람을 위해 구매한 기술을 사용하기 위해 승인을 받아야 한다면 반드시 장학사의 도움을 받아야 한다.

---

기술을 요청하기 위해 장학사에게 보내는 이메일

제목: 기술 요청

_____ 님께

현재 한 가지 문제로 인해 수업을 진행하는 데 어려움이 있습니다. 새로운 기술을 도입한다면 문제 해결에 상당한 도움이 될 것으로 생각합니다.

---

**문제**

[문제를 구체적으로 설명한다. 최대한 상세하게 설명하고 반드시 교육이나 업무 관리, 교사연수와 관련 있는 문제여야 한다.]

**필요한 기술**

[어떤 종류의 기술이 필요한지 설명한다. 원하는 수량, 기한, 샘플 모델을 볼 수 있는 웹사이트 링크, 가격(개별 가격과 총 가격) 등의 세부정보를 포함한다.]

**기술이 필요한 이유**

[기술을 도입하면 문제가 바로 해결된다거나 문제 해결에 도움이 될 수 있다는 사실을 설명한다. 해당 기술을 도입하더라도 앞서 언급된 문제를 해결할 수 없다는 등의 예상 가능한 반대 의견(기술 구매를 거절할 만한 이유)을 포함한다.]

기술이 지역 교육청의 귀중한 자산이며 기술을 구매하는 일이 결코 쉽지 않다는 것을 알고 있습니다. 하지만 지역 교육청 관계자분들께서 우리 학생들의 교육을 최우선순위로 생각하고 계신다는 것도 익히 들어 알고 있습니다. 학생들을 위한 기술 구매에 지원을 해 주시기를 부탁드립니다.

직접 만나 뵙고 더 자세한 말씀을 드리기 원합니다. 시간이 언제 괜찮으실지 알려 주십시오.

감사합니다.

○○○ 올림

• **직접 습득하기** 외부에서 재정 지원을 받지 않더라도 다양한 기술 도구를 무료로 또는 저렴한 가격에 구매할 수 있다. 에드서지

(EdSurge)의 에드테크 인덱스(Edtech Index)[2] 페이지에 방문하여 웹 페이지에 마련된 분류 범주 중 '비용'을 누르고 '무료'를 선택하면 무료 솔루션을 찾을 수 있다.

에드테크 관련 전자 뉴스레터를 구독하면 새로운 에드테크 솔루션에 대한 소식을 정기적으로 받아볼 수 있다. 뉴스레터 구독을 원한다면 9장 '지루함'에 나와 있는 에드테크 관련 eResource를 참고한다.

• 자금 모으기 지역 교육청에서 재정 지원을 해 주지 않더라도 자금을 모집할 수 있는 여러 가지 방법이 있다. 라구나비치에서 교사로 재직 중인 마이클 모리슨(Michael Morrison, 2015)은 제품 시연을 위한 시범 지역을 물색 중이던 업체에서 제품을 기증받는 등 다양한 방법을 활용했다.

## 도움 받기

유치원과 초중고 교사 600명을 대상으로 한 설문조사에서 응답자의 50%는 수업 시간에 기술을 활용하기 위해 더 많은 지원이 필요하다고 답했고, 46%는 학생들을 성공적으로 도와주기 위해서는 기술을 잘 활용해야 하지만 기술 사용법에 대한 연수가 부족하다고 답했다(Piehler, 2014). 기술을 효과적으로 활용하려면 반드시 충분한 지원이 뒷받침되어야 한다. 강사의 도움을 받는 것도 중요하지만 스스로 지원 방안을 찾아 나서는 것이 장기적으로는 더 바람

2  www.edsurge.com/products

직하다. 다음에는 기술 사용법을 배우기 위해 지원을 받을 수 있는 전략이 제시되어 있다. 자신의 상황에 맞게 활용해 보자.

- 무조건 도움받기 혼자 힘으로 기술을 사용하면 편리하고, 자신감이 생기며, 어떤 기술이든 금세 사용법을 익힐 수 있게 된다. 하지만 대부분의 교사는 시간도 없고 해야 할 일이 너무 많기 때문에 기술까지 혼자 배우는 일이 너무 무리가 될 수도 있다. 혼자 다하는 것이 무리라면 자신의 한계를 인정하고 도움을 요청하는 것이 최선이다.

- 주변에서 도움받기 지역 교육청 소속 기술 전문가나 교내 기술 전문가, 특수 임무 교사, 기술에 대해 잘 아는 동료, 멘토 또는 기술을 잘 다루는 학생(컴퓨터 과학 과목 교사에게 추천을 받을 수 있다) 등에게 도움을 받을 수 있다. 추가적인 도움이 필요하다면 교장 선생님이나 지역 교육청 측에 지원을 요청할 수 있다. 기술 관련 전화 상담 서비스를 운영하는 지역 교육청이 더러 있고 어떤 IT 부서에서는 직접 사람을 보내 줄 수도 있다. IT 부서에서 나온 직원에게 아낌없는 감사를 표하고 직속 상사에게 직원을 칭찬하는 이메일을 보낸다면 그 직원에게 정기적으로 도움을 받을 수도 있을 것이다.

- 맞춤형 교육 요청하기 학교에서 제공하는 기술연수만 가지고는 교사들이 겪는 각양각색의 문제를 모두 해결할 수 없다. 물론 모든 교직원이 같은 기술을 사용할 예정이고, 모두 그 기술을 처음 사용해 보는 것이라면 연수 프로그램이 도움이 될 수 있지만

그래도 추가적인 지원은 필요하다. 과거에 해 오던 것처럼 일주일에 3시간 또는 수업을 모두 마친 뒤 지친 상태에서 45분 동안 교육을 진행하는 방식은 효과적이지 않다. 교사가 기술을 능숙하게 사용하도록 하려면 언제 어디서 기술을 사용하고 있는지에 상관없이 즉각 도움을 받을 수 있어야 한다(O'Hanlon, 2013). 교사마다 수업 스타일이 다르듯 기술을 사용하며 겪는 어려움도 각각이다. 그러므로 각 교사를 지원하는 방식에도 당연히 차이가 있어야 한다. 교사마다 도움이 필요한 부분이 다르기 때문에 어떤 기술에 어떤 도움이 필요한지 이야기하는 것은 각 교사의 몫이다. 교사들끼리 소그룹을 만들어 각자 필요에 맞는 교육을 들을 수 있도록 학교 관리자에게 요청하는 방법도 있다.

---

### 좋은 소식

기술을 다루는 능력은 다른 기술로도 쉽게 옮아 간다. 즉 어떤 기술을 사용하는 방법을 익히고 나면 다른 기술은 더 빠르고 손쉽게 배울 수 있다. 주변에 있는 기술 전문가들도 다 그렇게 시작했다. 지금 여러분의 실력 혹은 여러분이 처음 시작하던 때의 실력만 가지고 시작한 것이다.

기술을 사용하면서 여러 가지 어려움을 겪더라도 포기해서는 안 된다. 힘이 들 수도 있지만 포기하지 않고 인내하면 갈수록 수월해진다. 필요하면 잠시 휴식을 취해도 좋지만 너무 답답해서 그만두었다면 다음날 다시 시도해 보아야 한다.

발전하겠다는 마음가짐만 있다면 어떤 기술적인 문제도 여러분을 방해할 수 없다. 아마 조금만 있으면 다른 교사에게 도움을 줄 수 있는 기술 전문가가 되어 있을 것이다.

- 도전할 준비가 되어 있다면 온라인 튜토리얼 활용하기 특정 기술의 사용법을 스스로 익히고자 한다면 튜토리얼이나 도움말을 참고할 수 있다. 이렇게 하면 자신감도 얻고 혼자 힘으로 기술 전문가에 준하는 능력을 갖출 수 있다. 다만 혼자 머리를 싸매고 너무 많은 시간을 낭비하지 않도록 조금이라도 모르겠으면 도움을 요청해야 한다.

> 체스 경기에서는 컴퓨터가 나를 이긴 적이 있지만 킥복싱에서는 나한테 상대도 되지 않는다.
>
> – 에모 필립스

- 강의 듣기 애플과 마이크로소프트 지점에서는 '지니어스바'와 같은 서비스를 통해 전문가가 기술 지원 상담을 제공하고 자사 제품 이용자를 위한 무료 강의도 개최한다. 지역 교육청에 소속된 교사라면 (교사의 요청에 따라) 누구나 들을 수 있는 강의를 열어 달라고 교육청에 요청해 보는 것도 한 가지 방법이 될 수 있다.

## 기술을 성공적으로 활용하기

기술을 사용하면 편리하고 효율적일 뿐만 아니라 업무 부담도 줄일 수 있다. 그러나 기술을 사용하면서 여러 가지 문제를 겪는다면 기술이 가져다주는 혜택을 전혀 누릴 수 없다. 다음에는 기술을 성공적으로 활용하고 애로사항을 최소화하는 방안이 제시되어 있다. 자신의 상황에 맞게 다음의 전략을 활용해 보자.

- 답답할 땐 바로 도움 요청하기 혼자 힘으로 기술을 익혀 보려다가

도움이 필요해지면 조금 전에 도움을 받았을지라도 주저하지 말고 다시 도움을 요청할 수 있어야 한다. 기술 전문가가 차근차근 사용법을 알려 주었을 때는 잘했을지 몰라도 학생들로 가득 찬 교실에서 혼자 기술을 사용하는 것은 생각보다 어려울 수 있다. 앞서 나왔던 '도움 받기' 부분을 참고하면 일대일로 도움을 받는 방법을 알 수 있다.

• 기술 테스트해 보기 목수의 세계에는 '두 번 재고 한 번에 자르라'라는 격언이 있다. 무언가를 할 때는 반드시 제대로 확인한 후에 해야 한다는 의미이다.
기술의 세계에서도 마찬가지이다. 학생이나 동료 앞에서 기술을 사용하기 전에 관련된 모든 요소와 과정을 처음부터 끝까지 테스트해 보아야 한다. 예를 들어 학생들에게 새로운 소프트웨어를 사용하여 시험지를 스캔하라고 할 계획이라면, 학생들이 오기 전에 미리 스캔을 해 보고 스캔이 완료된 이미지를 성적 폴더에 넣어 본다. 미리 해 보지 않았다가 문제가 생기면 학생들이 불만을 표출할 수도 있고 귀중한 시간을 낭비하게 된다.

## 적절한 도구 사용하기

기술을 사용하면 이전과는 전혀 다른 혁신적인 수업을 진행할 수 있고 업무 강도도 현저하게 줄일 수 있기 때문에 더 효율적이고 효과적으로 일할 수 있다. 다음에는 핵심 분야에서 기술 도구를 활용하기 위한 전략이 제시되어 있다. 자신의 상황에 맞게 다음의 전략을 활용해 보자.

- 업무 관리에 도움이 되는 기술 사용하기 온라인 성적 관리 시스템을 이용하거나 종이 문서 대신 컴퓨터로 업무를 처리하고, 공동 작업을 하거나 학생들에게 과제를 내줄 때 온라인 문서를 활용할 수 있다. 더 자세한 내용을 알고 싶다면 eResource에 포함된 '기술: 업무 관리에 도움이 되는 도구'를 참고하자. 여기에는 에드서지 제품 인덱스(EdSurge Product Index), 에드모도(Edmodo), 쇼비(Showbie), 인그레이드(Engrade), 마이크로소프트 엑셀(Microsoft Excel), 구글 클래스룸(Google Classroom), 킬러(Keeler)와 밀러(Meeler)가 쓴 『구글 클래스룸을 활용하는 50가지 방법』 구글 문서(Google Docs), 서베이(Survey), 볼런티어 스팟(Volunteer Spot), 누레바 트루브(Nureva Troove) 등의 샘플이 소개되어 있다.

- 소통에 도움이 되는 기술 사용하기 학생과 학부모를 위한 포털 사이트나 학급별 웹페이지를 만들고, 학부모 메시지 서비스를 사용할 수 있다. 더 자세한 내용을 알고 싶다면 eResource에 포함된 '기술: 소통에 도움이 되는 도구'를 참고하자. 여기에는 에드서지 제품 인덱스(EdSurge Product Index), 칸 아카데미(Khan Academy) 등의 포털 링크, 오픈렉처(OpenLectures), 유튜브 또는 비메오(Vimeo)에 올라온 영상, 구글 사이트 도구와 같은 웹페이지 생성 도구, 하이쿠 러닝(Haiku Learning), 스쿨랙(SchoolRack), 위블리 포 에듀케이션(Weebly for Education), 학부모용 에드모도(Edmodo) 앱, 리마인드(Remind) 등의 샘플이 소개되어 있다.

- 웹캠을 사용해 과제와 시험 채점하기 적절한 소프트웨어와 장치가 마련되어 있다면 학생들은 과제나 시험지를 8달러짜리 웹캠 아

래에 비치된 서류함에 집어넣거나 노트북 웹캠에 보여 주어 즉시 객관식 문제 점수를 확인할 수 있고, 교사는 채점기준에 따라 손쉽게 점수를 매기거나 주관식 문제만 채점하면 된다. 이런 시스템이 있다면 학생들은 바로 성적을 확인할 수 있고, 교사는 학급 전체, 개별 학생, 특정 학생 그룹 등의 학업 성취도를 즉시 확인할 수 있다. 또한 그 결과는 자동으로 온라인 성적 관리 시스템, 학생과 학부모를 위한 포털 사이트, 중간성적표, 데이터 시스템에 기록되며 새로운 채점이 이루어질 때마다 업데이트된다.

더 자세한 내용을 알고 싶다면 eResource에 포함된 '기술: 웹캠을 사용해 과제와 시험 채점하기'를 참고하자. 여기에는 에드서지 제품 인덱스(EdSurge Product Index), 그레이드캠(Gradecam), 라이트닝 그레이더(Lightning Grader), 일루미네이트 데이터 및 평가 관리(Illuminate DnA), 샤르팻 키트(Sharpat Kit) 등의 샘플이 소개되어 있다.

- 온라인 채점 도구를 사용해 과제와 시험 채점하기 더 자세한 내용을 알고 싶다면 eResource에 포함된 '기술: 온라인 채점 도구를 사용해 과제와 시험 채점하기'를 참고하자. 여기에는 에드서지 제품 인덱스(EdSurge Product Index), 퍼포먼스 매터스(Performance Matters), 에드모도(Edmodo), 플루바루(Flubaroo), 구글 설문지(Google Forms) 등의 샘플이 소개되어 있다.

- 비정규정규 평가에 클리커[3](clicker) 사용하기 더 자세한 내용을 알

3   작은 리모컨.

고 싶다면 eResource에 포함된 '기술: 평가에 클리커 사용하기'를 참고하자. 여기에는 에드서지 제품 인덱스(EdSurge Product Index)와 러셀 제임스 3세(Russell James Ⅲ) 박사의 튜토리얼 샘플이 소개되어 있다.

- CMS와 수업 자료 은행 사용하기 더 자세한 내용을 알고 싶다면 eResource에 포함된 '기술: CMS와 수업 자료 은행'을 참고하자. 여기에는 에드서지 제품 인덱스(EdSurge Product Index), 액티베이트 인스트럭션(Activate Instruction), 구루(Gooru) 등의 샘플이 소개되어 있다.

> 인터넷에서 정보를 얻는 것은 소화전에서 물을 받아먹는 것과 같다.
> – 미첼 케이퍼

- 학급 관리 도구 사용하기 더 자세한 내용을 알고 싶다면 eResource에 포함된 '기술: 학급 관리 도구'를 참고하자. 여기에는 에드서지 제품 인덱스(EdSurge Product Index), 클래스도조(ClassDojo), 라이브스쿨(LiveSchool), 고누들(GoNoodle) 등의 샘플이 소개되어 있다.

- 트위터를 효과적으로(쉽게) 사용하기 트위터에서 다른 이용자들과 소통하고 대화(#chats)에 참여하기 원한다면 eResource에 포함된 '기술: 트위터'를 참고하자.

다음 문제에 각자 응답하거나 소집단으로 토의해 보세요. 아래에 제시된 기술을 도입하는 경우 한 번에 하나씩 하는 것이 가장 좋습니다. 반드시 한꺼번에 실행할 필요는 없습니다.

1. 수업 시간에 기술을 사용하면서 도움을 받을 수 있는 사람 네 명 또는 자원 네 가지를 적어 보세요. 가장 먼저 도움을 요청할 순서대로 적으세요.

_____

_____

_____

2. 업무 관리에 도움이 되는 기술 도구를 찾아보고(CMS같이 수업 준비에 도움이 되는 도구도 좋습니다) 그중 실제로 사용할 도구를 한 가지 선택해 보세요. 이 도구를 사용했을 때 업무에 어떤 도움이 될지, 이 기술을 도입하기 위해 해야 할 일은 무엇인지 적어 보세요(예: 재정 확보, 하드웨어 구매, 다른 소프트웨어와 동기화 등).

_____

_____

_____

3. 소통에 도움을 줄 수 있는 교육기술 도구를 찾아보고 그중 실제로 사용할 도구를 한 가지 선택해 보세요. 이 도구를 사용했을 때 업무에 어떤 도움이 될지, 이 기술을 도입하기 위해 해야 할

일은 무엇인지 적어 보세요.

_____

_____

_____

4. 채점에 도움을 줄 수 있는 교육기술 도구를 찾아보고 그중 실제로 사용할 도구를 한 가지 선택해 보세요. 이 도구를 사용했을 때 업무에 어떤 도움이 될지, 이 기술을 도입하기 위해 해야 할 일은 무엇인지 적어 보세요.

_____

_____

_____

5. 학급 관리에 도움을 줄 수 있는 교육기술 도구를 찾아보고 그중 실제로 사용할 도구를 한 가지 선택해 보세요. 이 도구를 사용했을 때 업무에 어떤 도움이 될지, 이 기술을 도입하기 위해 해야 할 일은 무엇인지 적어 보세요.

_____

_____

_____

6. 트위터 계정이 없다면 만들어 보세요. 원하는 트윗을 하나 올리고 그 내용을 아래에 적어 보세요.

_____

_____

5부

# 모두를
# 내 편으로
# 만들기

## 12장

행동
## "학생들이 나를 싫어해요"

**교사의 고백:** "인정하기 힘들고 창피하지만, 저희 반은 동물원 같아요. 한번은 고등학생이나 된 남학생 세 명이 유치원생처럼 굴길래 바닥에 누워서 낮잠이나 자라고 했어요. 교사가 된 후로 가장 창피했던 순간이었어요. 그런데 학생들은 그걸 재미있어 하고 오히려 더 난동을 피우기 시작하더라고요. 별의별 방법을 다 써 봤지만 소용이 없었어요. 이제는 더는 뭘 어떻게 해야 할지 모르겠어요. 학생들을 일관적인 태도로 대하고 잘했으면 칭찬하고 잘못했으면 벌을 줘야 한다는 거 잘 알고 있어요. 너무 엄해서도 너무 관대해서도 안 된다는 것도 알아요. 그런데 그렇게 해도 전혀 소용이 없어요. 뭘 해도 아무 소용이 없어요."

– 교사 P

3만 명 이상의 교사를 대상으로 한 미국교사연맹(ATF)의 설문조사에 따르면 교사에게 두 번째로 많은 스트레스를 주는 문제는 바로 '훈육 문제'라고 한다(ATF, 2015). 작년 한 해 동안 학생에게 신체적 위협을 받은 적이 있다고 응답한 교사만 18%에 달하고, 특수 교사의 경우 그 비율은 27%까지 치솟는다. 작년 한 해에만 교사의 9%가 학생에게 폭행을 당했고 특수교사의 경우 그 비율은 18%였다(AFT, 2015). 미국의 정직 교사 1,002명을 대상으로 한 설문조사에서 교사의 60%는 교사를 좌절하게 만드는 원인 3위가 교사의 권위를 무시하는 학생이라고 답했다(University of Phoenix, 2015). 교사가 소진에 시달리는 다섯 가지 주요 원인 중 하나는 학생들의 문제 행동이지만, 그럼에도 교사가 학급 관리 능력을 강화한다면 충분히 해결할 수 있는 문제이다(Elias, 2015).

학생들의 태도 때문에 모든 교사가 문제를 겪고 있다면 학교 외부에 도움을 요청해야 한다. 이어지는 13장 '학교 관리자'와 14장 '지역 공동체'를 참고하면 도움이 될 것이다. 이 장에서는 교사가 학급을 통제하는 방법을 알아볼 것이다.

학급 관리는 다양한 변수가 존재하는 다면적인 문제이기 때문에 모든 교사에게 맞는 천편일률적인 해결책은 없다. 하지만 몇 가지 주요 지침을 참고하면 흔히 발생하는 곤란한 상황을 모면하고, 가장 효과적인 방식을 활용해서 교사와 학생 모두에게 맞는 학급 관리 스타일을 찾을 수 있다.

## 다양하게 시도하기

학생들의 태도를 개선하기 위해 사용할 수 있는 방법을 이 장에서 모두 다룰 수 없기 때문에 가장 핵심이 되는 내용만을 담았다. 그러므로 여기 나와 있는 방법 외에 또 다른 방법이 있는지 더 찾아보기를 바라고 신입 교사이거나 학급을 통제하기 힘들다고 생각하고 있는 교사라면 특별히 더 큰 노력을 기울여야 한다.

> 누가 저한테 소리를 지르면 저는 '아, 이 사람이 이렇게까지 요란하게 나를 챙기는구나' 그런 생각밖에 안 들더라고요.
>
> — 에이미 폴러

다음에는 학급을 통제하기 위한 효과적인 전략이 제시되어 있다. 이 전략을 참고하면 자신에게 가장 맞는 방법을 찾을 수 있을 것이다. 자신의 상황에 맞게 활용해 보자.

• **필독도서 읽기** 다음의 책을 참고하면 학생들의 태도를 개선하는 방법을 익힐 수 있다.

- 브로(Breaux)의 『쉽게 배우는 학급 관리법(*Classroom Management Simplified*)』
- 콘(Kohn)의 『훈육의 새로운 이해(*Beyond Discipline: From Compliance to Community*)』
- 톰슨과 톰슨(Thompson & Thompson)의 『할 수 있다!: 다양한 인종의 학생들과 좋은 시작과 끝을 맺기 원하는 교사를 위한 지침서(*Yes, You Can!: Advice for Teachers Who Want a Great Start and a Great Finish with Their Students of Color*)』

• **SNS 활용하기** 트위터(이용방법은 11장 'IT 기술' 참고)에 접속하여 #학급관리, #학생태도 등의 해시태그를 검색하면 직접 사용해 볼 만한 아이디어가 담긴 최신 포스트와 관련 기사의 링크를 확인할 수 있다. 핀터레스트(Pinterest)와 같은 다른 SNS도 같은 방식으로 활용할 수 있다. 팟캐스트를 듣거나 영상[1]에 접속하여

---

1 www.teachingchannel.org 또는 www.teachertube.com

검색창에 '학급 관리'를 찾아보면 다른 교사들이 어떤 전략을 활용하고 있는지 생생한 경험담을 들을 수 있다. 물론 SNS를 계속 사용해야 한다는 것은 아니다(4장 '과잉자극'에서 경고했듯이 균형 잡힌 삶을 사는 것이 중요하다).

• **참관하기** 학교 관리자에게 학급 관리를 위한 교사연수가 필요하다는 사실을 알리는 것과 더불어 학급을 원만하게 운영한다고 소문난 교사들의 수업을 참관하고 싶다고 요청할 수 있다. 업무 시간 중 수업 준비 시간이 따로 마련되어 있는 경우(주로 중고등학교 교사에게 해당함) 참관 약속을 잡기가 더 쉽다. 그러나 그렇지 않은 경우에도 다음과 같이 참관할 수 있는 여러 가지 방법이 있다.

- 학급 관리를 잘하기로 소문난 교사를 여러 명 만나 본다. 어떤 교사가 학급을 잘 관리하는지 정확한 정보를 얻고 싶다면 교사보다는 학생들에게 물어보는 것이 좋다.
- 참관을 통해 배운 효과적인 전략을 메모한다.
- 그 내용을 부서 또는 교직원 회의를 통해 공유하고 실제 수업에 적용하겠다는 내용을 담은 참관 계획을 작성하여 학교 관리자에게 제출하면 하루 또는 반나절 정도 시간을 낼 수 있도록 대체 교사를 구해 줄 수 있다.

또 하나의 방법은 다른 교사에게 교과서의 한 과 또는 단원을 가지고 합동수업을 하자고 제안하는 것이다. 두 학급의 학생을 한자리에 모아 수업을 하면 다른 교사가 수업을 어떻게 진행하

Q: 아무도 없는 숲 속에서 나무가 쓰러지면 그 나무가 쓰러지는 소리를 낼까요?

A: 선생님한테만 낼 거예요. 선생님은 나무가 친구한테 쪽지를 돌리고 책상 밑에 껌을 붙이는 것도 보았거든요.

는지 직접 확인할 수 있다. 다른 교사와 도서관이나 컴퓨터실을 함께 방문하는 등 자주 만나서 팁을 얻는 방법도 있다. 참관수업 후에 교사와 따로 만나 왜 학생들에게 그런 전략을 사용했는지 들어보면 도움이 될 것이다.

• 수업 준비 시간 활용하기 수업 준비 시간이 다른 교사의 수업 시간과 겹친다면 수업을 참관하면서 간단한 업무를 동시에 처리할 수 있다. 수업을 들으면서 업무를 처리하느라 제대로 집중을 하지 못하더라도 학급 관리가 잘 되는 교실을 정기적으로 방문하다 보면 어떤 방법이 효과적인지 알게 된다. 업무 시간 중 따로 수업 준비 시간이 마련되어 있지 않다면 다른 교사가 학생들과 함께 있는 시간을 찾아야 한다. 예를 들어 다른 교사와 함께 통학 버스 탑승 지도를 하고, 교무실에서 학생을 지도하고 있는 교사와 점심을 같이 먹고, 베테랑 교사가 방과후 보충수업을 진행할 때 그 교실에서 채점을 하는 것이다. 다른 전략도 마찬가지겠지만 이 전략을 사용할 때는 현재 겪고 있는 문제의 우선순위를 고려해야 한다. 예를 들어, 학생들의 태도를 개선하는 것보다 평화롭고 조용한 학급 분위기를 조성하는 것이 더 시급하고, 학생들의 태도 때문에 학급 분위기가 망가진 것이 아니라면 학급 분위기부터 개선해야 할 필요가 있다.

문제가 더 심각해지는 것을 막으려면 일찍부터 학생들을 올바른 방향으로 이끌어 애초에 문제 행동을 하지 않도록 해야 한다. 다음에는 학생들이 문제 행동을 하지 않도록 하거나 학생들의 문제 행동에 대비하여 마음의 준비를 할 수 있도록 해 주는 전략이 제시되어 있다. 자신의 상황에 맞게 활용해 보자.

• 학생들의 출신 배경을 존중하고 이해하기 교직에 오래 머무르는 교사들에 대한 책을 쓴 니에토(Nieto, 2015)는 바네사 버고스-켈리(Vanessa Burgos-Kelly)와 제니퍼 버고스-카네스(Jennifer Burgos-Carnes)의 사례를 인용하는데, 이 두 교사는 학생들의 문화적 정체성을 강화함으로써 학생과 교사의 절망을 희망으로 바꿀 수 있다는 사실을 알게 되었다.

나는 톰슨과 톰슨의 『할 수 있다!: 다양한 인종의 학생들과 좋은 시작과 끝을 맺길 원하는 교사를 위한 지침서』가 다양한 배경의 학생들을 이해하고 이들과 소통하는 데 도움을 주는 정말 중요한 책이라는 사실을 다시 한번 강조하고 싶다. 이 학생들을 수업에 참여시키고 힘을 북돋워 줄 수 있는 방법을 알게 된다면 어떤 학급도 개선할 수 있다.

---

여러분의 교실에는 어떤 규칙이 있나요?

국가마다 헌법에 그 나라가 지키고자 하는 가치가 담겨 있듯 학급 규칙에도 교사가 중요시하는 가치가 담겨 있다. 그러므로 학급 규칙이 학생들을 교도소 수감자처럼 대하고 있지는 않은지 점검해 보아야 한다(예: 의자에 똑바로 앉아야 한다, 선생님이 이름을 부르기 전까지는 말하면 안 된다 등). 만약 이런 규칙을 정해 두었다면 학생들은 자신들이 학습 환경을 조성하는 데 아무런 기여를 할 수 없다고 생각하게 될 것이다. 또한 규칙이 다섯 가지가 넘으면 학생들이 기억하기가 어렵다(Wong & Wong, 2009).

나는 수업 첫날에 학생들과 함께 학급 규칙을 딱 한 가지 정했는데 아주 효과가 좋았다.

'친구들이 공부할 수 있도록 도와주기.'

어떤 학생이 학습에 방해되는 행동을 하면 친구들이 '우리가 공부할 수 있도록 도와줘!'라고 이야기하는 것이다. 학생들은 이 말을 하는 것을 정말 좋아했다. 어떤 규칙을 만들어야 모든 학생에게 도움이 될지 학생들과 함께 브레인스토밍하고 의논해서 학급 규칙을 만들었을 때 효과가 좋았다고 이야기하는 교사도 있다. 이렇게 하면 학생들은 더 큰 책임감을 느끼고 자신이 학급 관리에 일조하고 있다고 느끼기 때문에 긍정적인 학급 분위기가 조성된다. 더 좋은 방법은 학급 규칙을 '규칙(rule)'이 아니라 '규범(norm)'이라고 부르는 것이다. 수학과 과학 교사인 진 졸리(Jean Jolley, 2015)가 제안한 방법인데 학생들은 '규범'을 '정상적인 것(normal)'이라고 인식한다고 한다.

• 학생들에게 필요한 도움 제공하기 학생들이 학칙을 위반했을 때 어떤 처벌(예: 방과 후 학교에 남기, 정학 등)을 해야 할지 고민하는 데 더 많은 시간을 할애하고 있는지, 아니면 학생들에게 필요한 도움(예: 상담자 또는 지역 교육청 소속 상담교사와의 상담 기회)을 제공하는 데 더 많은 시간을 할애하고 있는지 생각해 보아야 한다. 대부분의 교사는 잘못을 저지른 학생을 처벌해야 한다고 생각하는데, 전문적인 도움을 주는 대신 처벌만 하면 학생들에게 오래 지속될 긍정적인 영향을 줄 수 없다. 문제 행동을 많이 하

는 학생은 가정에 문제가 있거나 행동장애를 앓고 있는 경우가 많다. 지역 교육청에서 이런 학생을 돕기 위한 프로그램을 제공하고 있더라도 학생들이 프로그램을 실제로 이용하도록 하기는 쉽지 않다. 학생을 상담자와 연결해 주기까지 복잡한 절차를 밟아야 하지만 한번 익숙해지면 훨씬 수월하게 도움을 줄 수 있다. 필요한 경우 학교 관리자나 장학사에게 도움을 요청하여 문제 학생들이 전문가에게 도움을 받을 수 있도록 할 수도 있다.

> 4학년 담임 선생님이셨던 던컨 선생님이 없었더라면 지금의 나 또한 없었을 것이다.
>
> – 오프라 윈프리

• 긍정적인 시선으로 학생 바라보기  376명의 교사를 대상으로 한 연구에서 학생을 통제의 대상으로 생각하는 교사, 즉 학생은 믿을 수 없고, 무책임하며, 버릇없다고 생각하는 교사일수록 감정적으로 지치고 소진에 시달리며 성취감이 낮아질 가능성이 높다는 결과가 나왔다 (Bas, 2011). 학생들은 교사가 자신을 좋아하는지 싫어하는지, 믿는지 믿지 못하는지 다 알고 있다. 교사가 자신을 사랑한다는 것을 알게 되면 학생들은 선생님을 위해 산도 옮겨 줄 것이다. 학생들에게 진심 어린 사랑을 보여 주자.

> 내가 태어나서 처음으로 신뢰했던 어른은 초등학교 선생님이었다. 선생님께서는 우리 모두를 존중해 주셨다. 나는 그때까지만 해도 존중받는 것에 익숙하지 않았다. 선생님 덕분에 내 삶이 완전히 바뀌었다.
>
> – 앤트원 피셔

• 학생들이 성적을 신경 쓰고 있다는 사실 기억하기  6만 6,314명의 학

생을 대상으로 한 설문조사에서 84%의 학생은 좋은 성적을 받기 위해 많은 노력을 하고 있다고 했고, 91%는 좋은 성적을 받는 것이 매우 중요하다고 답했다(Quaglia Institute for Student Aspirations, QISA, 2014). 학생들이 숨기려 할지는 몰라도 알고 보면 다들 성적에 신경을 많이 쓰고 있다.

• 학생들에게 피드백 요청하기 학생들은 누군가 자신의 말에 귀를 기울여 주길 원하고, 사실 이것은 누구나 원하는 것이다. 학생들에게 피드백을 받으면 학생들이 무엇을 필요로 하는지, 좋아하는 것은 무엇인지, 무엇이 학급에 도움이 된다고 느끼는지 등을 더 잘 알 수 있다. 또한 학생들의 말에 귀 기울이면 학생들은 교사가 자신에게 관심이 있다는 것을 알게 되고 학급의 진정한 일원이 되었다는 느낌을 받게 될 것이다. 다른 사람에게 가치를 인정받은 사람일수록 방해가 되는 행동을 할 가능성이 작다.

11장 'IT 기술'에는 무료 설문조사 소프트웨어에 대한 상세한 설명이 나와 있다. 파노라마 에듀케이션(Panorama Education)[2]에서도 수업 첫날 학생들에게 나누어 줄 수 있는 '자신에 대해 알아보기(Get to Know You)' 설문조사를 무료로 제공한다. 하버드 대학에서 중학교 3학년 학생 315명과 교사를 대상으로 진행한 설문조사에 따르면 교사와 자신의 공통점을 발견한 학생들은 학업 성적이 즉시 올랐다고 한다. 특히 소수인종 학생의 경우 성적이 큰 폭으로 올랐고 학업 성취도 격차가 60%까지 줄어들었다고

2   https://backtoschool.panoramaed.com

한다(Gehlbach et al., 2016).

피시맨 상(Fishman Prize)을 수상한 수학 교사 켈리 준키위츠 (Kelly Zunkiewicz, 2014)는 학생들에게 수학 다이어리를 작성하게 하고 수업에 기대하는 것, 장단기 계획, 목표 등을 적도록 한다. 준키위츠는 다이어리에서 학생들의 깨달음이 담긴 부분을 발췌하여 교실 안팎의 벽에 붙어 있는 형광색 종이 위에 게시하고, 학생들은 날마다 교실에 드나들며 자신과 친구들이 쓴 격려의 말을 읽게 된다. 학생들은 직접 작성한 피드백을 보면서 같은 반 친구들이 학업에 신경을 쓰고 있고 열심히 하길 원한다는 사실을 알게 된다.

- 기술 활용하기 11장 'IT 기술'에는 학급 관리에 도움이 되는 다양한 도구에 대한 세부 설명이 나와 있다.

- 학교 관리자와 이야기하기 영향력 있는 학교 관리자가 여러분이 겪고 있는 고충을 알게 되면 해당 분야에서 전문성을 갖춘 멘토를 소개해 주거나 맞춤형 교사연수 프로그램을 제공할 수 있다. 또한 학생들이 수업 시간에 어떤 문제 행동을 일으키고 있는지 알게 되면 각 학교 교장은 적절한 조치를 취할 수 있다. 예를 들어 학생들이 교사에게 반항하거나 교사를 위협하는 것이 문제라면 학교 관리자는 학생과 교사가 함께 참여하는 학교 개선 프로그램을 시행하거나 징계 방식을 바꿀 수 있다.

## 효과적으로 행동 관리하기

학생들이 등교하고 나면 이제 막 전장에 발을 들여놓은 군인과 같은 기분을 느낄 수 있기 때문에 미리 마음의 준비를 하는 것이 중요하다. 다음에는 학급을 원만하게 운영하기 위한 전략이 제시되어 있다. 자신의 상황에 맞게 다음의 전략을 활용해 보자.

• 학생들의 관심 끌기 교실 문 앞에서 서서 학생들을 맞이하는 데서부터 학급 관리에 성공하는 교사들이 많다. 학생들이 교실에 들어오고 나면 학습 자료를 즉시 준비하여 수업 종이 울리기 전부터 공부를 시작할 수 있도록 해야 한다. 먼저 도착한 학생들은 프로젝트 일기를 나누어 주거나 수업 준비를 도울 수 있다. 한 교시가 끝나고 다음 교시를 준비할 때는 학생들의 도움이 특히 유용하다.

학생들이 학교에 오자마자 곧바로 공부를 시작하도록 하다 보면 학생들도 자연스럽게 이를 당연하게 받아들일 것이다. 물론 수업은 매번 새롭고 흥미로워야 한다. 그러므로 학생들에게 '오늘 정말 재미있는 걸 배울 테니까 어서 준비하자'라는 신호를 줄 수 있는 무언가가 있어야 한다.

일례로 나는 중학교 1, 2학년 영어 시간에 학생들이 수업에 집중하고 배운 개념을 적용해 볼 수 있도록 하기 위해 내가 직접 만든 게임을 하곤 했다. 그날 읽었던 지문의 한 장면을 가지고 이야기의 주제를 파악해 보는 카드게임을 한 적도 있었고, 교실 전체를 백화점처럼 꾸미고 학생들에게 학습 자료를 읽게 하여 가지고 있는 물건을 구매하고 반품해 보는 게임도 했다. 학생들은 교실에 들어서자마자 게임이 준비되어 있다는 것을 알 수 있었고 교실 한 켠에 위치한 화이트보드는 게임의 제목으로 꾸며져 있었다.

기대에 부푼 학생들은 한시라도 빨리 수업을 시작하고 싶어 했다. 평소에 말을 잘 듣지 않던 학생들조차 교실 문을 노크하거나 등교 시간 전부터 커튼 틈으로 교실을 들여다보며 그날은 무얼 하고 '놀지' 알고 싶어 했다. 이처럼 수업이 정말 재미있고 보람 있을 것이라는 메시지를 학생들에게 전달할 방법을 찾아야 한다.

- **돌아다니기** 학생들이 공부할 동안 교사가 책상에 가만히 앉아있으면 학생들은 교사가 자신이 무엇을 하는지에 관심이 없거나 심지어는 자신에게 관심이 없다고 오해하게 된다. 교실 안을 돌아다니면 학생을 일대일로 만나고 각자 어떤 문제를 겪고 있는지 알 수 있기 때문에 학생과의 관계까지 개선할 수 있다. 또한 문제를 일으킬 소지가 있는 학생을 미리 파악할 수 있기 때문에 문제가 커지기 전에 해결할 수 있고 학생들도 수업에 더욱 집중하게 된다. 교사가 옆에서 학생을 지속해서 격려해 주면 이런 효과는 더욱 커진다. 조별 활동을 시키고 교실을 돌아다니며 학생들을 지도하면 잠시나마 한숨을 돌릴 수 있기 때문에 번아웃 증후군을 예방할 수 있다(Kerby, 2014).

- **바람직한 행동 칭찬하기** 완다 챗이라는 학생이 수업 시간에 딴짓을 하고 있다고 해 보자. 나는 완다에게 가까이 다가가면서 온트 에스크라는 다른 학생에게 "오늘 배운 가설을 또박또박 잘

설명하는구나"라고 이야기할 수 있다. 학생들에게는 늘 긍정적인 말을 해 줄 수 있어야 한다. 그러면 학급 분위기도 좋아지고 학생들이 교사의 관심을 받기 위해 바람직한 행동을 하게 된다. 학생을 칭찬하는 방법에 대해 더 알고 싶다면 14장 '지역 공동체'를 참고하자.

• 장기적인 관점에서 생각하기 교사들은 학생에게 앉으라고 소리치는 등 즉각적인 효과를 얻을 수 있는 전략을 사용하는 경우가 많다. 하지만 이 방법을 사용하면 학급을 통제하기 위해 매번 고함을 치는 등 고군분투해야 하므로 장기적으로 보았을 때 별로 도움이 되지 않는다(Kohn, 2006). 학급 관리 전략을 선정하고 활용할 때는 과연 그 전략이 장기적으로도 도움이 될지 반드시 고민해 보아야 한다.

• 학생 참여시키기(학생들이 적극적으로 참여하고 있다고 느끼도록) 6만 6,314명의 학생을 대상으로 한 설문조사에서 학생의 73%는 즐겁게 공부하는 것이 가능하다고 했지만, 학교에서 즐겁게 공부할 수 있는 것이 선생님 덕분이라고 응한 학생은 44%에 불과했고, 43%는 학교가 지루하다고 답했다(QISA, 2014). 학생들이 수업에 흥미를 느끼지 못하면 공부에 전혀 도움이 되지 않는 방식으로 지루함을 달랠 가능성이 커진다. 학생들은 학습에 초점을 맞추어 정해진 방식에 따라 서로 대화하고 상호작용할 필요가 있다. 물론 내성적인 학생들을 위해 잠시 쉬어 갈 수 있는 시간을 마련해 주는 것도 중요하다. 수업 시간 내내 교사만 일방적으로 수업을 진행하고 있다면 흥미로운 수업을 하는 것으로 알

려진 학급을 방문하여 새로운 접근 방식을 찾아야 한다.

학생들이 수업에 적극적으로 참여하면 불필요한 휴식 시간을 둘 필요가 없기 때문에 효율성을 높일

집중력에 한계란 없다. 즐겁게 해 주는 한 사람들은 끝없이 집중할 것이다.

– 제리 사인펠드

수 있다. 예를 들어, 준비물을 나누어 주는 동안 학생들에게 가만히 앉아 있으라고 한다면 장난을 치려고 기회를 엿보는 학생들이 있을 것이다. 수업 시간에 공부가 아닌 다른 일을 하며 머리를 식힐 수 있는 시간을 마련해 두면 쉬는 시간에도 학생들의 집중력이 유지되기 때문에 학생뿐만 아니라 교사에게도 도움이 된다.

• 끊임없이 변화 주기 학생들이 수업에 집중하지 않는 주된 이유는 수업이 지루하거나 교사가 최선을 다하고 있지 않다고 느끼기 때문이다. 수업이나 일과, 교육과정이 계속 반복되어 진부해질 때 이런 일이 종종 발생한다. 수업 방식을 검토해 보고 반복되는 부분을 발견했다면 변화를 주는 것이 좋다. 여기에 도움이 필요하다면 8장 '협력'과 10장 '수업 자료'를 참고한다.

4학년 교사인 마리 배머는 수업에 끊임없이 변화를 주면서 소진을 예방한다. 학생들이 공부하는 동안 클래식 음악을 틀기도 하고 일주일에 한 번씩 간단하게 요가 수업을 진행한다. 또 학생들이 가장 좋아하는 단원을 색다른 방법으로 가르치기 위해 새로운 기술이나 프로젝트를 활용한다. 재미있는 이야기를 들려주고 머리를 식힐 수 있는 시간을 주어

웃음은 잠깐의 휴가이다.

– 밀튼 베를

학생과 교사 모두 즐거운 분위기에서 수업할 수 있도록 노력한다.

## 어려운 상황 반전시키기

최선을 다해 노력해도 문제가 발생할 수 있다. 다음에는 어려운 상황을 반전시키고 부정적인 영향을 최소화할 수 있는 전략이 제시되어 있다. 자신의 상황에 맞게 활용해 보자.

• 문제 진단하기 학생들의 태도에 영향을 미칠 수 있는 요인은 다음과 같다.

- 친구들의 태도와 또래집단 내 서열
- 학교 밖에서 겪는 일들
- 학업에서 느끼는 좌절과 두려움
- 또래 친구들의 의견
- 관심 받고 싶은 욕구
- 배고픔과 건강
- 기질, 기분, 장애

학생의 20%는 빈곤을 겪고 있고 그중 40%는 극빈에 시달리고 있다고 한다(Nieto, 2015). 끼니를 제대로 챙기지 못하거나 학교 준비물을 사지 못하는 등의 문제를 겪고 있으면 수업 태도가 나빠지고 교사가 과제에 대해 설명할 때 제대로 집중하지 못할 수도 있다.

학생의 태도가 점점 나빠지고 있다면 그 원인을 찾아보아야 한다. 그러면 문제의 근본 원인을 해결할 수 있다. 예를 들어 또래 집단에서 우두머리 역할을 하는 학생의 태도를 개선하면 다른 친구들의 태도도 자연스레 개선된다.

• 초기에 개입하기 학생이 과제에 집중하지 못하는 것 같다면 다가가서 잘하고 있는지 살펴보는 것도 좋은 방법이다. 만약 어떤 학생이 얼굴을 잔뜩 찡그린 채 등교했다면 "기분이 안 좋아 보이네. 선생님한테 이야기하고 싶은 고민 같은 게 있으면 언제든 얘기해. 선생님이 도와줄게"라고 적은 쪽지를 전해 줄 수 있다. 이렇게 하면 문제를 미연에 방지할 수 있다. 여러분이 만약 소방관이라면 어디서 불꽃이 조금만 튀어도 신경을 쓸 것이다. 문제가 악화될 것 같다면 바람직한 행동과 그렇지 않은 행동에 대해 명확히 알려 주고 잘못된 행동을 했을 때는 대가를 치르게 될 것이라는 점을 분명히 해야 한다.

• 개인적인 대화를 나눌 공간 마련하기 학생의 태도를 개선하기 위해 오랫동안 노력했지만 진척이 없다면 학생과 개인적으로 이야기를 나눌 수 있는 공간을 마련한다. 교실 한 켠에 마련된 책상 옆에 의자를 하나 가져다가 학생을 앉혀 놓고 대화를 나누는 것도 방법이다. 이렇게 하면 문제 학생과 대화를 나누면서 학급 전체를 감독할 수 있다. 추천한 대로 교실을 돌아다니며 학생들을 살펴보고 있다면 문제 학생에게 조용히 다가가서 대화를 요청할 수 있다. 이렇게 하면 교실 저편에서 큰 소리로 문제 학생을 불러 학급 전체의 이목을 집중시키는 것을 막을 수 있다.

학생에게 대화를 요청할 때는 단호하게 하되 애정이 느껴지도록 해야 한다. 문제에 대해 잠깐만 이야기를 나눌 것이고 도움을 주려 한다는 점을 알려 주어야 한다. 학생이 잠시 마음을 진정시켜야 한다면 하던 일을 마저 하거나 종이를 꺼내 교사에게 무슨 말을 하고 싶은지, 오늘 하루는 어떻게 보내고 있는지, 방금 반에서 무슨 일이 있었는지, 기분은 어떤지 등을 적어 보라고 선택권을 줄 수 있다.

• 생산적인 대화 나누기 학생과 대화를 할 때는 반드시 차분함을 유지해야 하고 절대로 학생을 비꼬거나 부정적인 말투를 사용해서는 안 된다. 즉 "왜 내 수업 시간에 그렇게 말을 안 듣니?"라고 말하는 것은 전혀 도움이 되지 않는다. 나는 문제 학생과의 대화를 이렇게 시작하곤 했다.

"넌 정말 속이 깊고 멋진 학생인데 방금 한 행동은 너답지 않은 걸? 혹시 무슨 일 있니? 수업 시간에 그렇게 하면 안 되는 거 잘 알잖아. 너도 그렇지만 친구들이 공부에 집중할 수가 없어. 오늘 무슨 일이 있었던 거야?"

학생의 나이와 상황에 따라 말을 조금씩 달리하기는 했지만 이렇게 애정을 듬뿍 담아 대화를 시작하면 야단을 맞을 것이라고 생각했던 학생들이 마음을 열게 된다. 물론 방금 한 행동이 수업에 방해가 되고 용인되지 않는다는 사실은 분명히 해야 한다. 하지만 이렇게 부드럽게 다가가야 문제의 근본 원인을 해결하고 학생과 함께 해결책을 고민해 볼 수 있다.

내가 다음과 같이 말하며 타일렀을 때 감사하다고 했던 학생들이 있었다.

- 선생님이 너를 정말 많이 아끼는 거 알지? 네가 이렇게 배우고 성장할 기회를 그냥 놓치게 할 수 없어.
- 선생님이 너를 정말 많이 아끼는 거 알지? 그래서 어머니께 말씀드릴 수밖에 없었어. 그래야 이 습관을 고치고 더 나아질 수 있을 테니까.

학생에게 벌을 주어야 한다면 가능한 한 학생의 행동에 상응하는 벌을 주어야 하고(예: 자기가 놀린 학생에게 사과의 편지 쓰기) 학생에 대한 애정이 뒷받침되어야 한다. 즉 벌을 주는 이유는 앞으로 더 나은 선택을 해서 성공할 수 있도록 하기 위함이고 교사가 학생을 아끼기 때문이라는 점을 학생이 납득할 수 있어야 한다.

• 학생이 문제 행동을 했던 이유를 고려하여 반응하기 루돌프 드라이커스(Rudolf Dreikurs)는 오늘날에도 의미가 있는 수많은 논문과 해결책을 제시했다. 드라이커스는 학생이 문제 행동을 한 이유가 무엇인지 밝히고, 때로는 학생에게 직접 물어보고 난 뒤 그 이유를 고려하여 반응할 것을 권고했다. 〈표 12.1〉에는 몇 가지 예시가 나와 있다.

• 다른 사람에게 훈육 부탁하지 않기 내가 교사로 부임했던 첫해에 몇몇 동료 교사들은 말을 듣지 않는 학생이 있으면 자신에게 보내라고 말하곤 했다. 동료 교사들은 나를 도와주려 했던 것뿐이고 즉각적으로 문제가 해결되는 듯했지만 이 방법은 매우 위험했다. 내가 다른 교사에게 학생을 보내는 순간 우리 반 학생들

표 12.1_ 학생들의 동기 부여를 위한 교사의 반응

| 문제 행동의 이유 | 할 수 있는 말 | 할 수 있는 행동 |
|---|---|---|
| 관심을 받으려고 | 이쪽으로 와서 선생님 좀 도와줄래? | 학생이 무언가 하고 있을 때 분명하게 관심 주기 |
| 서열 다툼에서 이기려고 | 계속 그렇게 행동하면 수업을 진행하기가 어려울 것 같아. 선생님이랑 같이 해결책을 한번 생각해 보지 않을래? | 학생이 리더십을 발휘할 기회 주기 |
| 복수하려고/호감을 얻으려고 | 오늘 와 줘서 정말 기뻐. | 정이 많고 자존감이 높은 학생들과 친구가 되어 더는 따돌림을 당하고 있다고 느끼지 않도록 하기 |
| 능력이 부족하다는 것을 드러내려고 | 다양한 방법을 시도하고 있구나. 문제를 해결하려면 이것저것 해 보는 게 제일 좋지. | 조금만 잘해도 칭찬하고 절대로 그 학생을 포기하지 않을 것을 분명히 하기 |

은 나를 혼자서는 문제를 해결하지 못하는 사람이라고 생각하게 되었다.

학생을 교장실에 보내는 것도 마찬가지이다. 문제 학생을 한 번 교장실에 보내고 나면 이후에도 문제가 생길 때마다 학생을 교장실에 보내게 된다. 교장실에 가면 어쨌든 교실을 벗어날 수 있기 때문에 교장실에 가기를 바라는 학생도 있을 수 있다. 교실 밖으로 나갈 수만 있다면 교장실에 가서 혼나는 것쯤은 아무것도 아니라고 생각하는 학생들이 있기 때문이다.

똑같은 교사가 계속해서 문제 학생을 보내오면 학교 관리자들은 그 학생을 제대로 훈계하지 않을 것이다. 그러므로 수업 시간에 싸움을 하는 등 정말 심각한 문제가 아닌 이상 학생을 교장실로 보내는 일은 자제해야 한다.

• 평정심 유지하기 평정심을 유지하는 것은 학생들을 통제하는 행동과 긴밀히 연관되어 있다. 학생 중에는 일부러 교사의 화를 돋우려고 하는 학생도 있을 수 있는데, 그런 방법으로는 교사의 심기를 건드릴 수 없다는 사실을 알려 주는 것이 중요하다. 교육자이자 작가인 아네트 브로(Annette Breaux, 2015)는 교사를 세력 다툼에 개입시키려는 학생이 있다면 차분하게 "화가 많이 났구나. 일단 화를 좀 가라앉힌 다음에 이야기하자"라고 말할 것을 추천한다. 평정심을 유지하는 모습을 보이면 학생들은 교사를 신뢰할 수 있는 어른이라고 생각한다.

• 나를 힘들게 하는 학생을 대하기 위한 작전 세우기 몇몇 학생들 때문에 특정 학급에서 수업하는 것을 꺼리거나 수업 첫날 긴장을 하는 것은 교사들 사이에서 흔히 있다. 이런 상황에서 교사 전문성의 비밀병기가 될 수 있다.
학생들이 어린아이에 불과하다는 것을 기억하고 연구자의 시각으로 학생들을 바라보겠다고 결심해야 한다. 학생들을 연구의 대상으로 삼으면 학생의 행동을 보다 객관적으로 관찰할 수 있다. 또한 다양한 전략을 배우고 사용한 뒤 어떤 전략이 효과적이었는지 판단할 수 있다. 도움이 된다면 효과적이었던 전략을 따로 기록해 두거나 지금까지 기울인 노력에 대한 논문이나 글을 쓸 수 있다. 단 학생의 이름은 익명으로 기록해 둔다. 문제 학생에게 온 정신과 에너지를 쏟는 대신 객관적인 관찰을 통해 상황을 개선하는 것이 핵심이다.

- 실수에 대해 사과하기 완벽한 교사는 없다. 학생이 수업 시간에 해야 할 일을 제대로 하고 있는지 판단하는 것은 교사의 몫이기 때문에 때로는 오해를 할 수 있다. 실수했다면 즉시 사과해야 한다. 이렇게 하면 학생들에게 모범이 되어 학생들이 올바른 인성을 갖출 수 있게 된다.

> 누구나 했던 말이 틀렸다고 인정해야 할 때가 있다.
> – 조앤 롤링

- 적절한 때에 도움 요청하기 수업 시간에 학생에게 위협을 받은 적이 있다면 반드시 교무실에 도움을 요청해야 한다. 평정심을 유지하고 학생들을 안심시킨 뒤 학교에서 정해진 절차에 따라 교무실에 전화를 걸거나 사람을 보내 즉시 도움을 요청한다. 위협을 받는 상황이 어제오늘 일이 아니라고 해도 학교 관리자에게 알려야 한다. 교사를 대상으로 폭력이나 위협을 가하는 일이 자주 발생하는 학교에서는 엄격한 조치를 취해 학교의 문화를 바꿔야 한다. 여러 측면에서 쉬운 일은 아니지만 이미 학교의 문화를 바꾸는 데 성공한 학교들이 있고 어떤 학교든 성공할 수 있다. 학교 관리자와 지속적으로 협력하고, 동료들도 참여시키면서, 학생과 교직원이 안전하게 생활할 수 있는 학교를 만들기 위한 적절한 조치가 마련될 수 있도록 해야 한다.

다음 문제에 각자 응답하거나 소집단으로 토의해 보세요.

1. 학급 관리 기법에 대한 지식을 쌓기 위해 활용할 자료 세 가지를 구체적으로 나열해 보세요.

❶ _____

_____

❷ _____

_____

❸ _____

_____

2. 새로 도입할 학급 규칙을 적거나 학생들과 어떤 방식으로 새로운 규칙을 만들지 구체적으로 서술해 보세요.

_____

_____

_____

3. 학급 분위기나 지도 방식을 개선하기 위해 학생들에게 정식으로 피드백을 요청할 방법을 세 가지 적어 보세요.

❶ _____

_____

❷ _____

_____

❸ _____
　 _____

4. 수업이 시작된 후 학생들의 관심을 끌고 집중력을 유지하도록
   하기 위해 어떤 방법을 사용할지 서술해 보세요.

   _____
   _____
   _____

5. 학생들이 적극적으로 참여하는 수업을 만들기 위해 어떤 방법
   을 사용할지 구체적으로 서술해 보세요('흥미로운 수업을 진행할
   것이다' 같은 답변은 안 됩니다).

   _____
   _____
   _____

6. 어떤 학생이 고개를 푹 숙이고 등교해서는 여러분의 인사를 무
   시하고 의자에 푹 주저앉습니다. 여러분은 수업을 시작하느라
   정신이 없습니다. 어떻게 하면 수업 시작 5분 내에 그 학생에게
   도움의 손길을 내밀 수 있을까요(예: 교사가 자신에게 신경을 쓰고
   있다는 사실을 학생이 알 수 있게 하기 등)?

   _____
   _____
   _____

7. 수업 중 어떤 학생이 "아니 이런 바보 같은 걸 왜 하는 거야!"라
고 소리칩니다. 어떻게 반응하시겠습니까?

_____

_____

_____

_____

_____

## 13 장

학교 관리자
## "교장 선생님 때문에
너무 괴로워요"

**교사의 고백:** "몇 년 동안 정말 좋은 교장 선생님 밑에서 일했는데 다른 교장이 부임했죠. 정말 청천벽력 같은 일이었어요. 새 교장은 능력도 없으면서 교사들을 매일같이 괴롭혔고, 잘못된 결정에 문제를 제기했더니 저한테 앙갚음을 하려고 혈안이 되어 있더라고요. 제가 학생이랑 사소한 일로 언쟁을 벌인 적이 있었는데 말도 안 되는 꼬투리를 잡아서 저를 해고하려고 했다니까요? 다들 그 교장을 싫어했는데 무서워서 아무 말도 못 했죠. 나중에는 더 참을 수가 없어서 교사들이 들고 일어났어요. 그래서 그 교장이 결국 그만두긴 했는데 아직도 그때만 생각하면 치가 떨려요. 하루하루가 지옥 같았죠."

– 교사 Q

**교사의 고백:** "교육기준도 평가방식도 바뀌고 학급 정원도 늘었어요. 교육과정도 바뀌었고 새로운 기술을 사용해야 했죠. 지역 교육청에서는 새로운 전략을 도입하라고 했는데 알고 보니 10년 전에 실패했던 전략에 이름만 새로 붙인 거였어요. 게다가 교장은 교사들에게 읽

을 책을 지정해 주고 매주 독서 토론을 하게 했어요. 감당하기가 어려웠어요. 이걸 다 할 시간도 없었고 할 일이 산더미처럼 쌓여서 저를 짓누르는 것 같았어요. 진짜 뭔가가 저를 짓누르는 느낌이 들었다니까요?"

– 교사 R

내가 만나 본 대부분의 학교 관리자는 근면 성실하고 마음이 따뜻하며 능력도 뛰어났지만 그렇지 않은 관리자도 있다. 이런 관리자가 있으면 학생들이 피해를 보고 교사들이 무시당하며 소진을 겪을 가능성이 커진다. 교사 532명을 대상으로 한 연구에 따르면 학교 관리자와의 관계에 문제가 있는 교사들은 감정적으로 지칠 가능성이 크다고 한다(Koruklu, Feyzioglu, Ozenoglu-kiremit, & Aladag, 2012). 작년 한 해 동안 학교 관리자에게 괴롭힘을 당한 적이 있다고 답한 30%의 교사 중 58%는 학교 관리자가 동료 교사, 학생, 학부모 등의 다른 이해관계자(AFT, 2015)보다 교사를 괴롭힐 가능성이 더 크다고 답했다. 성 소수자이거나, 장애를 앓고 있거나, 소수 인종 또는 소수 종교집단에 속해 있는 교사일수록 괴롭힘을 당한 경우가 많았다.

인품은 나쁘지 않지만 능력이 부족

> 교사와 변호사가 술집에 들어선다. 변호사는 "나는 술 한잔 마시려면 바[1]만 통과하면 돼"라고 말한다. 교사는 "나는 술잔을 집으려고 할 때마다 바[2]가 더 높아져"라고 말한다.

---

1  (옮긴이 주) 여기서 'bar'는 '술집에 있는 바'를 의미하기도 하지만 '미국의 변호사 시험'을 뜻하기도 한다.
2  (옮긴이 주) 여기서 'bar'는 '술집에 있는 바'를 의미하기도 하지만 '기준'을 뜻하기도 한다

하여 교사의 일을 더 힘들게 만들거나 스트레스를 많이 받게 만드는 관리자도 있다. 일례로 학교 관리자 중에는 교직을 감당할 수 없어 교편을 놓은 사람들이 있는데 교육 관련 지식이 부족하기 때문에 올바른 의사결정을 내리지 못한 것이 원인이다. 이는 비단 교장이나 교감만이 아니라 장학사들 사이에서도 나타나는 문제이다.

의도는 좋으나 교직원을 혹사시키는 관리자도 있다. 지역 교육청에서 요구사항이 갈수록 많아져 교직을 떠나게 되었다는 월드론(Waldron, 2014)은 교직에 몸담았던 6년 동안 단 한순간도 일(예: 잡무, 중대한 학사일정 변동, 새로운 시험, 새로운 목표 등)이 줄어든 적이 없고 오히려 매번 해야 할 일이 늘었다고 말한다.

물론 학생과 교직원의 발전에 기여하는 능력 있는 학교 관리자와 장학사도 있다. 관리자와 관련된 문제를 해결하는 것은 매우 까다롭기 때문에 자신의 상황에 맞는 최선의 방법을 선택해야 한다. 그러므로 이 장에 제시된 전략을 참고하되 함께 일하고 있는 사람들과 현재 겪고 있는 문제에 가장 잘 맞는 전략을 선별해야 한다. 대다수의 교사처럼 정말 훌륭한 관리자들과 일하고 있다면 이번 기회를 빌려 감사의 인사를 전해 보기 바란다.

## 사고방식 바꾸기

학교 관리자가 전적으로 악한 사람일 가능성은 적다. 호감이 가지 않거나 일을 좀 못할 수는 있지만, 최악의 관리자조차 학교가 잘되길 원한다. 다음의 전략을 활용하면 학교 관리자를 더 잘 이해하고 관리자에 대한 분노를 누그러뜨리며 상황을 개선할 수 있다. 자신의 상황에 맞게 활용해 보자.

• 학교 관리자의 입장에서 생각해 보기 학교 관리자로 일하는 것은 생각보다 어렵다. 학교 관리자가 교사에게 아무런 관심이 없거나 무슨 억한 심정이 있다고 생각하는 것은 오해일 경우가 많고 오해가 쌓여 불화가 생길 수 있다. 학교 관리자가 멍청하고 바보 같고 능력 없다고 생각하기 전에 혹시 다음과 같은 상황을 겪고 있는 것은 아닌지 한번 생각해 보자.

> 내가 뭔가를 싫어한다고 해서 그게 누가 보아도 별로라고 결론짓는 건 굉장한 자만이다. 나는 중국 음식을 별로 좋아하지는 않지만 중국 음식 같은 건 존재하지 않는다는 걸 증명하려고 글을 쓰지는 않는다.
>
> – 티나 페이

- 복잡한 문제(예: 지역 교육청 내 관료주의, 교내 다른 문제 등)를 해결하느라 정신이 없어서 다른 문제에 신경을 쓸 여력이 전혀 없다.
- 내가 겪고 있는 문제 외에 다른 분야에 전문성을 갖추고 있으며 새로운 분야에서도 발전할 가능성이 있다.
- 교사를 도우려고 노력하지만, 교사가 정확히 무엇을 필요로 하는지 제대로 알지 못한다.

정말 능력 없는 학교 관리자조차 위의 세 가지 사례에 해당될 가능성이 있다. 학교 관리자를 조금 더 관대한 시선으로 바라본다면 함께 협력하여 효과적으로 문제를 해결할 수 있다. 알고 보면 학교 관리자도 교사와 비슷한 고충을 겪고 있는 경우가 많고 교사의 도움을 받아 해결책을 찾기 원한다(Hess, 2015b).

- 중도적인 입장 취하기 변화는 늘 어렵다. 때로는 내가 새로운 것을 거부하는 이유가 변화를 두려워하기 때문임을 알지만 그런 사실조차 알지 못할 때도 있다. 학교 관리자가 너무 극단적인 변화를 꾀하려 해서 반기를 들 때도 있다. 예를 들어 한 지역 교육청에서는 학생들에게 필요 이상으로 많은 시험을 치르게 했다가 교사들이 모든 시험을 거부하는 사태가 발생했고, 학생들에게 도움이 될 수 있는 건설적인 평가마저 할 수 없게 되었다.

> 성격이 다른 두 사람이 만나는 건 서로 다른 두 개의 화학물질이 만나는 것과 같다. 화학반응이 일어나면 양측 모두에 변화가 생긴다.
>
> – 칼 융

새롭게 도입되는 시스템이나 학교 관리자들의 입장에 긍정적인 면은 없는지 생각해 보아야 한다. 상반된 두 입장이 대립할 때는 대개 중간 지점에서 타협하는 것이 현실적이고 중간 지점에 가까울수록 좋다. 학교 관리자들이 계속 말도 안 되는 입장을 고수하더라도 이렇게 양측의 입장을 비판적으로 따져 보면 최소한 서로의 시각을 더 잘 이해할 수 있다.

## 학교 교육행정 관리자들의 이해 돕기

관리자가 교사에게 무엇이 필요한지 이해하지 못하면 어떤 도움도 줄 수 없다(학생들에게도 마찬가지이다). 사소한 오해가 큰 문제로 비화될 수 있고 지금까지 했던 노력이 물거품이 될 수 있다. 반면 상대방을 이해시키는 일은 생각보다 간단하다.

다음에 학교 관리자들이 미처 생각지 못하는 것을 알려 줄 수 있는 전략이 제시되어 있다. 자신의 상황에 맞는 전략을 선택해 보자.

• 해결책 제시하기 학교 관리자의 입장을 충분히 고려하면서 구체적인 해결책을 제시하면, 절대로 좋게 반응하지 않을 것이라고 예상한 경우조차도 관리자가 긍정적인 반응을 보일 가능성이 커진다(Hess, 2015b). 관리자가 보기에 문제가 너무 복잡하고 해결하기 어려울 것 같으면 아예 아무런 조치도 취하지 않으려 할 수 있으며 때로 이런 반응은 자주 일어난다. 이때 교사가 단계별 해결책을 제시한다면 관리자는 더 쉽게 조치를 취할 수 있다. 동료 교사와 함께 해결책을 고민해 보고, 좋은 아이디어를 명확하고 간결하게 정리하여 상사에게 제안해 보자.

• 학교 관리자의 고정관념 깨기 교육자들은 학생들이 겪는 모든 문제를 해결하는 것은 사실상 불가능하다고 쉽게 단정 지으며, 오늘날 학생과 교사가 겪는 문제는 과거에 학교가 겪었던 문제와 상당히 다르다는 점을 인정한다. 그러므로 과거와 똑같은 방식으로 학교를 운영한다면 당연히 새로운 문제를 해결할 수 없을 것이다. 이때는 새로운 사고방식과 운영 방식이 필요하다.
학교 관리자가 이전과는 다른 독창적인 해결책을 모색할 수 있도록 독려해야 한다. 설립된 지 얼마 되지 않은 학교나 대안 학교, 빈민 지역 학교에서는 새로운 접근방식을 활용하는 경우가 많기 때문에 학생 구성이 비슷한 학교에 연락을 취해 성공 사례와 실패 사례를 참고하는 것도 좋은 방법이다.

• 교육과정이나 교육 프로그램의 문제 알리기 교사 532명을 대상으로 한 연구에 따르면 학교에서 도입한 교육 프로그램(예: 교육과정)이 부적절하다고 생각하는 교사가 학교 교육 프로그램을 부분적

> 새로운 아이디어를 이해하려면
> 오래된 습관을 버려라.
> - 진 투머

으로라도 지지하는 교사에 비해 소진에 시달릴 가능성이 크다고 한다(Koruklu et al., 2012). 학교 관리자가 내린 결정으로 인해 학생을 가르치기가 더 어려워졌다면 문제를 제기해야 한다.

동료 교사나 내가 어떤 문제를 겪고 있는지, 무엇을 필요로 하는지 등을 상사에게 충분히 전달했는지 생각해 보아야 한다. 제대로 전달이 되지 않은 것 같다면 면담을 요청해 보기 바란다.

• 교사연수 요청하기 교사가 학생들의 학습과 태도 관련 문제에 대처하기 위한 준비가 제대로 되어 있지 않으면 소진을 겪을 수 있다. 현재 필요한 것이 무엇이든 동료 교사도 같은 문제를 겪고 있지는 않은지 확인해 보고 학교 관리자나 장학사(또는 교사연수 담당자)에게 연락을 취해야 한다. 교사들에게 필요한 것이 무엇인지, 연수를 통해 교사와 학생이 어떤 도움을 받을 수 있을지 등을 관리자에게 충분히 설명하는 것도 중요하다.

관리자에게 교사연수가 끝난 뒤 설문조사를 시행해 달라고 요청하여 어떤 교육이 효과적이었거나 그렇지 않았는지, 앞으로 어떤 교육이 더 필요할지 등에 대해 알아보도록 해야 한다. 설문조사를 시행한 이후에는 결과를 공개하여 연수 프로그램이 성공적이었는지 아닌지 교사들이 명확히 알 수 있도록 하고 교사들에게 동기를 부여하여 더욱 의미 있는 피드백을 줄 수 있도록 해야 한다(Hess, 2015b).

• 중대한 결정을 내리기 전에 교직원을 대상으로 설문조사를 제안한다

소진에 시달리는 주요 원인 중 하나는 충분한 통제권을 가지고 있지 못하기 때문이다(Maslach & Leiter, 2008; Skovholt & Trotter-Mathison, 2011). 그러므로 교직원에게 피드백을 요청하면 교직원이 더 많은 권한을 가질 수 있고 관리자도 더 나은 결정을 내릴 수 있다.

학교 관리자는 서베이 멍키(Survey Monkey)나 구글 설문지(Google Forms) 등의 무료 온라인 도구를 활용하여 전체 지역이나 현장을 대상으로 손쉽게 설문조사를 시행할 수 있다. 몇 가지 간결한 질문만으로 설문조사를 구성해도 교사의 의견을 듣고, 교사가 무엇을 필요로 하는지 명확히 파악할 수 있다. 일례로 데이브 웨스틴(Dave Westin)은 사우디 아람코(Saudi Aramco) 학교의 교장으로 재직하는 동안 매년 한 해의 중간과 봄의 중반에 교사를 대상으로 설문조사를 시행했고, 현재 만족스럽다고 느끼는 부분은 무엇인지, 어떤 어려움을 겪고 있는지, 어떤 연수가 필요한지 등을 조사하여 교사를 더욱 효과적으로 지원할 수 있었다고 한다(ASCD, 2015).

설문조사를 시행한 이후에는 결과를 공개하여 투명성을 높이고, 교사와 관리자가 공동의 목표를 위해 협력할 수 있도록 해야 한다. 예를 들어 부교육감으로 재직 중인 라킨(Larkin, 2015)은 구글 설문지를 활용하여 익명으로 데이터를 수집하고, 이를 지역 교육청에 소속된 모든 교사와 공유하면 투명성을 상당히 높일 수 있다고 말한다.

물론 가장 이상적인 방법은 학교 관리자가 교직원과 직접 만나 문제를 의논하고 교직원에게 의사결정 과정에 적극적으로 참여할 수 있는 권한을 부여하는 것이다. 교사의 의견을 듣기 위해 설문조사를 통해 피드백을 요청하는 것은 매우 간단하면서도 큰 영향을 미치는 방법이기 때문에 이 방법을 시도하기를 원하는 관리자가 많다.

• **학생을 대상으로 설문조사를 제안한다** 학생의 필요가 충족되지 않은 채로 학교가 운영되면 교사들은 갈수록 태도가 나빠지고 학습에 어려움을 겪는 학생들과 씨름해야 한다. 이렇게 되면 교사의 불만이 가중되고 소진에 시달리게 된다.

학생들과 관련된 데이터를 수집하는 가장 강력한 방법은 학생의 피드백을 받는 것이고, 교육자들은 이 데이터를 참고하여 새로운 의사결정을 내리고 과거에 내린 결정이 어떤 영향을 주었는지 되짚어 볼 수 있다. 그러나 학교 관리자는 좀처럼 학생들의 의견을 묻지 않는다. 6만 6,314명의 학생을 대상으로 한 설문조사에서 47%의 학생만이 학교의 의사결정 과정에 참여하고 있다고 느낀다고 답했다(QISA, 2014).

학교에서 학생들에게 무엇이 필요한지 제대로 파악하지 못해 어려움을 겪고 있다면 학생들을 대상으로 설문조사를 시행하자고 제안해 보자. QISA(Quaglia Institute for Student Aspiration, 2014)에서는 학생들을 위한 질문 샘플을 제공하며, 학생의 연령에 따라 질문을 수정하여 사용할 수 있다.

## 영향력 발휘하기

과중한 업무로 지쳐 있는 교사는 학교를 개선하기 위해 일해야 하는 사람은 교사가 아니라 학교 관리자라고 믿고 싶을 수도 있다.

그러면 교사가 따로 해야 할 일은 없어질 것이기 때문이다(안 그래도 할 일이 많은 교사에게는 특히 기쁜 소식이다). 그러나 이런 입장을 고수하면 문제 해결을 위한 모든 권한을 학교 관리자에게 위임하는 것이 돼 버리고, 교사가 도움을 줄 수 있는데도 주지 못하는 상황이 벌어진다.

상사가 그다지 마음에 들지 않더라도 다음의 전략을 활용하면 변화를 일으키는 촉매 역할을 할 수 있다. 자신의 상황에 맞게 다음 전략을 활용해 보기 바란다.

- 교사가 주도하는 부서 만들기 미국에는 교사가 의사결정자 역할을 하는 학교가 70곳에 달한다.[3] 소진에 시달리는 교사가 학교 전체에 변화를 가져오는 것은 매우 힘들지만 교사가 주도하는 부서나 학년을 만드는 것은 상대적으로 쉽다. 내가 속한 부서나 학년에서 이런 변화를 지지해 줄지 확인한 뒤 온라인 안내서[4]를 참고하여 일을 시작해 보자.

> 부당함을 막을 수 없는 나약한 시기가 있다. 그러나 그런 부당함에 항거하지 못할 시기란 있을 수 없다.
>
> – 엘리 위젤

- 물러서지 않기 도움이 되지 않는 규정이나 규칙, 일과가 정해지면 교실로 숨어 버리고, 능력 없는 학교 관리자들에게 알아서 해결하라고 떠넘기는 교사들도 있지만 사실 교사는 자신에게 영

---

3  학교와 교사의 권한을 강화하기 위한 운동, 전국 대회에 대해 자세히 알고 싶다면 www.teacherpowered.org를 참고한다(Nazareno, 2015).
4  www.teacherpowered.org/guide

향을 미치는 결정사항을 바꾸기 위해 많은 일을 할 수 있다(Hess, 2015a). 학교 관리자가 내린 결정에 불만이 있다면 그 결정에 이의를 제기한 적이 있는지 생각해 보고 동료 교사에게도 물어보자. 익명을 요청한 어떤 교사는 이런 말을 남겼다.

"저희 교장 선생님은 교사들이 읽을 책을 정해 주곤 했어요. 결국 저랑 동료 선생님이 교장 선생님을 찾아가서 교사가 읽고 싶은 책을 자발적으로 정할 수 있도록 하고 교사들끼리 팀이나 짝을 이루어서 책을 나눠 읽게 하는 것은 어떠냐고 제안했죠. 교장 선생님은 대찬성이었어요. 그때부터 상당히 많은 교사가 함께 책을 읽기 시작했고, 읽은 내용을 공유하면서 놀라운 변화가 있었어요. 진작 교장 선생님께 이야기하지 못한 걸 후회했다니까요." 이처럼 '더 좋은 아이디어'를 가지고 있다면 반드시 학교 관리자에게 알려야 한다.

• **대규모의 변화를 시도하기** 미국 전체의 정직 교사 1,002명을 대상으로 한 설문조사에서 응답자의 78%는 불만의 가장 큰 원인이 교직에 종사하지 않는 사람들이 수립한 교육정책이라고 답했다(University of Phoenix, 2015). 어떤 하향식 정책이 여러분을 괴롭게 하고 있는지는 몰라도 그 정책에 대항하겠다고 나서면 두 팔 벌려 환영할 기관들이 반드시 있을 것이다.

기관에 가입할 때는 분위기를 잘 살펴보아야 한다. 어떤 기관의 대표들은 고정관념에 사로잡혀 건전한 타협에 도움이 되는 연구 결과나 의견까지도 거부할 수 있다. 이런 바람직하지 않은 기관에 가입하면 잘못된 관점을 갖게 되고 소진이 악화될 가능성이 있다.

대규모의 변화를 이루기 위해 저자의 솔직한 의견이 개진된 블로그를 참고하는 교사도 있다. 이런 블로그 운영자 중에는 핵에듀케이션(Hack Education)의 오드리 워터스(Audrey Watters)[5] 등이 있다.

• 누군가 여러분을 가로막고 있다고 생각하지 않기 학교에 문제가 있을 때 모든 문제를 관리자의 탓으로 돌릴 수도 있지만, 학생들과 더 오랜 시간을 보내고 학교 문화에 더 큰 영향력을 발휘할 수 있는 사람은 교사이다. 능력 없는 학교 관리자와 일하거나 학교 관리자가 학생 징계 문제나 지역 교육청의 관료주의 때문에 다른 일에 신경을 쓸 겨를이 없더라도 내가 교사로서 어떤 영향력을 발휘할 수 있을지 창의적으로 생각해 보아야 한다.

예를 들어 교내에 일진 학생들이 넘쳐나는데도 교장이 문제를 외면하고 있을 수도 있다. 이럴 때는 학교 관리자에게 나의 계획을 알리고 문제의 심각성을 알고 있는 동료 교사와 함께 전담팀을 꾸려 해결책을 조사하고, 협력하고, 책임을 분담하고, 지원을 요청할 수 있다. 예를 들어 경찰 당국, 시 당국, 청년단체 리더, 학생 리더, 지역 공동체 리더, 학부모, 비영리기관, 담당 교육청 직원(예: 교내 안전요원, 길거리 낙서 제거를 맡은 유지보수부 직원, 방과후 프로그램 코디네이터 등), 피더 스쿨[6] 교사, 동일한 문제를 성공적으로 해결한 다른 지역 교육청 소속 교사 등에게 도

---

5  http://hackeducation.com
6  (옮긴이 주) 피더 스쿨(feeder school): 상급 학교에 학생을 보내는 역할을 하는 학교.

움을 받을 수 있다.

학교 관리자의 동의만 받거나 또는 학교 관리자가 반대하지 않고 중립적인 입장만 취한다고 해도, 교사가 할 수 있는 일은 다양하고 어느 정도 긍정적인 결과는 얻을 수 있을 것이다. 물론 앞서 언급한 사례처럼 막대한 노력을 들여야만 해결할 수 있는 문제도 있다. 그러므로 소진을 예방하려면 이 문제를 해결하는 데 얼마만큼의 노력이 필요할지 객관적으로 평가하고, 내가 감당할 수 있는 문제인지 숙고해야 한다.

• 성공에 자부심 갖기 동료 교사나 학교 관리자가 나를 존중하지 않는 것 같더라도 스스로에 대한 자부심만은 지켜야 한다. 교실에서 내가 무엇을 하는지, 얼마나 많이 노력하고 있는지 가장 잘 아는 사람은 바로 나 자신이다. 이따금씩 잘하고 있다고 등을 두드려 주고, 내가 얼마나 소중한 사람인지 기억하자. 누군가가 나를 과소평가하더라도 신경 쓰지 말자.

그래도 내가 이룬 성과에 대해 동료 교사나 학교 관리자에게 이야기해서 나쁠 것은 없다. 동료 교사나 학교 관리자는 다른 사람이 말해 주지 않는 한 내가 얼마나 멋진 일을 했는지 알 길이 없고 그들도 나를 통해 배울 수 없다.

## 효과적으로 소통하기

• 명확하게 의사 전달하기 대부분의 학교 관리자는 학교에서 이미 교사에게 필요한 모든 것을 제공하고 있다고 생각하지만 그렇지 않은 경우가 많다. 교사에 대한 효과적인 지원이 이루어지지 않

고 있다면 문제를 제기하는 것은 교직원의 몫이다. 예를 들어 교사연수 프로그램에 어떤 문제가 있는지 솔직하게 이야기하고 구체적인 해결책을 제안하여 프로그램을 개선할 수 있다(Hess, 2015b).

교사에게 무엇이 필요한지 알릴 때는 오해의 여지를 남기지 않는 것이 중요하다. 그러므로 관리자가 꼭 알았으면 하는 것(문제, 필요한 것 등)을 세 가지로 추려 문서 형식으로 전달하는 방법이 도움이 될 수 있다. 회의를 마칠 때쯤에는 다음으로 해야 할 일을 모두 함께 목록으로 정리하여 회의 참석자 모두에게 복사본을 배부해서 누가 무엇을 할 것인지에 대해 오해가 없도록 해야 한다.

• 정중하고 공정한 자세 유지하기 건설적인 회의를 하겠다는 마음가짐(이 장의 '사고방식 바꾸기' 부분에서 언급)으로 대화에 임하고 협조적인 모습을 보여 줄 수 있는 목소리 톤이나 동작, 어휘 등을 사용해야 한다. 관리자가 나를 적대시한다면 이미 반쯤 지고 시작한 것이나 마찬가지이지만, 특정 사안을 위해 협력할 수 있는 훌륭한 동료라는 느낌을 받게 해 주면 빠른 진전을 이룰 수 있다.

> 불에 불로 맞서고 싶은 마음이 들 때면 불에 물로 맞서는 소방관들을 기억하라.
> – 익명

• 자기주장 하기 학교 관리자는 학교의 지도자이며 지도자는 지도자의 자질을 갖추고 있는 사람들을 존중한다. 소극적으로 말하고 행동하면 무시당하기 십상이다. 목소리를 키우고 당당하게 서서 주저 없이 기회를 붙잡아 보자. 내 안에 잠재된 근성을 꺼

내 보여 주는 것도 필요하다.

물론 자기주장을 하는 것이 공격적이라고 느끼는 사람에게는 쉽지 않은 일이다. 내가 그런 사람이라면 다음에 제시된 방법을 사용하여 이번 기회에 한 단계 성장해 보자. 자신에게 맞는 방법을 사용해 보자.

- 중요한 회의 전에 화장실에 가서 영화에 나오는 슈퍼히어로처럼 자신감 있는 포즈를 취해 보자. 이렇게 하면 중대한 의사결정을 내려야 할 때 받는 스트레스를 줄일 수 있고, 테스토스테론이 분비되면서 자신감이 증가하며 위험을 감수할 능력이 향상된다고 한다(Torgovnick, 2012).
- 사람들이 즐거운 분위기에서 명랑하게 이야기하는 장소에서 목소리를 깔면서 이야기하지 않도록 주의하자.
- 거침없이 자기주장을 할 줄 알지만 공격적이지는 않은 친구와 함께 회의에 들어가 친구의 대화 방식을 따라해 보자.
- 학생들의 유익을 위해 싸우고 있다는 것을 기억하고 학생들은 힘 있는 선생님에게 배울 자격이 있다는 점을 명심하자.
- 학생들이 지켜보고 있다는 것을 기억하고 학생들에게 모범이 될 수 있는 단호하고 전문적이며 효과적인 대화의 기술을 사용하자.
- 나는 교사를 대표하여 이 자리에 서 있으며 존중받을 자격이 충분하다는 점을 기억하자.

• 어떻게 하면 좋을지 질문하기 무언가를 해도 되는지 물어보는 대신 어떻게 하면 좋을지 물어보면 그 일의 유익함을 명확하게 설

명하고, 동료들과 함께 방법을 모색할 수 있으며 융통성 있는 모습을 보여 주고, 더 쉽게 리더의 허락을 받을 수 있다(Hess, 2015b). 도덕적으로 옳다고 여기는 일에 반대하는 것은 어렵기 때문에 교육계에 종사하는 교사들은 더 유리한 위치에 있다. 예컨대 "어떻게 하면 학부모 참여도를 높일 수 있을까요?", "어떻게 하면 교사에게 좋은 수업을 계획하는 데 필요한 시간을 마련해 줄 수 있을까요?" 등의 질문을 하면 사람들이 함께 참여하기 원하는 해결책을 마련할 수 있다.

관리자에게 '어떻게'로 시작되는 질문을 할 때는 문제가 실제로 발생했고, 해결책이 필요하다는 사실을 보여 줄 수 있는 명백한 증거, 통계 자료, 연구 결과, 경험담 등을 제시해야 한다. 그렇게 해야만 문제를 해결할지 여부를 가지고 논쟁하는 데 시간을 낭비하지 않고 문제 해결 방안을 고민하는 데 노력을 집중할 수 있다.

• 근거 제시하기 다른 사람의 의견은 별것 아닌 것으로 치부하기 쉽다. 그러나 통계 자료나 학교 데이터, 전문가의 의견서 등을 근거로 의견을 제시하면 사람들이 그 의견을 받아들이고 심지어 지지할 가능성이 커진다. 〈표 13.1〉에는 관리자에게 제출할 의견서에 사용할 수 있는 예문과 설득력을 강화하기 위해 쓸 수 있는 문장이 제시되어 있다.

• 계속 시도하기 어떤 문제를 제기했는데도 관리자가 그게 왜 문제인지 이해하지 못한다면 배운 내용을 헷갈려 하는 학생을 도와주듯이 충분히 이해할 수 있을 때까지 반복적으로 설명해야 한

다(Hess, 2015b). 다양한 전략을 사용하는 것도 방법이 될 수 있다. 예컨대 같은 학년 교사들이 함께 가서 설명했을 때 잘 이해하지 못했다면 다음에는 일대일로 이야기를 해 본다.

표 13.1_ 주장을 뒷받침하는 방법

| 이렇게만 쓰지 말고… | …이런 말도 추가하자 |
|---|---|
| 학생들 없이 수업 계획을 세울 수 있는 시간이나 수업 준비에 할애할 수 있는 시간이 필요합니다. | 수업에 대해 고민하고, 계획하고, 연수를 받고, 협의하는 시간이 따로 마련되어 있지 않더라도 교사가 일을 훌륭하게 해내고 있을 수 있습니다. 그러나 그런 방식은 지속 가능하지 않습니다(Herman, 2014). 얼마 전 실시된 교직원 설문조사에서 96%의 응답자가 '시간 부족'을 가장 큰 문제로 꼽았습니다. |
| 교사들, 특히 신입 교사들이 계속 이 학교에 머무르도록 하기 위해 필요한 지원이나 환경이 조성되지 않아 걱정됩니다. | 교사 이직률이 높으면 학생들이 교사와 안정적인 관계를 맺을 수 없고, 학생들의 학업 성취도가 떨어지며 바람직한 학교 문화를 정착시키기 어렵고, 특히 소수인종 학생이 많은 지역에서는 교사와 학생 간의 신뢰가 무너지는 심각한 문제가 발생할 수 있습니다(Neufeldnov, 2014). 여러 연구 결과에 따르면 교사가 멘토나 관리자와 협력할 수 있도록 하는 등의 평범한 구상을 두 가지만 도입해도 교사가 학교에 남을 가능성이 커진다고 합니다(Riggs, 2013). |
| 학교 관리자는 학교에 영향을 미치는 의사결정에 교사가 중요한 역할을 할 수 있도록 의도적으로 더 큰 노력을 기울여야 합니다. | 의사결정 과정에 참여하지 못하는 상태에서 시키는 대로만 해야 한다면 교사는 모든 권한을 빼앗기고 무시당하는 것 같은 느낌을 받을 것입니다. 이렇게 되면 교사가 학교를 떠날 가능성이 커집니다(Riggs, 2013). 미국 국민의 91%는 교사가 학교 의사결정 과정에 더 많은 권한을 행사할 수 있어야 한다고 생각하고, 81%는 교사가 학교의 운영 방식을 개선하는 데 필요한 지식을 제공할 수 있다고 믿는다고 합니다(Education Evolving, 2014). |

| | |
|---|---|
| 교직원 대부분이 관리자에게 제대로 인정받지 못한다고 느끼고 있고 성과를 내도 알아주거나 인정해주지 않을까 봐 걱정하고 있습니다. | 교사들이 건설적인 비판을 환영하는 건 사실이지만 요건을 채웠거나 학생 또는 학부모가 교사에 대해 긍정적인 피드백을 주었을 때는 교장 선생님께 인정받기 원합니다(ASCD, 2015). 부서 회의에 참석한 부장 교사 9명 중 7명에 따르면 교사들은 학교 관리자가 자신에게 아무런 관심이 없다고 생각한다고 합니다. |
| 학교 관리자가 교사에게 업무 수행 방식을 바꾸라고 요구하는 일이 너무 잦다고 생각합니다. | 교사에게 새로운 교수법을 배울 수 있는 연수 프로그램을 제공하는 등 매년 새로운 방식으로 수업할 것을 요구할 경우 번아웃 증후군에 시달릴 가능성이 커진다고 합니다(Herman, 2014). 지난 2년 동안 지역 교육청에서는 …에 대한 연수를 시행했는데…. |
| 지역 교육청에서 투자하고 있는 연수 프로그램은 교사의 필요를 충족하는 데 도움이 되지 않고 비효율적이라고 생각합니다. | 100여 명의 교사연수 담당자와의 인터뷰에 더불어 1만여 명의 교사와 500여 명의 학교 대표를 대상으로 벌인 설문조사에 따르면 지역 교육청에서 매년 교사연수에 투자하는 비용이 교사 1인당 평균 1만 8,000달러에 이른다고 합니다. 또한 규모 상위 50위에 속하는 지역 교육청에서는 교사 연수에 교육청당 연평균 1억 6,000달러를 지출하고 있지만, 실질적인 도움을 받았다고 응답한 교사는 30%에 불과했으며 20%는 연수 후 오히려 전문성이 하락했다고 답했습니다(TNTP, 2015). |

## 외부에 도움 요청하기

학교 관리자와 협력을 통해 해결하지 못한 문제가 있다고 제3자에게 도움을 요청하면, 관리자의 자존심에 상처를 입히게 되고 관계가 깨질 위험이 있다. 그러나 문제에 대해 지속적으로 이야기를 했음에도 아무런 반응이 없고 이 문제와 싸워 볼 만한 가치가 있다고 생각된다면 외부에 도움을 요청하는 것도 방법이 될 수 있다. 다음에는 관리자의 도움을 받았지만 해결하지 못한 문제가 있을 때 보다 다양한 해결책을 모색할 수 있는 전략이 제시되어 있다. 자신의 상황에 맞는 전략을 선택해 보자.

- 교사 노동조합 대표와 이야기하기 학교 관리자와 회의를 할 때 노동 조합 대표도 참여하게 해 달라고 요청할 수 있다. 노조 대표는 교사의 권리가 무엇인지 알려 주고 교사가 환영할 만한 도움을 줄 수 있다.

  이때 모든 회의 내용을 기록하는 것이 중요하다. 회의 일자와 목적을 기록하고 학교 관리자가 회의 중에 교사를 비하하는 발언을 했다면 모두 적어 둔다. 이렇게 해 두면 노조 대표가 무엇이 문제인지 이해할 수 있고 문제가 더욱 심각해졌을 때 유용한 자료로 쓸 수 있다.

> 교사: 교장 선생님은 방과 후에 남은 학생들을 감독하라고 하고, 교육감님은 이 책을 읽으라고 하고, 학부모들은 내 전화를 기다리고 있는데 나는 몸이 하나뿐인 걸요?
>
> 학생: 어른들이 저를 잡으려고 할 때 제가 쓰는 방법을 따라 해 보세요. 숨는 거예요.

- 장학사 참여시키기 교장 선생님 때문에 문제 해결에 진전이 없다면 노조 대표가 장학사를 개입시키자고 제안할 수도 있다. 학교 관리자에게 문제가 많다면 교사들이 이미 지역 교육청 직원에게 불만을 토로했을 것이고, 교육청의 권한으로 학교 관리자의 태도를 변화시킬 수 있다. 노조 대표도 계속 관여하도록 해서 내 자리를 지키고 교사로서 품위를 유지할 수 있도록 하자.

- 새로운 학교 또는 지역 교육청 고려하기 때로는 지역 교육청의 조직 문화나 교내 권력 관계로 생긴 문제까지도 학교 관리자의 책임으로 돌리고 있을 수도 있다. 학교 관리자는 문제의 일부에 불과할 수도 있는 것이다.

사우멜(Saumell, 2014)은 학교에 불만이 많은 교사에게 다른 학교나 지역으로 이직을 고려할 것을 추천한다. 이 방법은 학교 환경을 개선하려다가 오히려 피해를 볼 수 있을 때 특히 도움이 될 수 있다. 물론 이직을 한다고 해서 이전보다 좋은 환경에서 근무하게 되리라는 보장은 없다. 또한 새로운 학교에 적응하는 것은 그 나름의 스트레스가 있게 마련이다.

다음 문제에 각자 응답하거나 소집단으로 토의해 보세요.

1. 학교 관리자의 어떤 점이 여러분을 가장 힘들게 하는지 생각해
   보고, 학교 관리자가 추진했던 일 중에 접근방식은 완벽하지 않
   았더라도 좋았던 부분에 대해 적어 보세요.

   _____

   _____

   _____

2. 학교 관리자가 여러분에게 필요한 것이 무엇인지, 여러분이 하
   고자 하는 말이 무엇인지 잘 이해할 수 있도록 여러분이 할 수
   있는 일을 네 가지 적어 보세요. 지금 겪고 있는 구체적인 문제
   와 관련하여 적어도 좋습니다.

   _____

   _____

   _____

3. 학교 관리자와 함께 일할 때 어떻게 하면 여러분의 의견을 강력
   하게 피력할 수 있을지 적어 보세요(예: 교사의 권한으로 할 수 있
   는 일 시도하기).

   _____

   _____

   _____

4. 학교 관리자 때문에 답답함을 느낄 만한 상황을 떠올려 보고, 상황을 반전시키기 위해 여러분이 교사의 권한으로 어떤 조치를 취할 수 있는지 적어 보세요.

5. 학교 관리자에게 교직원이나 학생을 위해 반드시 학교 환경을 개선해야 한다고 주장하는 편지를 쓴다고 상상해 보세요. 전달하고자 하는 핵심 내용을 적고 그 일을 어떻게 할 수 있는지, 또는 그 문제를 어떻게 해결할 수 있을지 질문하고 객관적인 자료, 통계 수치, 연구 결과 또는 경험담을 인용하여 주장을 뒷받침해 보세요.

## 14장

지역 공동체
## "도움을 요청하면 돌아오는 건 메아리뿐이에요"

**교사의 고백:** "저는 빈곤 지역 학교에서 근무하고 있는데 이곳에서는 부모님들이 자녀 교육에 관심을 쏟지 못하는 경우가 많아요. 생활비를 마련하려고 투잡을 뛰는 좋은 부모도 있는가 하면, 마약중독이거나 자녀 교육을 나 몰라라 하는 부모도 있어요. 어떤 경우는 자녀 교육에 관여하고 싶어도 영어를 할 줄 몰라서 교사와 소통하지 못한다고 해요. 다른 지역에서는 부모들이 매일 자원해서 수업을 도와주는 경우도 있다고 들었어요. 그런 얘기를 들으면 그냥 웃을 수밖에 없죠. 속으로는 울고 싶으니까요. 저도 그런 도움을 받을 수 있으면 정말 좋겠어요."

– 교사 S

**교사의 고백:** "스트레스 받아 가며 최선을 다해 일했는데 학교가 학생들의 기대를 충족시키지 못하고 있다는 기사를 보면 정말 허탈하죠. 저는 교사 평가에 반대하는 사람도 아니고 실력 없는 교사를 봐 줘야 한다고 생각하지도 않지만, 사람들이 교사를 조금만 더 존중해 줬으면 좋겠어요. 누군가를 가르치는 건 보기보다 어려운 일이에요. 어떨 때

는 스트레스를 풀려고 야식을 먹으면서 TV를 보는데, 다음날이 되면 또 힘든 하루가 기다리고 있더라고요. 아무것도 모르면서 비난만 하지 말고 도움을 좀 주면 좋겠어요."

– 교사 T

"좋은 스승과의 하루는 열심히 천 일을 공부하는 것보다 낫다"(일본 속담). "누군가를 가르치는 것은 이해의 정점에 도달하는 일이다"(아리스토텔레스). 교사는 일상의 영웅이자 인류의 미래에 가장 큰 희망이라는 말을 들어 보았을 것이다. 그러나 언론에서 비추는 교육의 모습이나 학교와 교사를 지원하는 데 관심이 없는 학부모와 지역 공동체의 모습을 떠올려 보면 이런 이야기가 현실과 매우 동떨어져 있다는 것을 알 수 있다.

이와 같은 간극을 줄이기 위해 손을 쓸 수 없는 경우도 있지만, 교사에 대한 대중의 인식을 개선할 방법은 많다. 마찬가지로 학부모나 지역 공동체, 기타 이해관계자에게 교사가 어떤 방식으로 수업을 꾸려 나가는지 알려 줄 수 있는 여러 방법이 있고, 이 과정을 통해 수업 참여도를 높일 수 있다.

### 학부모 참여에 관한 통계수치

미국 교육부에 따르면 학부모의 참여가 교사 이직률을 낮추는 데 핵심적인 역할을 하며 학부모 참여도가 높을수록 교사의 만족도가 커진다고 한다(Riggs, 2013). 하지만 안타깝게도 유치원과 초중고 교사 1,000명을 대상으로 실시한 설문조사에서 학부모가 직접 교실에 함께하는 등 학부모의 참여를 원한다고 답한 응답자는 97%에 달했지만 76%는 그런 학부모가 절반도 채 되지 않는다고 답했고, 47%는 낮은 학부모 참여도가 불만의 원인이라고 응답했다. 이러한 원인은 잘못된 훈육이나 과밀 학급 때문에 겪는 문제보다 더 큰 불만을 초래한다고 한다(Reid, 2014). 앞서 언급된 97%의 교사 중 95%는 고등학교 교사였으며 이 중 56%의 유치원과 초중고 교사는 교실에서 함께 수업에 참여하는 학부모가 25%도 채 되지 않는다고 답했다(University of Phoenix, 2015). 교사가 원하는 학부모 참여도와 실제 참여도 사이에 간극이 있는 것이다.

교육에서 학생이 부모에게 기대하는 관심의 정도와 실제 부모의 관심 정도에도 간극이 존재한다. 예를 들어 87%의 부모는 자녀의 학업 성취도가 타고난 능력에 비례한 것이고 부모의 도움과는 아무런 상관이 없다고 생각한다고 한다(NBC News Education Nation, 2015). 그러나 교사들은 이미 알고 있듯이 부모의 기대와 지원은 자녀의 학업 성취도에 지대한 영향을 미친다.

다행스럽게도 교사가 이 간극을 줄이는 데 많은 기여를 할 수 있다. 미국 노동통계청 자료에 따르면 공립학교 교사는 업무 시간의 3%만을 학부모와의 대화에 할애하고 있는데, 이는 교사의 업무 중 가장 낮은 비중을 차지한다고 한다(Krantz-Kent, 2008). 또한 3~18세 자녀를 둔 803명의 미국인 부모(후견인과 주 보호자 포함)를 대상으로 실시한 설문조사에서 자녀 교육에 더 많이 참여하기 원한다고 답한 응답자는 47%에 달했고, 이 비율은 소득이 적고 교육 수준이 낮은 부모와 맞벌이 부모, 소수인종 부모에게서 더 높게 나타났다(NBC News Education Nation, 2015). 이처럼 더 많이 참여하기 원하는 사람들이 많기 때문에 노력의 방향을 바꾸면 학부모와 지역 공동체와의 관계를 크게 개선할 수 있다.

## 학부모 참관 프로그램과 공개수업 최대한 활용하기

학생의 보호자 앞에 선 교사는 중요한 거래를 성사시키기 위해 제품을 홍보할 기회를 얻은 세일즈맨과 같다. 학부모의 협조를 구해야 하고, 참여를 독려하고, 교실 자원봉사자를 모집해야 한다.

다음에는 학부모 초청 행사를 최대한 활용할 수 있는 전략이 제시되어 있다. 자신의 상황에 맞게 활용해 보기 바란다.

- 학생에게 애정 표현하기 학부모는 교사가 자녀에게 충분한 관심이 있는지를 가장 알고 싶어 하고, 최고의 교육을 제공하기 위해 노력하는 것은 교사가 학생에게 관심을 기울이기 위한 여러 방법 가운데 하나일 뿐이다. 3학년 교사인 가에탕 파팔라르도(Gaetan Pappalardo, 2011)는 그의 저서에서 학부모가 원하는 것은 자녀에 대한 애정이지 스펙도, 철저한 시간표도, 보상도 아니라고 말한다. 수업 운영 방식에 관해 설명할 때는 "전 학생들에게 정말 관심이 많아요", "부모님들처럼 저도 학생들에게 가장 좋은 것만 주고 싶어요", "수업을 얼마나 잘 따라오는지도 관심이 있지만, 학생들의 인생 전부에도 관심이 있어요" 등으로 학생들에 대한 애정을 표현하고, 어떤 말을 하든지 학생을 아끼는 마음이 담길 수 있도록 노력한다.

- 유인물 활용하기 교사에 대한 정보가 모두 인터넷에 나와 있다고 하더라도 학부모에게 유인물을 보내도록 하자. 자세한 내용(예: 수업계획서)은 유인물에 적힌 웹사이트를 참고해 달라고 해야 할 수도 있지만, 발송이 용이하도록 분량은 한 페이지로 제한하는 것이 좋다.
학부모의 교육 수준과 모국어는 모두 다르다. 그러므로 유인물은 간결해야 하고 학생들을 위한 유인물을 만들 때처럼 전문용어의 사용을 지양해야 한다. 부유한 지역의 학부모도 시간이 없으므로 간소화된 정보를 받아보기 원할 수도 있다. 이 장에는 학부모의 모국어로 유인물을 번역하기 위한 유용한 팁도 제시되어 있다.

---

### 유인물은 간결해야 한다

학부모에게 발송할 유인물에는 아래와 같은 내용을 담을 수 있다.

– 과제 마감 기한, 시험 일정 등 확인 방법
– 자녀 성적 확인 방법(예: 지역 교육청 온라인 학부모 포털 이용)
– 교사에게 연락할 방법
– 가정에서 자녀의 공부를 도와주는 방법
– 자녀가 필요할 때 추가적인 도움을 받을 방법
– 수업에 참여할 수 있는 방법(중고등학생 자녀를 둔 학부모는 자신의 도움을 원치 않을 것이라고 단정 짓는 경우가 많기 때문에 이 부분을 명확히 설명해야 한다)

유인물이 눈에 잘 띄도록 밝은색 종이에 인쇄하거나 기억에 남을 만한 이미지를 첨부하는 것도 좋은 방법이다. 이렇게 하면 학부모가 학교에서 받은 수십 장의 종이 틈에서 손쉽게 유인물을 찾을 수 있다.

---

• 참석자에 대한 존중 표현하기 학부모 행사에는 학생의 법적 보호자가 참석할 수도 있지만, 부모를 대신해 조부모, 이모, 삼촌 등의 친척이 참석하는 경우도 있다. 참석자 중에는 선생님에 대해 안 좋은 기억이 있는 사람도 많기 때문에 이들이 교사에 대한 선입견을 갖거나 학생에게 학교에 대한 부정적인 인식을 심어 주지 않도록 미리 대책을 마련해야 할 수도 있다. 가족이 학생

에게 베푸는 아낌 없는 애정과 가르침에 존경을 표하고, 학생들이 무엇을 필요로 하는지 누구보다 잘 알고 있다는 사실을 인정해 주자. 바로 그 이유 때문에 학생들의 삶에 중요한 역할을 하는 이들이 자원봉사자로 참여하는 것이 중요하다고 설명한다.

• 자원봉사자 모집하기 환영을 받고 관여한다는 느낌을 받는 학부모일수록 교사와 협력할 가능성이 커진다. 모든 참석자에게 수업에 참여할 수 있는 다양한 방법이 담긴 유인물을 나누어 주자. 유인물의 아랫부분을 잘라 낼 수 있도록 만들어 (봉사 활동에 대한 설명이 나와 있는 윗부분은 참석자가 보관할 수 있도록 하고) 참여 가능한 활동에 체크한 뒤 제출하고 갈 수 있도록 한다. 참석자 중에는 나중에 신청하기 원하는 사람도 있을 수 있기 때문에 유인물에 웹사이트 링크를 적어 둔다.

• 학부모의 참여를 독려하기 위한 다른 방법 찾기 참석자들이 떠나기 전에 세 장의 질문지를 나누어 주고 원하는 언어로 답변을 적은 뒤 옆에 서명하도록 하자. 질문지는 미리 학부모의 모국어로 번역해 두는 것이 좋다.

- ○○에게, 나는 …한 이유로 네가 이 수업에 열심히 참여했으면 좋겠어.
- ○○에게, 나는 …한 이유로 네가 이 수업에서 성공하리라고 믿어.
- ○○에게, 나는 …한 이유로 네가 성공한 인생을 살게 될 거라고 믿어.

질문지를 모아 두고 적절한 시점에 학생들에게 나누어 주자. 학생이 좌절하고 있거나 의욕이 떨어졌을 때와 같은 중요한 시기에 요긴하게 사용될 수 있다.

## 학부모 간담회 최대한 활용하기

여러 연구에 따르면 가족 구성원이 자녀 교육에 적극적으로 참여할수록 자녀의 학업 성취도와 학습 준비도가 높아지고 더 많은 사회성 기술을 습득할 수 있다고 한다(Harvard Family Research Project, 2010). 학부모와 일대일 면담을 하거나 등교 시간에 학생과 학부모를 함께 만나 자녀 교육에 더 큰 관심을 두도록 독려할 수 있다.

다음에는 학생에 대해 의논하기 위해 학부모와 만나는 시간을 최대한 활용할 수 있는 전략이 제시되어 있다. 자신의 상황에 맞게 활용해 보기 바란다.

- 앞서 언급된 전략 사용하기 위의 '학부모 참관 프로그램과 공개수업 최대한 활용하기' 부분에 나와 있는 전략은 학부모 간담회에도 사용할 수 있다.

- 홍보하기 하버드 가족 연구 프로젝트(Harvard Family Research Project, 2010) 연구진은 간담회에 학부모를 초청하고 간담회 일정을 지속적으로 알릴 것을 권고하며, 교사와 학부모가 간담회를 홍보할 수 있는 팁을 제공한다.[1]

---

1  archive.globalfrp.org

- 기술 활용하기 최근 학부모 포털을 이용하여 자녀의 성적표를 열람하고 교사 웹사이트를 방문하여 과제 등을 확인할 것을 권고하는 교사가 늘고 있다. 그런데 학부모가 웹사이트를 적극적으로 이용하도록 하려면 웹사이트 이용 방법을 안내해야 한다. 면담 시간에 노트북을 지참하여 학부모가 직접 웹사이트를 이용해 보도록 하되 너무 어려워하면 그만두어야 한다. 또한 기술 코디네이터 등에게 부탁하여 가정에서 다양한 웹사이트에 접속하는 방법이 담긴 간단한 유인물을 만들어 학부모에게 나누어 주자. 이렇게 하면 자녀의 학업에 도움을 줄 가능성이 커진다.

  기술을 이용하면 직접 만나기 어려운 학부모와의 면담도 가능해진다. 교사와 면담할 가능성이 가장 낮은 학부모는 대개 힘들어하는 학생과 같이 면담이 시급한 학생의 학부모이다. 그러나 라포(rapport)를 형성하는 가장 좋은 방법은 직접 얼굴을 맞대고 이야기하는 것이다(Larkin, 2015). 학부모가 인터넷이나 스마트폰을 이용할 수 있다면 영상통화로 면담할 수 있다.

- 데이터 사용하기 부모의 66%는 자녀의 전반적인 학업 성취도와 성적이 아주 좋거나 우수하다고 생각한다고 한다(NBC News Education Nation, 2015). 그러므로 이 생각이 잘못된 경우에는 구체적인 데이터를 제시하는 것이 중요하다.

  주관적인 기준에 따라 채점을 했더라도 최종 성적 산출에 활용되는 데이터는 객관적이라고 생각하는 경우가 많다. 학부모에게 지역 교육청 데이터 시스템이나 온라인 성적 관리 시스템에 저장된 자녀의 성적표를 직접 보여 주면 점수에 수긍할 가능성이 커지고, 자녀가 문제를 겪고 있다는 사실이 확실해지기 때문에 즉시 해결 방안을 논의할 수 있다. 고등학교 교사인 니콜 슬레지(Nicole Sledge, 2016)는 자녀의 행동일지를 보여 주었더니 학부모가 자녀의 행동 패턴을 이해하게 되었고 해결책을 논의하는 데 큰 도움이 되었다고 말한다.

- 자녀가 완성한 과제 보여 주기 자녀가 수업 시간에 완성한 과제를 보여 주면 자녀의 성적을 비롯한 여러 수치를 인정하기가 쉬워진다. 학생별로 자료를 모아 둔 폴더를 가져와 학부모에게 보여 주고 평가 예시문이나 채점 기준을 함께 제시하여 자녀의 학업 성취도를 파악할 수 있도록 하자.

- 자녀를 확실히 이해할 수 있도록 하기 학업과 관련된 자녀의 강점과 약점, 태도와 노력의 정도, 출석률 등을 학부모가 명확히 이해하고 돌아갈 수 있도록 해야 한다. 지역 교육청 데이터 시스템에 보관된 생활기록부를 보여 주는 방법이 도움이 될 수 있다. 하지만 동시에 부모가 자녀의 약점을 보완하기 위해 어떤 도움을 줄 수 있는지 등 데이터 시스템에 나와 있지 않은 사항도 알려 주어야 한다.
자녀를 도울 방법을 간단하게만 이야기해도 학부모가 교사의 교육 부담을 완화해 줄 수 있기 때문에 업무 부담을 크게 줄일 수 있다. 한꺼번에 너무 많은 방법을 알려 주면 실천하기 어려울 수 있기 때문에 한 번에 세 가지 정도만 알려 주도록 하자. 학부모에게 어떤 제안을 할 때는 실행 방법도 함께 알려 주어야 한다.

- 한 번에 한두 문제씩 다루기 자녀를 도울 수 있는 방법을 한 번에 세 가지씩만 알려 주라고 했듯이 교사도 한꺼번에 너무 많은 문제를 해결하려고 해서는 안 된다. 전직 초등학교 교사이자 교사 연수 전문가인 마거릿 윌슨(Margaret Wilson, 2011)은 여러 가지 방면으로 학생을 도울 계획을 세우되 일단 한두 가지 문제에만 초점을 맞출 것을 제안한다. 한꺼번에 너무 많은 문제를 해결하려다 보면 학부모가 자녀의 문제 해결에 가망이 없다고 느끼게 될 수도 있다.

- 학생의 장점부터 이야기하기 수업 태도가 좋지 않거나 수업을 따라오기 힘들어하는 학생은 오랫동안 어려움을 겪었을 가능성이 크다. 그러므로 좋지 않은 이야기를 들을 것을 알면서도 학부모가 면담을 하러 온다면 그 자체로 정말 다행스러운 일이다. 진심 어린 태도로 학생의 장점을 칭찬하면서 면담을 시작하자. 고등학교 교사인 니콜라스 프로벤자노(Nicholas Provenzano, 2014)는 부정적인 이야기를 하기 전에 먼저 긍정적인 이야기를 두 가지 할 것을 제안한다. 이렇게 하면 면담에 참여한 학부모나 학생이 당황하거나 방어적인 태도를 보이지 않도록 할 수 있다. 예를 들어 "헤이븐은 워낙 성격이 좋아서 친구들이 많이 좋아하고 저도 헤이븐을 좋아한답니다. 나중에 지도자나 연예인, CEO가 된 모습이 벌써 그려지는 것 같아요. 그런데 그런 사람이 되려면 신중하게 행동하는 법을 배워야 할 것 같아요. 학교에서 웃고 떠들어도 되는 시간과 그렇지 않은 시간을 스스로 구분하는 연습을 해 보는 거죠"라고 말하는 것이다.

• 최선의 접근방식 마련하기 학생이 주도하는 면담과 같은 새로운 방식의 학부모 면담에 대한 연구 결과가 많이 있다. 전문 학습 네트워크(PLN)를 활용하여(8장 '협력' 참고) 새로운 방식에 대해 알아보고 여러분과 학생들에게 가장 잘 맞을 것 같은 방식을 선택하자.

## 성인들의 수업 참여 높이기

학부모와 지역 공동체 사람들이 수업 참관을 하면 교사에 대한 존경심이 커지고 교사가 얼마나 힘들게 일하는지 이해하게 된다. 또한 자원봉사자의 도움을 받으면 업무 부담을 어느 정도 줄일 수 있다.

위아티처스(WeAreTeachers)와 볼런티어 스팟(Volunteer Spot)에서 2013년 1,000명을 대상으로 벌인 설문조사에서 학부모의 99%와 교육자의 97%가 수업 시간에 자원봉사자가 함께하는 것이 좋거나 필요하다고 응답했고, 학부모 85%와 교육자 87%는 자원봉사를 통해 부모가 아이를 격려하고 지원할 수 있다고 생각한다고 답했다. 잠시 이 설문조사 결과를 곱씹어 보자. 학부모 99%는 교사가 학부모에게 자원봉사를 요청해야 한다고 생각하고 있다. 자원봉사를 늘리고 싶다는 뜻을 밝힌 학부모도 40%가 넘는다(Bantuveris, 2013). 시간적 여유가 있다면 학부모 외에 지역 공동체 사람들도 얼마든지 도움을 줄 수 있다.

> 학생이 학생에게: 너희 엄마가 하도 수업 시간에 와서 이것저것 도와주니까 홈스쿨링받는 기분이겠다!

다음에는 수업 시간에 도움을 줄 수 있는 학부모와 기타 자원봉사자를 모집하기 위한 전략이 제시되어 있다. 자신의 상황에 맞게 활용해 보기 바란다.

- 쉽고 편리한 신청 절차 만들기 나도 학부모 참관 행사에 갔다가 봉사 일정이 나와 있는 신청서를 본 적이 있는데 신청서가 딱 한 장밖에 없어서 다시 볼 기회가 없었다. 그날 바로 신청을 했던 학부모도 있지만 나는 줄을 서서 기다릴 시간이 없었을 뿐더러 신청서를 보고 일정을 조율할 시간이 필요했다.

핵심은 학부모가 정기적으로 자원봉사를 신청할 수 있도록 해 주어야 한다는 점이다. 예를 들어 구글 설문지(자세한 내용은 11장 'IT 기술' 참고)를 이용하여 무료로 신청서를 만들 수 있다. 그러면 엑셀 스프레드시트에 신청 현황이 자동으로 업데이트되고 필요할 경우 내용을 수정하여 그때그때 가장 필요한 도움을 받을 수 있다. 학부모에게 정기적으로 자원봉사 신청 링크를 이메일로 보내고 종이로 인쇄할 신청서에도 링크를 달아 두어 온라인으로도 신청할 수 있도록 하자.

- 봉사 활동 내용 명시하기 신청서에 '학교 정원 가꾸기 봉사'라고 적는 것만으로는 부족하다. 학부모는 구체적으로 어떤 활동을 하게 될지, 정해진 시간에 학교에 와야 하는지, 정원을 가꿔 본 경력이 있어야 하는지 등을 알기 원한다. 봉사 유형마다 활동 내용을 짧게라도 적어 두자. 학교에 필요한 물품이 있다면 가격은 어느 정도인지, 어디에서 살 수 있는지(예: 웹사이트 주소, 가게명) 등을 명시해야 한다.

- 기존 방식 따르기 학교나 지역 교육청에서 기존에 자원봉사자를 어떻게 관리했는지, 예를 들어 봉사를 하러 학교에 도착하면 행정실을 먼저 방문해야 하는지, 학생 보호자 외에 다른 사람들도 봉사 활동을 할 수 있는지 등을 알아보고 자원봉사자들에게 미리 알려 주어 기존의 방식대로 자원봉사 활동이 진행될 수 있도록 하자.

- 정규 수업 외 시간 활용하기 학부모의 73%는 근무시간이 정해져 있기 때문에 학교에서 정기적으로 봉사하지 못한다고 한다 (WeAreTeachers & Volunteer Spot, 2013). 대부분의 사람은 주중에 일을 하기 때문에 퇴근 후에라도 봉사 활동을 할 수 있는 시간을 마련해 주어야 한다. 예를 들어 직장에 다니는 부모라면 교실에 필요한 물품을 구비하여 학교로 가져다주거나 집에서 소책자를 만드는 등의 봉사 활동을 할 수 있고, 학교 행사를 위해 후원자를 모집하거나 모금 활동을 벌이고 자녀와 같은 반 친구들을 집에 초대하여 공부를 도와줄 수 있다.

  볼런티어 스팟(Volunteer Spot)의 창립자인 케런 밴투베리스 (Karen Bantuveris, 2013)는 등교 후 첫 시간에 학부모 자원봉사자가 진행하는 독서 시간을 갖도록 하여 학부모가 출근 전에 봉사 활동을 할 수 있도록 하고, 주말에 학교 정원을 가꾸거나 스카이프(Skype) 또는 구글 행아웃(Google Hangouts) 등을 통해 학교에 직접 오지 않고도 학생들에게 책을 읽어 주거나 도움을 줄 수 있도록 하는 등의 방법을 활용할 것을 제안한다. 매주 한 시간씩 봉사 활동을 하지는 못하더라도 두 달에 한 번 8시간씩 봉사하기를 원하는 부모들이 있는데, 이렇게 하루 연차를 내어 봉사 활동에 참여하면 직장을 다니지 않는 부모와 마찬가지로 두 달에 총 8시간을 봉사할 수 있다.

- 다양한 봉사 활동 마련하기 컴퓨터 교실을 운영하는 등 딱 한 가지 유형의 봉사 활동만 가능하다면 학부모의 다양한 능력과 선호에 맞지 않을 수도 있다. 사고의 틀을 깨고 학부모가 도움을 줄 수 있는 독창적인 방법을 생각해 보자. 예를 들어 학부모의 70%는 교실에 필요할 물품을 기부하고 싶다는 의사를 밝혔고, 58%는 현장학습 인솔자로 참여하고 싶다고 말했다(WeAreTeachers & Volunteer Spot, 2013). 학부모인 헤더는 딸 아이의 학교에서 만난 한 학부모 이야기를 들려주었는데, 봉사 활동에는 많이 참여하지 못했지만 회사에 요청해 학교에 1년 치 손 세정제와 휴지를 기부하도록 했다고 한다(Edutopia, GreatSchools, 2014). 학부모에게 다양한 선택지를 제공하면 더 많은 참여를 이끌어 낼 수 있다.

---

### 학교 구성원을 모두 참여시켜라

다음에 제시된 목표를 달성하기 위해 학교 구성원이 모두 함께 노력한다면 학부모의 수업 참여를 더 쉽게 끌어낼 수 있다.

- **지역 공동체의 참여도 높이기.** 지역 공동체에서 교육을 소중하게 여기지 않는다면 학교는 목표를 달성할 수 없다(Waldron, 2014). 학교 관리자에게 지역 공동체의 참여도를 높이는 데 효과적이라고 증명된 방법을 사용해 볼 것을 요청하자. 장학사는 지역 도서관 및 기관과 협력하여 참여를 촉진할 수 있고, 학교 관리자는 특정 동네를 정해 지원을 요청할 수 있다. 예를 들어, 학교 또는 지역 교육청에서는 (홍보를 중시하는) 시의회 의원이나 지역 회사 대표를 대상으로

대회를 개최하여 누가 더 많은 사람을 간담회에 데려오는지 경쟁하게 할 수 있고, 간담회에서는 현재 도움이 필요한 부분에 대해 논의하고 참여를 약속하는 증서를 작성할 수 있다. 이 대회에는 언론사도 초청하여 승자에 대한 홍보 기사를 내도록 할 수 있다.

- 학부모 참여도 높이기. 부탁을 받는 상황에 익숙하지 않은 사람에게 자원봉사를 요청하는 것은 쉬운 일이 아니다. 이는 특히 중고등학교 학부모에게 흔히 나타나는 문제이다. 하지만 학교 차원에서 학부모와 지역 공동체의 참여를 독려하기 위한 운동을 벌인다면 사람들이 봉사 활동에 참여하고 더 많은 시간을 봉사에 할애할 가능성이 커진다.

  학교 관리자는 자원봉사자를 지속적으로 모집하고 지원하는 데도 노력을 기울여야 한다. 유치원에서 초등학교 4학년까지를 맡은 기술 담당자 케빈 재렛의 학교에서는 자원봉사자를 대상으로 연수 프로그램을 제공하는데 출석률이 매우 높다고 한다. 이 프로그램 덕분에 케빈의 학교 교직원들은 언제든 자원봉사자에게 도움을 요청할 수 있다(Edutopia & GreatSchools, 2014). 레빈(Levine, 1993)은 시대를 앞서가는 무수한 아이디어를 제안했다. 그중에는 학부모와 가장 자주 마주치는 스쿨버스 기사를 교육하여 학부모 자원봉사자를 모집하도록 하고, 지역 회사의 기부를 받아 봉사 활동에 참여하는 학부모에게 적절한 보상을 하며, '이 달의 아버지' 혹은 '이 달의 어머니'를 선정하는 방안도 포함되어 있다.

- 학부모 자원봉사자 모집하기 부모를 비롯한 학생의 가족들은 학생의 교육에 이해관계가 있기 때문에 이들의 참여를 요청하는 것은 당연하게 보일지도 모른다. 그러나 이 경우에도 효과적인 접근방식이 필요하다. 학부모 대부분은 교사가 인터넷이나 이메일을 통해 자원봉사에 대해 안내해 주기 바라지만 교사의 64%

는 유인물이나 가정통신문을 통해 자원봉사 신청을 받고 있다고 한다(WeAreTeachers & Volunteer Spot, 2013). 현재 학부모가 가장 많이 사용하는 SNS는 페이스북이지만(Larkin, 2015) 순위는 언제든 바뀔 수 있다. 학부모에 따라 원하는 방식이 다를 수도 있기 때문에(예: 인터넷 접속이 제한적인 지역도 있다) 적절한 방식으로 참여를 요청하기 위해서는 학부모에게 어떤 방식이 더 편한지 직접 물어보는 것이 좋다. 학부모 자원봉사자를 모집하는 방법에 대해 더 알고 싶다면 이 장의 '학부모 참관 프로그램과 공개 수업 최대한 활용하기' 부분을 참고하자.

• 부모와 함께하는 과제 내주기 유리 할루시카는 학생들에게 부모와 함께 요리를 하고 그 과정을 글로 써 보는 과제를 내주거나 특정 주제에 대해 가족을 인터뷰하게 하는 등 가족의 참여가 필요한 과제를 내줄 것을 추천한다(Edutopia & GreatSchools, 2014). 그러면 과제를 하면서 가족끼리 좋은 시간을 보낼 수 있을 뿐만 아니라 자녀가 학교에서 어떤 내용을 공부하고 있는지 부모가 더 잘 이해하고 도움을 줄 수 있다. 그런데 부모의 도움을 받지 못하는 학생들도 있을 수 있기 때문에 부모가 아닌 멘토의 도움을 받아도 된다는 말 등을 덧붙여서 모든 학생이 참여할 수 있도록 해야 한다.

• 퇴직 교사에게 도움 받기 수십 년간 학생을 가르친 경력이 있고 활기찬 하루를 보내기 위한 시간적 여유가 있는 사람보다 더 나은 자원봉사자가 있을까? 답은 '없다'이다.
은퇴했지만 여전히 교육에 기여하기 원하는 퇴직 교사의 도움을 받자. 주변에 아는 퇴직 교사에게 먼저 연락을 취해 보고 지원하는 사람이 아무도 없더라도 포기하지 말자. 여러 지역 교육청의 교장 선생님들에게 자원봉사에 관심이 있을 것 같은 퇴직 교사를 소개해 달라고 부탁할 수도 있다.

자원봉사자를 모집한다는 글을 온라인 교육자 포럼에 올릴 수도 있고 기관에 요청하거나 홍보물을 만들어 입소문을 낼 수도 있다(9장 '지루함' 또는 eResource 참고). 학교 주변에 있는 노인 관련 기관이나 회원으로 가입된 교사 협회에 연락을 취하는 방법도 있다. 좋은 자원봉사자를 구하게 되면 자원봉사자를 모집하는 데 들인 시간을 충분히 보상받을 수 있다.

• 학생 교사에게 도움 받기 교사를 꿈꾸는 학생들은 에너지와 열정, 지식으로 똘똘 뭉쳐 있다. 이들은 경험을 쌓을 수 있고 학교에서 요구하는 실습 시간을 채울 수 있는 교육기관을 찾고 있는 경우가 많다.

학생 교사를 쓰면 멘토링에 많은 시간을 할애해야 하겠지만 이들은 실제 교사보다도 더 많은 시간을 투자하여 수업 계획을 세우고 수업 실습을 하는 등 많은 도움을 제공한다.

나는 여름학기 내내 수업을 맡았던 어떤 학생 교사의 이야기를 들은 적이 있는데, 원래 그 수업을 맡았던 교사는 여름학기가 끝날 때까지 단 한 번도 모습을 보인 적이 없다고 한다. 원래 교사는 교과서가 들어 있는 상자만 남기고 사라졌고 그 학생 교사는 자신의 멘토를 단 한 번도 만나지 못했다. 이 방식은 절대 바람직하지 않고 교사 윤리에도 어긋나지만, 이 일을 통해 알게 된 사실 한 가지는 학생 교사도 실제 교사 못지않게 수업을 잘

할 수 있다는 것이다. 방금 이야기했던 학생 교사는 아무런 불평불만 없이 여름학기를 마쳤고, 수업을 들은 학생들의 성적도 올랐다고 한다.

학교 관리자에게 학생 교사와 함께 일하고 싶다고 말하자. 교사와 학교 관리자가 협력하여 여러 지역 교육청에 속한 학교와 장학사, 실습 프로그램을 제공하는 지역 대학에 연락을 취하는 것도 가능하다.

---

### 학생 교사와 협력하기

학생 교사의 시간을 활용하는 방법과 학생 교사에게 어떤 지원이 필요할지 알고 싶다면 5장 '평가'를 참고하자.

---

교장 선생님이 학생 교사와 함께 일해 보지 않겠냐고 제안했을 때 나는 당연히 좋다고 했지만 제안을 거절한 선생님들이 많다는 이야기를 듣고는 적잖이 놀랐다. 나라면 도움을 주겠다는 데 거절할 이유가 없다고 생각했지만, 실제로는 거절하는 교사가 많다고 한다. 그렇다면 학생 교사를 모집하는 일이 생각보다 쉬운 일이 될 수도 있다.

> 인턴십이 좋은 이유는 여름 내내 일하며 많은 경험을 쌓으면서도 월급 받는 번거로움을 피할 수 있기 때문이다.
>
> – 스티븐 콜베어

## 언어의 장벽을 넘어 소통하기

니에토(Nieto, 2015)가 교직에 오래 머무르는 교사들에 대해 다룬 책에는 메리 코위(Mary Cowhey)의 일화가 소개되어 있다. 메리는 학부모와 협력하여 파밀리아 콘 포더(Familias con Poder, Families with Power)라는 그룹을 만들었는데, 이 그룹에 속한 학부모와 보호자는 모국어가 영어가 아니고 고등학교 졸업장도 없지만, 일주일에 두 번, 1시간씩 25~40명의 학생을 대상으로 아침 수학 클럽을 운영한다고 한다. 내가 부에나 파크(Buena Park) 중학교에서 특수임무 교사로 재직했을 때 우리 학교에서는 어느 학부모 단체의 도움을 받아 학부모에게 자녀의 공부를 도와주고 자원봉사자로 활동하는 데 필요한 지식을 습득할 수 있는 8주 연수 프로그램에 참여할 것을 요청한 적이 있었다. 당시 학부모 대부분의 모국어가 스페인어였기 때문에 학부모의 모국어를 사용하여 참여를 요청했다. 프로그램에 참여했던 대다수 학부모는 고등학교 졸업 이후 학교에 다닌 적이 없었지만, 연수 프로그램 수료를 축하하기 위해 참석한 가족들은 대학 졸업식에 온 것만큼이나 이들을 자랑스러워했다. 이후 학부모의 참여율이 급격히 상승했고 학생들은 가정에서 훨씬 더 많은 도움을 받을 수 있었다.

학교 관리자에게 기존의 소통 방식 때문에 소외되었던 학부모들도 학교에 도움을 줄 수 있도록 이들을 위한 프로그램을 만들 것을 제안해 보자. 또한 학부모나 지역 공동체와 소통할 때는 모든 내용을 각국 언어로 번역하여 영어를 하지 못하는 사람들도 교사와 모국어로 소통할 수 있도록 하자. 도움이 필요한 사람에게 지역 교육청 소속 통역사의 연락처를 알려 주어 전화나 면담 시에 배석하게 하는 방법도 있다.

- 아버지도 참여시키기 남성에게는 여성만큼 학교 일에 참여할 기회가 주어지지 않는 경우가 많고 애초에 남성의 참여를 기대하지 않을 때도 있다. 그러나 남성의 참여가 배제되면 교사나 학

생에게 좋을 것이 없고 성 역할에 대한 부정적인 인식을 심어줄 수도 있다. 모든 아버지가 밸런타인데이 플래카드 꾸미기를 좋아하는 것은 아니고, 어머니도 마찬가지이다. 다양한 유형의 봉사 활동을 요청할 경우 아버지나 어머니가 '모두' 참여하길 바란다는 사실을 분명하게 밝히고 연락한다. 이렇게 하면 교직 생활에 든든한 지원군을 얻을 수 있고 동시에 학부모의 참여도도 높일 수 있다.

• 학교 측에 학부모 대상 워크숍 요청하기 학부모 간담회는 1년에 한두 번밖에 열리지 않지만, 학부모를 대상으로 하는 워크숍을 정기적으로 개최하면 학부모의 지속적인 참여를 이끌 수 있다. 예를 들어 페더럴 웨이(Federal Way) 공립학교에서는 자녀의 학업을 지원하고 학교 시스템 내에서 자녀에게 도움을 줄 방법을 알려 주는 학부모 워크숍을 개최한다(DeNisco, 2016).

• 학부모 참여 수업 진행하기 미국 전체의 1만 7,563명의 부모를 대상으로 진행한 설문조사에 따르면 부모가(87%) 가장 많이 참여한 학교 행사는 학교 회의 또는 학부모-교사 그룹 회의였다고 한다(Noel, Start, & Redford, 2015). 그러나 이런 행사 외에도 중요한 학교 또는 학급 행사가 많다. 쿠퍼와 시나니스(Cooper & Sinanis, 2016)는 학부모를 수업에 초청하여 자녀와 함께 프로젝트 과제를 하도록 하거나 빙고 게임을 하면서 중간중간 교육과정에 관해 설명할 것을 제안한다. 이렇게 하면 가족 간의 유대가 깊어지고, 학교와 가정의 관계가 증진되며 학습과정에 부모가 직접 참여하게 된다.

• 가장 중요한 부분에 집중하기 카스트로 등(Castro et al., 2015)은 5,000개의 과거 연구를 조사하여 8만 명 이상의 학생과 가족들이 참여한 37개의 의미 있는 연구를 추려냈다. 이 연구에 따르면 부모의 기대, 학교 활동에 대한 대화, 책 읽는 습관 길러 주기가 과제를 봐 주거나 학교 활동에 참여하는 것보다 자녀의 학업에 더 큰 영향을 미친다고 한다. 그러므로 학부모가 이 세 가지 방식으로 자녀를 지원할 수 있도록 하면 강력한 효과를 얻을 수 있다.

## 학부모와의 관계에서 실수하지 않기

아무리 노력해도 학부모와의 대화가 우리가 기대한 방향으로 흘러가지 않을 때가 있다. 그러므로 미리 준비를 해 두면 곤란한 상황을 비교적 수월하게 넘어갈 수 있고 학부모가 교사를 비난하는 경우에도 자신을 변호할 수 있다.

다음에는 이와 관련된 효과적인 전략이 제시되어 있다. 자신의 상황에 맞게 활용해 보자.

• 그때그때 대화 기록 남기기 지역 교육청 중에는 자동으로 전화 통화나 이메일, 면담 내용 등을 기록하는 시스템을 갖추고 있는 곳도 있다. 하지만 이런 시스템이 없더라도 혹시라도 모를 곤란한 상황을 면할 수 있도록 모든 대화 내용을 반드시 기록해 두어야 한다. 대화했던 날짜와 시간을 기록하고 연락 방법(예: 어떤 번호로 전화를 걸었는지)과 메모(예: 학부모 A에게 아이가 자꾸만 연필을 집어 던진다는 메시지와 나중에 다시 전화 달라는 말을 남김)를

남겨 두자. 이런 기록은 이후 학부모와의 면담에서 유용하게 사용될 수 있다. 또한 문제가 더욱 심각해져서 학교 관리자와 함께 학부모와 면담을 하게 되더라도 기록을 보여 주면 나의 주장에 신빙성이 생기고, 미리 대비하는 전문가다운 모습을 보여 줄 수 있다. 또한 학부모가 자녀에게 그런 문제가 있다는 이야기는 처음 듣는다며 발뺌을 하는 상황을 막을 수 있다. 학부모가 더 많은 논의를 하기 위해 면담을 하는 것이 좋겠다고 요청하는 경우라도 학부모에게 연락이 오면 바로 답변하는 것이 좋다. 이런 성실함이 나중에 크게 도움이 될 것이다.

• 칭찬과 긍정으로 응수하기 학부모가 교사에게 적대적인 태도를 보인다면 칭찬의 말을 건네 상황을 반전시켜 보자. 교육자이자 부모 교육 전문가인 앨런 멘들러(Allen Mendler, 2013)는 "이렇게 아이에게 관심이 많으시다니 정말 훌륭한 부모님이세요. 오늘 저한테 이렇게 화가 나신 것도 다 아이 때문이잖아요" 등의 말로 학생에 대한 관심과 부모에 대한 존중을 표현하고, 학생에게 큰 기대를 걸고 있다고 이야기하면서 학부모와 공감대를 형성할 것을 추천한다. 이렇게 하면 학부모와 같은 편이 될 수 있고, 자녀가 최고의 교육을 받을 수 있도록 최선을 다하고 있는 모습을 보여 줄 수 있다.

학생의 96%는 부모가 자신의 교육에 관심이 있다고 말했고(QISA, 2014), 학부모가 교사와 면담을 할 의향이 있다는 것은 자녀에게 가장 좋은 것만 주고 싶다는 의미이기도 하다. 학부모와 면담을 할 때는 말을 하기보다는 더 많이 듣는 것도 중요하다.

• 대화가 통하지 않을 때는 그만하기 학부모의 언성이 높아지거나 학부모가 교사를 비난하는 등 대화가 기대했던 방향으로 흘러가지 않을 때는 가만히 참기만 하는 것이 능사가 아니다. 꾹 참기만 하면 건강에도 좋지 않을 뿐만 아니라 대화에 참여한 모든 사람의 시간만 낭비하는 꼴이 된다. 고등학교 역사 선생님인 데이비드 커틀러(David Cutler, 2014)는 "화가 많이 나신 것 같은데, 이렇게 계속 통화하는 건 힘들 것 같습니다. 다음에 직접 만나 뵙고 이야기 드리죠. 그때는 학교 관리자분도 함께하실 겁니다" 등의 말을 하여 불쾌한 대화를 끝내고 부장 교사에게 대화 내용을 전달할 것을 제안한다. 관리자가 대화에 참여하면 교사가 억울하게 비난 받는 일을 막을 수 있고, 보다 성공적인 대화가 이루어질 수 있다. 또한 학부모가 면담 때까지 감정을 가라앉힐 수도 있다. 면담을 할 때는 이전에 나누었던 이야기를 바로 시작할 수 있도록 관리자에게 일전에 어떤 대화가 오갔는지, 관련 기록에는 어떤 것이 있는지 미리 알려 주도록 하자. 학부모의 78%는 때로는 스스로 책임져야 할 문제에 대해서까지 학교 탓을 하는 경우가 있다고 답했기 때문에(NBC News Education Nation, 2015) 면담 전에 학부모가 자신의 잘못을 인정할 수도 있다. 그러나 혹시 모를 상황에 대비를 해 두는 것이 좋다.

• 시간 낭비하지 않기 정말 친절하지만 교사의 진을 다 빼놓는 학부모도 있다. 이들은 교사에게 시도 때도 없이 연락하거나 과도한 노력을 요구한다. 이런 학부모를 대할 때는 우선 교사가 학부모의 피드백을 매우 소중하게 생각하며 자녀를 위해 최선을 다하고 있다는 사실을 알려야 한다. 그렇지 않고 자신이 무시당

하고 있다고 느끼면 이들은 교사에게 더 집착하거나 적대적인 태도로 돌변할 수 있다. 또한 부모의 열정으로부터 학생이 도움을 받을 수 있도록 해야 한다.

두 번째 방법은 학부모의 궁금증을 해소할 수 있는 웹사이트를 알려 주는 것이다. 예를 들면 다음과 같다.

- 시험 점수나 전반적인 성적을 궁금해한다면 온라인 학부모 포털사이트에 접속하여 학생별 데이터 게시판을 참고하라고 알려 준다.
- 과제를 언제까지 내야 하는지, 시험공부는 어떻게 하는 것이 좋은 방법인지 궁금해한다면 학급 웹페이지를 방문하라고 알려 준다.

지역 교육청에서 개설한 웹사이트가 없더라도 무료로 사용할 수 있는 좋은 에드테크 도구가 많다(11장 'IT 기술' 참고). 적절한 도구를 사용하면 시간도 절약할 수 있고, 학부모가 자신의 궁금증을 스스로 해소할 가능성도 생긴다. 학부모가 에드테크 사용에 어려움을 겪는다면 지역 교육청 IT 부서에 연락을 취할 수 있도록 돕는다.

마지막 방법은 중요한 질문은 언제든 환영하지만, 자녀에게 직접 도움이 되는 부분에 더 많은 시간과 노력을 할애하는 것이 더욱 중요하다는 점을 학부모에게 설명하는 것이다. 수업 계획에 대해 말만 늘어놓기보다는 직접 수업 계획을 짜는 것이 학생에게 더 많은 도움이 된다. 마찬가지로 자녀에게 더 많은 도움이 필요하다고 이야기만 하는 것보다는 직접 자녀의 공부를 돌보아주는 것이 자녀에게 더 큰 도움이 된다. 어쩌면 학부모가 기존의 습관을 고칠 때까지 똑같은 설명을 반복해야 할 수도 있다.

- 학부모와 정기적으로 소통하기 하버드 대학교와 브라운 대학교에서는 재수강 프로그램을 듣는 고등학생 435명과 그들의 부모를 대상으로 연구를 진행했다(Kraft & Rogers, 2015). 연구에 따르면 자녀의 성적을 높일 방법을 한 문장으로 적어 매주 집에 보냈더니 학점을 이수하지 못하는 학생의 수가 41% 줄었고, 가정에서 대화의 질이 높아졌으며, 수강 취소 비율이 절반가량 줄었다고 한다. 이렇듯 가정에 보내는 통신문은 많은 시간을 들여 길게 쓴다고 좋은 것이 아니다. 이 사실을 깨닫는다면 장기적으로 업무 부담을 줄일 수 있다.

  컴퓨터를 이용해 여러 학부모에게 동시에 메시지를 보낼 수 있고, 개별적으로 연락을 하는 것처럼 보이게 할 수 있다. 매번 다른 메시지를 보내도 좋고 이전에 썼던 메시지를 다시 사용할 수 있을 때는 재사용하면 된다. 11장 'IT 기술'을 참고하면 학부모와 소통을 수월하게 해 주는 다른 도구에 대해서도 배울 수 있다.

- 피드백 환영하기 학부모에게 피드백을 할 기회를 주자. 자신의 피드백이 중요하다는 것을 학부모가 알게 되면 교사와 유대가 깊어지고, 자신의 참여를 교사가 환영한다는 사실도 알게 된다. 학부모에게 피드백을 요청하는 방법에는 비공식적인 방법과 공식적인 방법이 있다.

  - 비공식적 방법 예: 테스의 문제 행동에 관해 이야기하며 부모

에게 "테스가 집에서 떼를 쓰면 어떻게 하나요? 어떤 방법이 가장 효과가 좋았나요?"라고 질문한다.

- 공식적 방법 예: 집에서 과제로 해오는 과학 프로젝트 준비물을 마련하기가 어려운지 물어보는 설문조사 링크를 학부모 포털에 올려 둔다. 이때 설문은 익명으로 진행된다는 점을 공지한다.

- 정기적인 소통을 위해 미리 이메일 계획 세우기 이메일로 소통하는 것을 선호하는 교사도 있는데 대화 기록을 명확히 남길 수 있고, 언제든 참고할 수 있으며 통화보다 빠르게 답변을 받을 수 있기 때문이다. 반면 답장을 일일이 작성하는 데 시간이 너무 많이 들어 통화를 하는 게 더 빠르다고 느끼는 교사도 있다. 커틀러(2014)는 이메일을 사용할 경우 어조나 의미를 오해하기 쉬워 감정이 상하는 일이 생길 수도 있다고 경고한다. 이메일을 어떻게 사용해야 시간을 최대한 절약할 수 있을지 판단하고 원하는 형식으로 대화를 진행하자. 물론 평소 연락이 잘 닿지 않는 학부모가 문자 메시지에만 답을 하거나, 학부모의 참여를 독려하는 메시지를 학부모가 원하는 방식으로 보내야 하는 경우 등 필요할 때는 언제든 다른 방식을 사용해도 된다.

> 가는 곳마다 행복을 불러오는 이들이 있는가 하면, 떠나야만 다른 사람들을 행복하게 하는 이들도 있다.
>
> – 오스카 와일드

- 긍정적인 사고방식 유지하기 이 전략은 쉬운 일이 아니지만 장기적으로 많은 도움이 될 수 있다. 멘들러(2013)는 학부모를 자녀

에 관한 한 잘못된 판단을 내릴 수도 있는 맹목적인 옹호자이자, 교사에게는 역설적으로 가르침을 줄 수도 있는 대상으로 볼 것을 권고한다. 멘들러는 자녀를 돕고자 하는 마음에서 분노가 생기기 때문에 무관심한 부모보다는 화를 내는 부모가 낫고, 교사가 자녀를 돌보아 줄 것이라고 믿는 부모라면 교사와 기꺼이 협력할 것이라고 말한다.

- 학부모에게 학생 칭찬하기 처음부터 모범적이었던 학생이든 오랜 노력 끝에 빛을 발한 학생이든 학부모에게 학생을 칭찬하는 것은 중요하다. 그러나 6만 6,314명의 학생을 대상으로 한 설문조사에서 교사가 부모에게 자신을 칭찬한다고 응답한 학생은 52%밖에 되지 않았다(QISA, 2014). 시간이 좀 더 들 수는 있지만 학생을 칭찬하면 교사도 자신의 성공에 몰입할 수 있고, 학생의 성공에 기여할 수 있으며, 학부모 자원봉사자를 모집할 가능성이 커지기 때문에 소진을 예방할 수 있다. 하교 시간에 학생을 칭찬하는 말을 적어 교사의 이름과 함께 학생에게 들려 보내는 간단한 방법도 있다.

  6학년 영어 교사인 케샤 윌리엄스(Kechia Williams, 2016)는 "브라이언이 저희 반이라서 정말 좋아요" 같은 짧은 문장만으로도 학부모를 감동하게 하고 기쁘게 할 수 있다고 말한다. 킴벌리 팔미오토 박사는 매일 한 명의 학생을 정해서 종이에 칭찬을 써 보내고, 반대편에는 학부모가 자녀에 대한 칭찬을 적어 돌려보내 달라고 요청할 것을 제안한다(Edutopia & GreatSchools, 2014).

## 교사에 대한 인식 개선하기

대중의 인식이 시도 때도 없이 바뀌는 것처럼 보일 수도 있지만, 교사가 얼마나 멋진 사람인지 외부인에게 알릴 방법이 있다. 다음에는 교사에 대한 인식을 개선할 수 있는 전략이 제시되어 있고, 9장 '지루함'에서 소개했던 아이디어를 다시 참고하면 교사라는 직업과 교사에 대해 홍보할 방법을 알 수 있을 것이다. 자신의 상황에 맞는 전략을 선택하여 직접 해 보기에는 시간이 부족하거나 별로 활용하고 싶지 않은 전략(예: 모든 교사가 글쓰기를 좋아하는 것은 아니다)은 그냥 넘어가도 좋다.

- 전문가다운 복장 갖추기 교사가 전문가다운 면모를 갖추어야 하는 것은 당연한 일이지만(예: 공개수업에 일찍 도착하기, 교실을 깔끔하게 정리하고 유인물 준비하기 등) 복장에는 그다지 신경을 쓰지 않는 경우가 많다. 여러 연구 결과에 따르면 정장을 입었을 때 더 큰 자신감이 생기고(Slepian, Ferber, Gold, & Rutchick, 2015), 격식을 차린 옷을 입으면 사람들의 협조를 받기가 더 수월해진다고 한다(Nelissen & Meijers, 2011).

- 언론사 초청하기 나는 예전에 데이나 글리든이라는 훌륭한 과학교사와 함께 일했던 적이 있다. 하루는 데이나가 세포의 구조에 대한 수업을 진행했는데 당시 지역 뉴스 방송사를 초청하여 자신이 수업하는 모습을 촬영하도록 했다. 학부모의 동의 없이는 학생들의 얼굴을 방송에 내보낼 수 없기 때문에 학생들은 처음부터 끝까지 앞만 봐야 했지만 데이나의 전문가다운 모습은 그

날 저녁 뉴스를 통해 시청자들에게 생생하게 전달되었다. 사람들은 이 방송을 통해 교사가 얼마나 유능하고 소중한 존재인지 깨닫게 되었다. 특강이나 특별 행사를 진행할 계획이라면 지역 뉴스 방송사나 신문사를 초청하는 것도 좋은 방법이다.

• 프로그램 기획하기 학교에서 연극이나 합창대회 같은 공식적인 행사를 개최하면 학부모와 지역 공동체 사람들은 너나 할 것 없이 학교로 모여든다. 많은 사람이 좋아할 만한 훌륭한 프로그램을 기획하여 학부모와 지역 공동체 사람들을 초대해 보자. 예를 들어 학생들이 수업 시간에 발표할 기회가 있다면 '학생 말하기 대회'라는 이름으로 프로그램을 기획하고 교장 선생님과 학교 이사진을 초청한다. 그리고 절대 놓쳐서는 안 될 학예회 등의 행사를 개최할 때처럼 학부모와 지역 공동체 사람들의 참여를 독려한다. 물론 너무 부담스럽게 느껴진다면 이 전략을 사용하지 않아도 된다.

• 홍보 자료 만들기 교사들은 홍보대사로 활동하면서 교사라는 직업을 알릴 수 있다. 교육부에서 운영하는 프로젝트나 교육 프로그램에 참여하여 리더십을 기를 기회를 가질 수도 있다.
9장 '지루함'에는 전문성을 공유할 수 있는 다양한 방법이 제시되어 있다. 교육 잡지에 기고를 하거나 콘퍼런스에서 워크숍을 진행할 수도 있으며, 이는 모두 교직을 널리 알릴 수 있는 소중한 기회이다. 어떤 말을 하더라도 교직에 대한 존경심이 담기도록 하고, 내가 선정한 주제가 학생들을 돕기 위한 학교 차원의 노력과 어떤 관련이 있는지 설명하도록 한다.

• 학교 관리자에게 홍보 자료 배포 요청하기 학교를 홍보하는 일은
정말 중요하다. 학교 이미지가 나쁘면 주소지 제한에도 불구하
고 우수한 학생들이 멀리 떨어진 학교에 입학하려 할 것이다.
친구 집 주소를 이용하거나 사립학교에 진학하고, 비영리단체에
돈을 기부하여 타 지역학교 또는 사립학교 장학금을 받거나 정
부 지원을 받는 등, 자녀를 더 좋은 학교에 보내고 싶어 하는 학
부모는 어떻게 해서든 그 목표를 달성할 것이다. 이렇게 되면
학생과 교육자를 위한 학교 환경은 갈수록 악화된다.
학교 관리자에게 학교 이미지를 개선하기 위해 적극적으로 홍보
활동에 나설 것을 요청해 보자. 학교에서 이룬 성과가 언론에
보도될 수 있도록 하거나 학교 평가 보고서에 학교에서 하고 있
는 노력이 언급되도록 하는 것이다. 나는 특수임무 교사로 근무
하면서 학교의 성과를 홍보하는 책자를 제작했던 적이 있는데,
당시 함께 일했던 교장 선생님은 책자를 학교 현관에 비치했을
뿐만 아니라, 주변 부동산 중개소에까지 가져다 놓는 기지를 발
휘했다.

다음 문제에 각자 응답하거나 소집단으로 토의해 보세요.

1. 학부모 참관 행사 또는 공개수업을 최대한 활용하기 위해 할 일을 다섯 가지 적어 보세요.

    ❶ _____

    ❷ _____

    ❸ _____

    ❹ _____

    ❺ _____

2. 학부모와의 면담 시간을 최대한 활용하기 위해 할 일을 다섯 가지 적어보세요.

    ❶ _____

    ❷ _____

    ❸ _____

    ❹ _____

    ❺ _____

3. 최대한 많은 학부모를 수업에 참여시키기 위한 포괄적인 계획을 써 보세요. 일정이 서로 다른 학부모들이 모두 환영할 만한 계획이어야 합니다.

    _____

    _____

4. 여러분이 학생들을 대하는 방식을 마음에 들어 하지 않는 학부
   모가 있다고 해 봅시다. 최악의 상황에 대비하되 현재 상황을
   개선하기 위해 할 수 있는 일에는 어떤 것이 있을까요?

   _____

   _____

   _____

5. 위 4번에 언급된 학부모가 이번에는 통화를 하다가 화가 나서
   여러분에게 고함을 쳤다고 생각해 보세요. 어떻게 하겠습니까?

   _____

   _____

   _____

6. 지역 공동체와 소통하고, 수업 시간에 하고 있는 멋진 일을 알
   리고, 이를 통해 교직에 대한 인식을 개선할 방법에는 어떤 것
   이 있을까요?

   _____

   _____

   _____

6부

# 결론

## 15장

# 시작이 반이다

공부로 힘들어하는 학생에게 해 주었던 조언을 떠올려 보자. 분명 "절대 포기하지 마. 넌 할 수 있어. 너를 믿어 봐"와 같은 말이었을 것이다. 여러분이 이런 말을 했다면 여러분도 이 말을 믿어야 한다. 교사에게도 얼마든지 적용될 수 있는 말이다.

여러분은 소진에 시달린다고 해서 좌절해서는 안 된다. 그러므로 여러분을 지치게 하는 무언가가 있다면 정면으로 맞서 싸우자. 작은 노력이 모여 큰 변화를 이루는 법이다. 내가 가장 잘할 수 있는 것부터 시작한 다음, 새로운 전략을 하나씩 시도해 보기 바란다.

여러분은 교사이다. 여러분은 영웅이고 이 세상을 발전시킬 수 있는 거대한 희망과 같은 존재이다. 최고의 교사가 되는 방법을 가장 잘 알고 있는 사람은 바로 교사 자신이다. 그러므로 여러분의 눈앞에 놓인 도전 과제들이 여러분을 넘어뜨릴 수 없다. 교사의 직분을 감당할 용기가 있었던 사람에게는 그 직분을 끝까

> 깊은 겨울, 나는 아무도 꺾을 수 없는 여름이 내 안에 놓여 있음을 알았다.
>
> - 알베르 카뮈

지 해낼 용기도 있는 법이다. 그 여정의 끝에서 여러분을 기다리고 있는 내면의 평화와 성공적인 교직생활을 마음껏 누리기 바란다.

## 옮긴이 후기

 이 책은 교사라는 소중한 직업을 갖고 있으면서도, 그 직업 때문에 자신과 주변을 돌볼 수 없을 만큼 힘들어진 사람들을 위한 책이다. 수년간 사범대학과 교육대학, 대학원의 수업에서 만난 교사들은, 그들의 직업이 아무나 할 수 없다는 자랑스러움을 갖고 있지만 또한 아무나 가질 수 없는 참아냄을 요구한다는 사실을 알고 있었다. 그리고 자랑스러움에서 생긴 긍정적 감정은 사라지고 참아냄에서 생긴 부정적 감정만 남게 된 현직 교사들을 종종 보게 되었다. 이 책의 첫 부분에서 저자는, 통상 '열심히 가르치는' 교사들은 당연히 지치게 되는 것이며, 지칠 때까지 가르치는 교사가 마치 열정적이고 좋은 교사인 것처럼 보는 시각 자체를 비판하고 있다. 교직은 다른 직업군과 마찬가지로 소진(burnout, 번아웃)의 가능성을 갖고 있으며, 소진으로 발생할 수 있는 위험성이 오히려 더 많이 존재하는 직업이다. 이 책은 교사뿐만 아니라 학생, 교육 관련 종사자나 연구자들이 교사들의 어려움을 이해하고 교사들의 소진이 얼마나 심각한 문제이며 그럼에도 그 심각성에 비해 소진의 대처 방안에 대한 연구가 얼마나 부족했는지를 각성하는 계기가 될 것이다. 이런 계기의 일환으로, 교사들에게 위안을 주면서도 그들의 현실을 조금이라도 이겨내는 데 도움이 되는 실제적인 내용을 소개하게 된 것을 기쁘게 생각한다.

이 책의 저자는 오랜 교사 생활과 연구를 통해 터득한, 소진을 극복하기 위한 다양한 대처 방안을 제공한다. 여기에는 교사 개인이 소진을 이겨내는 데 도움이 되는 마음가짐도 있지만 저자는 "태도가 전부는 아니다"라고 분명히 말한다. 소진을 극복하기 위해서는 외적인 지원 또한 경우에 따라서는 더 많이 필요하다. 이를테면 5장에서 설명한 학생들의 과제물이 자동 채점, 저장되는 프로그램은 당장 활용된다면 업무에 지친 교사들의 시간을 무엇보다 확실하게 챙겨줄 수 있는 매력적인 방법이다. 물론 미국의 교육 시스템과 환경이 우리나라와 다른 점이 있기에, 이 책에서 소개한 전략이나 프로그램을 직접 적용하거나 구현할 수 있는 수준에는 한계가 있다. 그러나 여타의 소진 관련 연구물이나 도서와는 달리 이책은 앞선 예처럼 소진 극복을 위한 지원 방안을 상당히 구체적으로 다루고 있고, 이 방안에 대해서 우리나라 상황에서 어떻게 변용이 가능할 것인지 독자들도 생각해 볼 필요가 있을 것이다.

다시 말하지만 소진 연구, 특히 교사들의 소진 연구는 최근 시작된 것이나 다름없다. 힘을 잃은 교사들이 이 책을 통해 자신과 학생을 위해 교직을 포기하지 않기를, 그리고 조금이라도 힘을 찾게 된 후에는 소진된 다른 교사들을 돕고 나아가 소진을 예방하는 더 나은 교육 풍토를 만드는 데 참여할 수 있기를 희망한다. 이상적인 번아웃-프리(burnout-free) 교육 환경이란 소진을 이겨 냈거나 이겨 내고 있는 교사들뿐 아니라 예비 교사, 학교 관리자, 정책 입안자, 학부모나 지역 사회의 구성원들도 모두 관심을 갖고 노력할 때 형성될 수 있다. 이 책의 후반부에서도 어떻게 하면 그들의 도움을 얻어 낼 수 있는지에 대한 좋은 아이디어를 제공하고 있지만,

학교 현장의 어려움을 극복하기 위한 각자의 작은 노력이야말로 우리의 교육 환경을 조금씩이라도 나아지게 만드는 방법임을 모든 이들이 깨달았으면 한다. 그렇게 된다면 지치고 힘들어 차마 말을 못하고 있는 어떤 교사가 있을 때, 저자가 말했던 것과 같이 "선생님은 혼자가 아닙니다"라고 말해 줄 수 있을 것이다.

2019년 12월
옮긴이 일동

# 참고문헌

## 제1장

Alkhateeb, O., Kraishan, O. M., & Salah, R. O. (2015, May 27). Level of psychological burn-out of a sample of secondary phase teachers in Ma'an Governorate and its relationship with some other variables. *International Education Studies, 8*(6), 56–68. doi: 10.5539/ies. v8n6p56

American Federation of Teachers. (2015). *Quality of worklife survey.* Retrieved from http://www.aft.org/sites/default/files/worklifesurveyresults2015.pdf

Bill and Melinda Gates Foundation. (2014). *Primary sources: America's teachers on teaching in an era of change: A project of Scholastic and the Bill and Melinda Gates Foundation* (3rd ed.). Retrieved from http://www.scholastic.com/primarysources/download-the-full-report.htm

Chartock, J., & Wiener, R. (2014, November 13). How to save teachers from burning out, dropping out and other hazards of experience. *The Hechinger Report.* Retrieved from http://hechingerreport.org/content/can-keep-great-teachers-engaged-effective-settle-careers_18026/

Darling-Hammond, L. (2014, June 30). To close the achievement gap, we need to close the teaching gap. *Huffington Post.* Retrieved from http://www.huffingtonpost.com/linda-darlinghammond/to-close-the-achievement_b_5542614.html

Glasser, W. (1992). The quality school. *Phi Delta Kappan, 73*(9), 690–694. Bloomington, IN: ProQuest Periodical 1761291.

Haynes, M. (2014, July). On the path to equity: Improving the effectiveness of beginning teachers. *Alliance for Excellence.* Retrieved from http://all4ed.org/reports-factsheets/path-to-equity/

Herman, E. (2014, July 25). Teachers can't be effective without professional working conditions. *Gatsby in LA.*

Ingersoll, R. M. (2012, May 16). Beginning teacher induction: What the data tell us: Induction is an education reform whose time has come. *Education Week.* Retrieved from http://www.edweek.org/ew/articles/2012/05/16/kappan_ingersoll.h31.html?tkn=MTNF24n JQybOEmGq0BEBYEdXQnGRz0lpZatI&print=1#

Ingersoll, R. M., Merrill, L., & Stuckey, D. (2014). *Seven trends: The transformation of the teaching force, updated April 2014*. CPRE Report (#RR-80). Philadelphia: Consortium for Policy Research in Education, University of Pennsylvania.

Merriam-Webster. (2015). *Dictionary: Burnout*. Retrieved from http://www.merriam-webster.com/dictionary/burnout

Metropolitan Life Insurance Company. (2013). *MetLife survey of the American teacher: Challenges for school leadership*. New York, NY: Author and Peanuts Worldwide.

National Union of Teachers. (2013, January 2). *Teacher survey shows government going in wrong direction*.

Neufeldnov, S. (2014, November 10). Can a teacher be too dedicated? *The Atlantic*. Retrieved from http://m.theatlantic.com/national/archive/2014/11/can-a-teacher-be-too-dedicated/382563/?single_page=true

Northwest Evaluation Association (NWEA). (2014). *Make assessment matter: Students and educators want tests that support learning*. Portland, OR: Author.

Rauhala, J. (2015, April 16). Don't quit: 5 strategies for recovering after your worst day teaching. *Edutopia*. Retrieved from http://www.edutopia.org/blog/strategies-recovering-worst-day-teaching-johanna-rauhala

Riggs, L. (2013, October 18). Why do teachers quit? And why do they stay? *The Atlantic*. Retrieved from http://www.theatlantic.com/education/archive/2013/10/why-do-teachers-quit/280699/

Schaufeli, W. B., Leiter, M. P., & Maslach, C. (2009). Burnout: 35 years of research and practice. *Career Development International, 14*(3), 204–220. doi: 10.1108/13620430910966406

Seidel, A. (2014). The teacher dropout crisis. *NPR*. Retrieved from http://www.npr.org/blogs/ed/2014/07/18/332343240/the-teacher-dropout-crisis?utm_campaign=storyshare&utm_source=twitter.com&utm_medium=social

Shukla, A., & Trivedi, T. (2008). Burnout in Indian teachers. *Asia Pacific Education Review, 9*(3), 320–334. Education Research Institute.

Stanley, J. (2014, October 13). How unsustainable workloads are destroying the quality of teaching. *Schools Week*. Retrieved from http://schoolsweek.co.uk/how-unsustainable-workloads-are-destroying-the-quality-of-teaching

## 제2장

Bergland, C. (2012, December 29). The neuroscience of music, mindset, and motivation: Simple ways you can use music to create changes in mindset and behavior. *Psychology Today* and *the Athlete's Way*. Retrieved from https://www.psychologytoday.com/blog/the-athletes-way/201212/the-neuroscience-music-mindset-and-motivation

Breaux, A. (2015). Ten things master teachers do. *ASCD Express, 10*(23), 1–2. Retrieved from http://www.ascd.org/ascd-express/vol10/1023-breaux.aspx?utm_source=ascdexpress&

utm_medium=email&utm_campaign=Express-11–08

Cooney, G. M., Dwan, K., Greig, C. A., Lawlor, D. A., Rimer, J., Waugh, F. R., McMurdo, M., & Mead, G. E. (2013). Exercise for depression. *Cochrane Database of Systematic Reviews, 2013*(9), 73–157. doi: 10.1002/14651858.CD004366

Delisio, E. R. (2015, March 23). Autoimmune diseases hit teachers hard. *Education World.* Retrieved from http://www.educationworld.com/a_issues/issues/issues227.shtml

Demir, A., Ulusoy, M., & Ulusoy, M. F. (2003). Investigation of factors influencing burnout levels in the professional and private lives of nurses. *International Journal of Nursing Studies, 40*(8), 807–827.

Dweck, C. (2007). *Mindset: The new psychology of success.* New York, NY: Ballantine Books.

Espeland, K. E. (2006). Overcoming burnout: How to revitalize your career. *The Journal of Continuing Education in Nursing, 37*(4), 178–184.

Guiney, H., & Machado, L. (2013). Benefits of regular aerobic exercise for executive functioning in healthy populations. *Psychonomic Bulletin & Review, 20*(1), 73–86. doi: 10.3758/s13423-012-0345-4

Nieto, S. (2015, March). Still teaching in spite of it all. *Educational Leadership, 72*(6), 54–59. Alexandria, VA: ASCD.

Puig, A., Baggs, A., Mixon, K., Park, Y. M., Kim, B. Y., & Lee, S. M. (2012). Relationship between job burnout and personal wellness in mental health professionals. *Journal of Employment Counseling, 49*, 98–109.

Rauhala, J. (2015, April 16). Don't quit: 5 strategies for recovering after your worst day teaching. *Edutopia.* Retrieved from http://www.edutopia.org/blog/strategies-recovering-worst-day-teaching-johanna-rauhala

Schoenfeld, T. J., Rada, P., Pieruzzini, P. R., Hsueh, B., & Gould, E. (2013, May 1). Physical exercise prevents stress-induced activation of granule neurons and enhances local inhibitory mechanisms in the dentate gyrus. *The Journal of Neuroscience, 33*(18), 7770–7777. doi: 10.1523/JNEUROSCI.5352-12.2013

Schwartz, T. (2010). *The way we're working isn't working: The four forgotten needs that energize.* New York, NY: Free Press.

Skovholt, T. M., & Trotter-Mathison, M. J. (2011). *The resilient practitioner: Burnout prevention and self-care strategies for counselors, therapists, teachers, and health professionals* (2nd ed.). New York, NY: Routledge, Taylor and Francis Group, LLC.

Smith, J. C. (2013, February). Effects of emotional exposure on state anxiety after acute exercise. *Medicine and Science in Sports and Exercise, 45*(2), 372–378. doi: 10.1249/MSS.0b013e31826d5ce5

## 제3장

ASCD. (2015, April). Tell me about . . . Good ways to communicate with teachers. *Educational Leadership, 72*(7), 93–94. Alexandria, VA: ASCD.

Barrett, P., Zhang, Y., Davies, F., & Barrett, L. (2015, February). *Summary report of the HEAD Project: Clever classrooms (holistic evidence and design)*. Manchester: University of Salford.

Education Evolving. (2014). *Teacher-powered schools: Generating lasting impact through common sense innovation.*

Herman, E. (2014, July 25). Teachers can't be effective without professional working conditions. *Gatsby in LA.*

McMains, S., & Kastner, S. (2011, January 2). Interactions of top-down and bottom-up mechanisms in human visual cortex. *The Journal of Neuroscience, 31*(2), 587–597. doi: 10.1523/JNEUROSCI.3766–10.2011

Morrison, M. (2015, January 27). An invitation to inspiring learning spaces. *Tech & Learning.*

Neufeldnov, S. (2014, November 10). Can a teacher be too dedicated? *The Atlantic.* Retrieved from http://m.theatlantic.com/national/archive/2014/11/can-a-teacher-be-too-dedicated/382563/?single_page=true

OWP/P Cannon Design & Mau, B. (2010). *The third teacher.* New York, NY: Abrams.

Riggs, L. (2013, October 18). Why do teachers quit? And why do they stay? *The Atlantic.* Retrieved from http://www.theatlantic.com/education/archive/2013/10/why-do-teachers-quit/280699/

Skovholt, T. M., & Trotter-Mathison, M. J. (2011). *The resilient practitioner: Burnout prevention and self-care strategies for counselors, therapists, teachers, and health professionals* (2nd ed.). New York, NY: Routledge, Taylor and Francis Group, LLC.

TNTP. (2015, August 4). *The mirage: Confronting the hard truth about our quest for teacher development.* Retrieved from http://tntp.org/publications/view/evaluation-and-development/the-mirage-confronting-the-truth-about-our-quest-for-teacher-development?utm_source=EdsurgeTeachers&utm_campaign=af0dda9d1b-Instruct+182&utm_medium=email&utm_term=0_3d103d3ffb-af0dda9d1b-292335873

YouGov. (2015). *Poll results: Teachers.*

## 제4장

Cameron, K. (2014, November 14). 5 ways to take the grind out of grading papers. *Classroom 2.0.* Retrieved from http://www.classroom20.com/forum/topics/5-ways-to-take-the-grind-out-of-grading-papers-1

Cano-Garcia, F. J., Padilla-Muñoz, E. M., & Carrasco-Ortiz, M. A. (2004, September 11). Personality and contextual variables in teacher burnout. *Personality and Individual Differences, 38*, 929–940. doi: 10.1016/j.paid.2004.06.018

Chesser, L. (2014, March 18). 25 tricks to stop teacher burnout. *InformED*. Retrieved from http://www.opencolleges.edu.au/informed/features/25-tricks-to-stop-teacher-burnout/#ixzz31i2ITdLO

Davis, V. (2014, May 20). 12 choices to help you step back from burnout. *Edutopia*. Retrieved from http://www.edutopia.org/blog/12-choices-step-back-from-burnout-vicki-davis?utm_source=SilverpopMailing&utm_medium=email&utm_campaign=022515%20enews-A%20sm%20gm&utm_content=&utm_term=blog1&spMailingID=10733072&spUserID=MzgwNjgyODYwNjcUS1&spJobID=481863955&spReportId=NDgxODYzOTU1S0

Neufeldnov, S. (2014, November 10). Can a teacher be too dedicated? *The Atlantic*. Retrieved from http://m.theatlantic.com/national/archive/2014/11/can-a-teacher-be-too-dedicated/382563/?single_page=true

Oumanski, P. (2015, June). 43 ways you're not really helping. *Real Simple, 16*(6), 142–149.

Rauhala, J. (2015, April 16). Don't quit: 5 strategies for recovering after your worst day teaching. *Edutopia*. Retrieved from http://www.edutopia.org/blog/strategies-recovering-worst-day-teaching-johanna-rauhala

Schwartz, T. (2010). *The way we're working isn't working: The four forgotten needs that energize*. New York, NY: Free Press.

## 제5장

Alber, R. (2010, January 5). Tactics for tackling the grading dilemma. *Edutopia*. Retrieved from http://www.edutopia.org/grading-dilemma-strategies-tactics

Cameron, K. (2014, November 14). 5 ways to take the grind out of grading papers. *Classroom 2.0*. Retrieved from http://www.classroom20.com/forum/topics/5-ways-to-take-the-grind-out-of-grading-papers-1

Darling-Hammond, L. (2014, June 30). To close the achievement gap, we need to close the teaching gap. *Huffington Post*. Retrieved from http://www.huffingtonpost.com/linda-darlinghammond/to-close-the-achievement_b_5542614.html

Gelman, G. (2015, February). Art of living: The best advice I ever got. *Readers Digest, 185*(1107), 41–47. White Plains: NY: The Readers Digest Association.

Hattie, J. A. C. (2009). *Visibly learning from reports: The validity of score reports*. Paper presented at the annual meeting of the National Council for Measurement in Education (NCME). New York, NY: Routledge Taylor & Francis Group.

Jago, C. (2005). *Papers, papers, papers: An English teacher's survival guide*. Portsmouth, NH: Heinemann.

Krantz-Kent, R. (2008, March). Teachers' work patterns: When, where, and how much do U.S. teachers work? *Monthly Labor Review*, 52–59. Washington, DC: U.S. Department of Labor, Bureau of Labor Statistics.

Passarella, E. (2015). Do kids really need homework? *Real Simple, 11*, 150–151.

Pinelli, P. (2015, April 2). 6 reasons it's important to create your own online assessments. *eSchool News*. Retrieved from http://www.eschoolnews.com/2015/04/02/creating-online-assessments-431/?ps=drjrankin@gmail.com-001a000001JOTLm-003a000001g6MmL

## 제6장

American Federation of Teachers. (2015). *Quality of worklife survey*. Retrieved from http://www.aft.org/sites/default/files/worklifesurveyresults2015.pdf

Bantuveris, K. (2013, September 13). 5 tips for engaging parent volunteers in the classroom. *Edutopia*. Retrieved from http://www.edutopia.org/blog/strategies-for-engaging-parent-volunteers-karen-bantuveris

Bill and Melinda Gates Foundation. (2015). *Teachers know best: What teachers want from digital instructional tools 2.0*.

Davis, V. (2014, May 20). 12 choices to help you step back from burnout. *Edutopia*. Retrieved from http://www.edutopia.org/blog/12-choices-step-back-from-burnout-vicki-davis?utm_source=SilverpopMailing&utm_medium=email&utm_campaign=022515%20enews-A%20sm%20gm&utm_content=&utm_term=blog1&spMailingID=10733072&spUserID=MzgwNjgyODYwNjUS1&spJobID=481863955&spReportId=NDgxODYzOTU1S0

Demir, A., Ulusoy, M., & Ulusoy, M. F. (2003). Investigation of factors influencing burnout levels in the professional and private lives of nurses. *International Journal of Nursing Studies, 40*(8), 807–827.

Espeland, K. E. (2006). Overcoming burnout: How to revitalize your career. *The Journal of Continuing Education in Nursing, 37*(4), 178–184.

Heitin, L. (2015). Most math curricula found to be out of sync with Common Core. *Education Week*. Retrieved from http://www.edweek.org/ew/articles/2015/03/04/most-math-curricula-found-to-be-out.html?cmp=ENL-CM-NEWS1

Maslach, C., & Leiter, M. P. (2008). Early predictors of job burnout and engagement. *Journal of Applied Psychology, 93*(3), 498–512. doi: 10.1037/0021–9010.93.3.498

Roseman, J. E., & Koppal, M. (2015, January). Aligned or not? *Educational Leadership, 72*(4), 24–27. Alexandria, VA: ASCD.

Skovholt, T. M., & Trotter-Mathison, M. J. (2011). *The resilient practitioner: Burnout prevention and self-care strategies for counselors, therapists, teachers, and health professionals* (2nd ed.). New York, NY: Routledge, Taylor and Francis Group, LLC.

Stanley, J. (2014, October 13). How unsustainable workloads are destroying the quality of teaching. *Schools Week*. Retrieved from http://schoolsweek.co.uk/how-unsustainable-workloads-are-destroying-the-quality-of-teaching

Strauss, V. (2014, December 12). Teacher: The day I knew for sure I was burned out. *The Washington Post*. Retrieved from http://www.washingtonpost.com/blogs/answer-sheet/wp/2014/12/12/teacher-the-day-i-knew-for-sure-i-was-burned-out/?utm_content=

buffer993c8&utm_medium=social&utm_source=twitter.com&utm_campaign=buffer

Van Hook, M. P., & Rothenberg, M. (2009). Quality of life and compassion satisfaction/ fatigue and burnout in child welfare workers: A study of the child welfare workers in community based care organizations in central Florida. *Social Work and Christianity, 36*(1), 36–54.

Warren, F. (2014, May 29). Teacher burnout is real 4 ways to avoid it. *The Huffington Post.* Retrieved from http://www.huffingtonpost.com/franchesca-warren/teacher-burnout_b_5401551.html

WeAreTeachers & Volunteer Spot. (2013). *Parent volunteers in the classroom.*

Zubrzycki, J. (2014, December 17). *Denver public schools "back to the drawing board" in search for common core-aligned curriculum.* Retrieved from http://co.chalkbeat.org/2014/12/17/denver-public-schools-back-to-the-drawing-board-in-search-for-common-core-aligned-curriculum/#.VP3g2_nF-So

## 제7장

Cameron, K. (2014, November 14). 5 ways to take the grind out of grading papers. *Classroom 2.0.* Retrieved from http://www.classroom20.com/forum/topics/5-ways-to-take-the-grind-out-of-grading-papers-1

Heilman, M. E., & Chen, J. J. (2005, May). Same behavior, different consequences: Reactions to men's and women's altruistic citizenship behavior. *Journal of Applied Psychology, 90*(3), 431–441.

Inandi, Y., & Buyukozkan, A. S. (2013). The effect of organizational citizenship behaviours of primary school teachers on their burnout. *Educational Sciences: Theory and Practice, 13*(3), 1545–1550.

Neufeldnov, S. (2014, November 10). Can a teacher be too dedicated? *The Atlantic.* Retrieved from http://m.theatlantic.com/national/archive/2014/11/can-a-teacher-be-too-dedicated/382563/?single_page=true

Sandberg, S., & Grant, A. (2015, February 6). Madam C.E.O., get me a coffee. *The New York Times.* Retrieved from http://www.nytimes.com/2015/02/08/opinion/sunday/sheryl-sandberg-and-adam-grant-on-women-doing-office-housework.html

Schreiber, D. (2014, March 25). How to scale yourself and get more done than you thought possible. *Zapier.* Retrieved from https://zapier.com/blog/scale-yourself-scott-hanselman/

Skovholt, T. M., & Trotter-Mathison, M. J. (2011). *The resilient practitioner: Burnout prevention and self-care strategies for counselors, therapists, teachers, and health professionals* (2nd ed.). New York, NY: Routledge, Taylor and Francis Group, LLC.

Demir, A., Ulusoy, M., & Ulusoy, M. F. (2003). Investigation of factors influencing burnout levels in the professional and private lives of nurses. *International Journal of Nursing Studies, 40*(8), 807–827.

Espeland, K. E. (2006). Overcoming burnout: How to revitalize your career. *The Journal of Continuing Education in Nursing, 37*(4), 178–184.

Gray, L., & Taie, S. (2015). *Public school teacher attrition and mobility in the first five years: Results from the first through fifth waves of the 2007–08.* Beginning Teacher Longitudinal Study (NCES 2015–337). U.S. Department of Education. Washington, DC: National Center for Education Statistics. Retrieved from http://nces.ed.gov/pubs2015/2015337.pdf

Lencioni, P. (2002). *The five dysfunctions of a team: A leadership fable.* San Francisco, CA: Jossey-Bass.

Maslach, C., & Leiter, M. P. (2008). Early predictors of job burnout and engagement. *Journal of Applied Psychology, 93*(3), 498–512. doi: 10.1037/0021–9010.93.3.498

McClure, C. T. (2008, September). The benefits of teacher collaboration: Essentials on education data and research analysis. *District Administration.* Retrieved from http://www.districtadministration.com/article/benefits-teacher-collaboration

Perlman, K. (2013, January 30). The often overlooked but invaluable benefits of mentorship. *Forbes.* Retrieved from http://www.forbes.com/sites/johnkotter/2013/01/30/the-often-overlooked-but-invaluable-benefits-of-mentorship/

Skovholt, T. M., & Trotter-Mathison, M. J. (2011). *The resilient practitioner: Burnout prevention and self-care strategies for counselors, therapists, teachers, and health professionals* (2nd ed.). New York, NY: Routledge, Taylor and Francis Group, LLC.

Sparks, D. (2013). Strong teams, strong schools: Teacher-to-teacher collaboration creates synergy that benefits students. *JSD, 34*(2), 28–30. Learning Forward. Retrieved from http://learningforward.org/docs/default-source/jsd-april-2013/sparks342.pdf

Strathman, B. (2015, April). Making team differences work. *Educational Leadership, 72*(7), 60–64. Alexandria, VA: ASCD.

Thomas, C. H., & Lankau, M. J. (2009). Preventing burnout: The effects of LMX and mentoring on socialization, role stress, and burnout. *Human Resource Management, 48*(3), 417–432.

Thompson, M. (2015, August 24). Teacher collaboration: Matching complementary strengths. *Edutopia.* Retrieved from http://www.edutopia.org/practice/teacher-collaboration-matching-complementary-strengths?qt-stw_practice=1#

TNTP. (2015, August 4). *The mirage: Confronting the hard truth about our quest for teacher development.* Retrieved from http://tntp.org/publications/view/evaluation-and-development/the-mirage-confronting-the-truth-about-our-quest-for-teacher-development?utm_source=EdsurgeTeachers&utm_campaign=af0dda9d1b-Instruct+182&utm_medium=email&utm_term=0_3d103d3ffb-af0dda9d1b-292335873

University of Phoenix. (2015, May 4). K–12 teachers rate the ability to affect students, life-long learning opportunities and the variety that exists in the field as top reasons to join the profession, Finds University of Phoenix Survey. *University of Phoenix News*. Retrieved from http://www.phoenix.edu/news/releases/2015/05/top-reasons-to-join-the-education-profession.html

## 제9장

Corcoran, B. (2012, September 27). Deanna Jump's ten tips to make a million bucks. *EdSurge*. Retrieved from https://www.edsurge.com/n/deanna-jump-s-ten-tips-to-make-a-million-bucks

Dweck, C. (2007). *Mindset: The new psychology of success*. New York, NY: Ballantine Books.

Eby, L. T., Durleya, J. R., Evansa, S. C., & Raginsb, B. R. (2006, January). The relationship between short-term mentoring benefits and long-term mentor outcomes. *Journal of Vocational Behavior, 69*(3), 424–444. Amsterdam, Netherlands: Elsevier.

Eidelman, S., Pattershall, J., & Crandall, C. S. (2010, November). Longer is better. *Journal of Experimental Social Psychology, 46*(6), 993–998. Amsterdam, Netherlands: Elsevier. doi: 10.1016/j.jesp.2010.07.008

Elias, M. (2015, March 23). Teacher burnout: What are the warning signs? *Edutopia*. Retrieved from http://www.edutopia.org/blog/teacher-burnout-warning-signs-maurice-elias?utm_content=buffer4b919&utm_medium=social&utm_source=facebook.com&utm_campaign=buffer

Lacy, S. (2013, July 8). Lessons from the first millionaire online teacher. *Pandodaily*. Retrieved from http://pando.com/2013/07/08/lessons-from-the-first-millionaire-online-teacher/

Maslach, C., & Leiter, M. P. (2008). Early predictors of job burnout and engagement. *Journal of Applied Psychology, 93*(3), 498–512. doi: 10.1037/0021–9010.93.3.498

Nieto, S. (2015, March). Still teaching in spite of it all. *Educational Leadership, 72*(6), 54–59. Alexandria, VA: ASCD.

O'Dell, J. (2013, June 18). Udemy: Our top 10 instructors together made $5M. *Venture Beat*. Retrieved from http://venturebeat.com/2013/06/18/udemy-teachers-money/

Saumell, V. (2014, May 30). *Avoiding teacher burnout*. British Council and BBC. Retrieved from https://www.teachingenglish.org.uk/blogs/vickys16/vicky-saumell-avoiding-teacher-burnout?utm_source=facebook-teachingenglish&utm_medium=wallpost&utm_campaign=bc-teachingenglish-facebook

Skovholt, T. M., & Trotter-Mathison, M. J. (2011). *The resilient practitioner: Burnout prevention and self-care strategies for counselors, therapists, teachers, and health professionals* (2nd ed.). New York, NY: Routledge, Taylor and Francis Group, LLC.

University of Phoenix. (2015, May 4). *K–12 teachers rate the ability to affect students, lifelong learning opportunities and the variety that exists in the field as top reasons to join the profession, finds University of Phoenix survey*. Retrieved from http://www.phoenix.edu/news/releases/2015/05/top-reasons-to-join-the-education-profession.html

## 제10장

American Federation of Teachers. (2015). *Quality of worklife survey*. Retrieved from http://www.aft.org/sites/default/files/worklifesurveyresults2015.pdf

Gomes, P. (2015, November 18). A marketplace for teachers to sell, share and shine. *EdSurge*.

Krantz-Kent, R. (2008, March). Teachers' work patterns: When, where, and how much do U.S. teachers work? *Monthly Labor Review*, 52–59. Washington, DC: U.S. Department of Labor, Bureau of Labor Statistics.

Stanley, J. (2014, October 13). How unsustainable workloads are destroying the quality of teaching. *Schools Week*. Retrieved from http://schoolsweek.co.uk/how-unsustainable-workloads-are-destroying-the-quality-of-teaching


## 제11장

Bhaskar, S. (2013, October 11). What it takes to make a hesitant teacher use technology? *EdTechReview*. Retrieved from http://edtechreview.in/news/news/trends-insights/insights/624-how-to-make-a-hesitant-teacher-use-technology

Bill and Melinda Gates Foundation. (2012). *Innovation in education: Technology and effective teaching in the U.S.*

Morrison, M. (2015, January 27). An invitation to inspiring learning spaces. *Tech & Learning*.

O'Hanlon, L. H. (2013, March 14). Designing better PD models. *Education Week, 32*(25), 16–17.

Piehler, C. (2014, March 10). Survey finds 50 percent of K–12 teachers get inadequate support for using technology in the classroom. *The Journal*. Retrieved from http://thejournal.com/articles/2014/03/10/digedu-survey-results.aspx

Staff and Wire Services Report. (2013, July 25). Infographic: Teachers and administrators want more classroom technology. *eSchool News*.

University of Phoenix. (2015, May 4). *K–12 teachers rate the ability to affect students, lifelong learning opportunities and the variety that exists in the field as top reasons to join the profession, finds University of Phoenix survey*. Retrieved from http://www.phoenix.edu/news/releases/2015/05/top-reasons-to-join-the-education-profession.html


## 제12장

American Federation of Teachers. (2015). *Quality of worklife survey*. Retrieved from http://www.aft.org/sites/default/files/worklifesurveyresults2015.pdf

Bas, G. (2011). Teacher student control ideology and burnout: Their correlation. *Australian Journal of Teacher Education, 36*(4), Article 6.

Breaux, A. (2015). Ten things master teachers do. *ASCD Express, 10*(23), 1–2. Retrieved from http://www.ascd.org/ascd-express/vol10/1023-breaux.aspx?utm_source=ascdexpress& utm_medium=email&utm_campaign=Express-11–08

Elias, M. (2015, March 23). Teacher burnout: What are the warning signs? *Edutopia*. Retrieved from http://www.edutopia.org/blog/teacher-burnout-warning-signs-maurice-elias?utm_content=buffer4b919&utm_medium=social&utm_source=facebook. com&utm_campaign=buffer

Gehlbach, H., Brinkworth, M. E., Hsu, L., King, A., McIntyre, J., & Rogers, T. (2016, February 15). Creating birds of similar feathers: Leveraging similarity to improve teacher-student relationships and academic achievement. *Journal of Educational Psychology, 2/15*, 1–12.

Jolley, J. (2015, August 13). Students advise new teachers: From structure comes freedom. *ASCD Express, 13*, 1–2.

Kerby, M. (2014, June 19). Running dry in the classroom. *Edutopia*. Retrieved from http:// www.edutopia.org/discussion/running-dry-classroom

Kohn, A. (2006). *Beyond discipline: From compliance to community*. Alexandria, VA: ASCD.

Nieto, S. (2015, March). Still teaching in spite of it all. *Educational Leadership, 72*(6), 54–59. Alexandria, VA: ASCD.

Quaglia Institute for Student Aspirations. (2014). *My voice national student report 2014*. Retrieved from http://www.qisa.org/dmsView/My_Voice_2013–2014_National_Report_8_25

University of Phoenix. (2015, May 4). *K–12 teachers rate the ability to affect students, lifelong learning opportunities and the variety that exists in the field as top reasons to join the profession, finds University of Phoenix survey*. Retrieved from http://www.phoenix.edu/news/ releases/2015/05/top-reasons-to-join-the-education-profession.html

Wong, H. K., & Wong, R. T. (2009). *The first days of school: How to be an effective teacher*. Mountain View, CA: Harry K. Wong Publications.

Zunkiewicz, K. (2014). You had my number. In *Languages for Learning*, 8–13. Fishman Prize. Brooklyn, NY: TNTP.

## 제13장

American Federation of Teachers. (2015). *Quality of worklife survey*. Retrieved from http:// www.aft.org/sites/default/files/worklifesurveyresults2015.pdf

ASCD. (2015, April). Tell me about . . . Good ways to communicate with teachers. *Educational Leadership, 72*(7), 93–94. Alexandria, VA: ASCD.

Education Evolving. (2014). *Teacher-powered schools: Generating lasting impact through common sense innovation*. Retrieved from http://www.teacherpowered.org/files/Teacher-Powered-Schools-Whitepaper.pdf

Fey, T. (2011). *Bossypants*. New York, NY: Reagon Arthur Books.

Herman, E. (2014, July 25). Teachers can't be effective without professional working conditions. *Gatsby in LA*.

Hess, F. M. (2015a). *The cage-busting teacher*. Cambridge, MA: Harvard Education Press.

Hess, F. M. (2015b, April). Speaking up for better schools. *Education Week, 72*(7), 54–58.

Koruklu, N., Feyzioglu, B., Ozenoglu-kiremit, H., & Aladag, E. (2012). Teachers' burnout levels in terms of some variables. *Educational Sciences: Theory and Practice, 12*(3), 1823–1830.

Larkin, P. (2015, April). Say it with social media. *Educational Leadership, 72*(7), 66–69. Alexandria, VA: ASCD.

Maslach, C., & Leiter, M. P. (2008). Early predictors of job burnout and engagement. *Journal of Applied Psychology, 93*(3), 498–512. doi: 10.1037/0021–9010.93.3.498

Nazareno, L. (2015, April 22). Transforming teaching and learning: 7 steps toward creating a "teacher-powered" school. *Education Week*. Retrieved from http://www.edweek.org/tm/articles/2015/04/22/transforming-teaching-and-learning-7-steps-toward.html?cmp=ENL-TU-NEWS2#

Neufeldnov, S. (2014, November 10). Can a teacher be too dedicated? *The Atlantic*. Retrieved from http://m.theatlantic.com/national/archive/2014/11/can-a-teacher-be-too-dedicated/382563/?single_page=true

Quaglia Institute for Student Aspirations. (2014). *My Voice national student report 2014*. Retrieved from http://www.qisa.org/dmsView/My_Voice_2013–2014_National_Report_8_25

Riggs, L. (2013, October 18). Why do teachers quit? And why do they stay? *The Atlantic*. Retrieved from http://www.theatlantic.com/education/archive/2013/10/why-do-teachers-quit/280699/

Saumell, V. (2014, May 30). *Avoiding teacher burnout*. British Council and BBC. Retrieved from https://www.teachingenglish.org.uk/blogs/vickys16/vicky-saumell-avoiding-teacher-burnout?utm_source=facebook-teachingenglish&utm_medium=wallpost&utm_campaign=bc-teachingenglish-facebook

Skovholt, T. M., & Trotter-Mathison, M. J. (2011). *The resilient practitioner: Burnout prevention and self-care strategies for counselors, therapists, teachers, and health professionals* (2nd ed.). New York, NY: Routledge, Taylor and Francis Group, LLC.

TNTP. (2015, August 4). *The mirage: Confronting the hard truth about our quest for teacher development*. Retrieved from http://tntp.org/publications/view/evaluation-and-development/the-mirage-confronting-the-truth-about-our-quest-for-teacher-development?utm_source=EdsurgeTeachers&utm_campaign=af0dda9d1b-Instruct+182&utm_medium=email&utm_term=0_3d103d3ffb-af0dda9d1b-292335873

Torgovnick, K. (2012, October 1). Some examples of how power posing can actually boost your confidence. *TED Blog*. Retrieved from http://blog.ted.com/10-examples-of-how-power-posing-can-work-to-boost-your-confidence

University of Phoenix. (2015, May 4). *K–12 teachers rate the ability to affect students, lifelong learning opportunities and the variety that exists in the field as top reasons to join the pro-*

fession, finds University of Phoenix survey. Retrieved from http://www.phoenix.edu/news/releases/2015/05/top-reasons-to-join-the-education-profession.html

Waldron, J. (2014, June 12). A teacher's tough decision to leave the classroom. *News Leader.* Retrieved from http://www.newsleader.com/story/opinion/columnists/2014/06/07/teachers-tough-decision-leave-classroom/10170567

## 제14장

Bantuveris, K. (2013, September 13). 5 tips for engaging parent volunteers in the classroom. *Edutopia.* Retrieved from http://www.edutopia.org/blog/strategies-for-engaging-parent-volunteers-karen-bantuveris

Byrne, R. (2015, June 18). How to get your school announcements to as many people as possible. *Free Technology for Teachers.* Retrieved from http://www.freetech4teachers.com/2015/06/how-to-get-your-school-announcements-to.html?utm_source=Edsurge Teachers&utm_campaign=af0dda9d1b-Instruct+182&utm_medium=email&utm_term=0_3d103d3ffb-af0dda9d1b-292335873#.VcOQ4JNViko

Castro, M., Expósito-Casas, E., López-Martín, E., Lizasoain, L., Navarro-Asencio, E., & Gaviria, J. L. (2015, February). Parental involvement on student academic achievement: A meta-analysis. *Educational Research Review, 14,* 33–46. doi: 10.1016/j.edurev.2015.01.002

Cooper, R., & Sinanis, T. (2016, January 13). Five ways to build your school's instructional brand and connect with families. *EdSurge.*

Cutler, D. (2014, March 21). 8 tips for reaching out to parents. *Edutopia.* Retrieved from http://www.edutopia.org/blog/tips-reaching-out-to-parents-david-cutler

DeNisco, A. (2016, February). Districts work to bolster parent involvement. *District Administration.*

Edutopia, & GreatSchools. (2014, May 1). 19 proven tips for getting parents involved at school. *Edutopia.* Retrieved from http://www.edutopia.org/groups/classroom-management/783266

Harvard Family Research Project. (2010, October). *Parent–teacher conference tip sheets for principals, teachers, and parents.* Retrieved from http://www.hfrp.org/var/hfrp/storage/fckeditor/File/Parent-Teacher-ConferenceTipSheet-100610.pdf

Kraft, M. A., & Rogers, T. (2015, April 20). The underutilized potential of teacher-to-parent communication: Evidence from a field experiment. *Economics of Education Review, 47,* 49–63.

Krantz-Kent, R. (2008, March). Teachers' work patterns: When, where, and how much do U.S. teachers work? *Monthly Labor Review,* 52–59. Washington, DC: U.S. Department of Labor, Bureau of Labor Statistics.

Larkin, P. (2015, April). Say it with social media. *Educational Leadership, 72*(7), 66–69. Alexandria, VA: ASCD.

Levine, J. A. (1993). *Getting men involved: Strategies for early childhood programs*. New York, NY: Scholastic Inc.

Mendler, A. (2013, April 26). Rethinking difficult parents. *Edutopia*. Retrieved from http://www.edutopia.org/blog/rethinking-difficult-parents-allen-mendler

NBC News Education Nation. (2015). *Parent toolkit: State of parenting: A snapshot of today's families: A national survey of parents for NBC News*. Retrieved from http://www.parenttoolkit.com/files/ParentingPoll_PrintedReport.pdf

Nelissen, R. M. A., & Meijers, M. H. C. (2011, September). Social benefits of luxury brands as costly signals of wealth and status. *Evolution and Human Behavior, 32*(5), 343–355. doi: 10.1016/j.evolhumbehav.2010.12.002

Nieto, S. (2015, March). Still teaching in spite of it all. *Educational Leadership, 72*(6), 54–59. Alexandria, VA: ASCD.

Noel, A., Stark, P., & Redford, J. (2015). *Parent and family involvement in education, from the National Household Education Surveys Program of 2012*. NCES 2013–028.REV. National Center for Education Statistics, Institute of Education Sciences, U.S. Department of Education. Washington, DC. Retrieved from http://nces.ed.gov/pubsearch

Pappalardo, G. (2011). Engaging parents: An elementary teacher's field guide. *Edutopia*. Retrieved from http://www.edutopia.org/blog/parent-involvement-student-engagement-gaetan-pappalardo

Provenzano, N. (2014, October 8). Conference time: Chatting with parents. *Edutopia*. Retrieved http://www.edutopia.org/blog/conference-time-chatting-with-parents-nick-provenzano

Quaglia Institute for Student Aspirations. (2014). *My voice national student report 2014*. Retrieved from http://www.qisa.org/dmsView/My_Voice_2013-2014_National_Report_8_25

Reid, K. S. (2014, May 2). Survey: Most teachers want involved parents but don't have them. *Education Week*. Retrieved from http://blogs.edweek.org/edweek/parentsandthepublic/2014/05/survey_finds_most_teachers_want_parents_in_their_classrooms.html?cmp=ENL-EU-NEWS3

Riggs, L. (2013, October 18). Why do teachers quit? And why do they stay? *The Atlantic*. Retrieved from http://www.theatlantic.com/education/archive/2013/10/why-do-teachers-quit/280699/

Sledge, N. (2016). *Keeping high school parents involved & informed*. Retrieved from http://www.scholastic.com/teachers/article/keeping-high-school-parents-involved-informed

Slepian, M. L., Ferber, S. N., Gold, J. M., & Rutchick, A. M. (2015, August). The cognitive consequences of formal clothing. *Social Psychological and Personality Science, 6*(6), 661–668. doi: 10.1177/1948550615579462

University of Phoenix. (2015, May 4). *K–12 teachers rate the ability to affect students, lifelong learning opportunities and the variety that exists in the field as top reasons to join the profession, finds University of Phoenix survey*. Retrieved from http://www.phoenix.edu/news/releases/2015/05/top-reasons-to-join-the-education-profession.html

University of Phoenix. (2015, May 4). *K–12 teachers rate the ability to affect students, lifelong learning opportunities and the variety that exists in the field as top reasons to join the profession, finds University of Phoenix survey.* Retrieved from http://www.phoenix.edu/news/releases/2015/05/top-reasons-to-join-the-education-profession.html

Waldron, J. (2014, June 12). A teacher's tough decision to leave the classroom. *News Leader.* Retrieved from http://www.newsleader.com/story/opinion/columnists/2014/06/07/teachers-tough-decision-leave-classroom/10170567

WeAreTeachers & Volunteer Spot. (2013). *Parent volunteers in the classroom.*

Williams, K. (2016). *9 techniques for building solid parent-teacher relationships.* Retrieved from http://www.scholastic.com/teachers/article/9-techniques-building-solid-parent-teacher-relationships

Wilson, M. B. (2011). Tips for new teachers: Making the most of parent-teacher conferences. *ASCD Express, 6*(12), 1–2. Alexandra, VA: ASCD.